Ali Husnain/J. Chester

Der Preis
meines Glaubens

Leben im Visier der Islamisten

AF222374

Brunnen Verlag / Open Doors

Die englischsprachige Originalausgabe erschien unter dem Titel
„The Cost – My Life on a Terrorist Hit List"
bei Zondervan, Grand Rapids. Die Lizenzausgabe wurde veröffentlicht
aufgrund einer Vereinbarung mit The Zondervan Cooperation L.L.C.
in der Verlagsgruppe HarperCollins Christian Publishing, Inc.
© 2016 by Ali Husnain

Deutsch von Dr. Friedemann Lux

3. Auflage 2026

© der deutschen Ausgabe:
2017 Brunnen Verlag GmbH, Gießen
Umschlagfoto: selimaksan/iStock
Umschlaggestaltung: Jonathan Maul
Satz: DTP Brunnen
Druck: CPI Books GmbH, Leck
ISBN Buch 978-3-7655-4308-1
ISBN E-Book 978-3-7655-7469-6
www.brunnen-verlag.de

Für meine Tante Gulshan,
für all deine Mühe und Gebete.

Inhalt

Prolog: Nur eine einzige Reisetasche

Ich war gerade siebzehn geworden und absolut nicht vorbereitet auf all das, was mich plötzlich bedrohte.

„*Kafir!* Ungläubiger!" Drei Monate war es jetzt her, dass die wütenden Schreie die Luft zerrissen und hundert Hände von Menschen, die ich für meine Freunde gehalten hatte, mich mit Urgewalt auf den staubigen Boden gepresst hatten. Drei Monate, seit ich gesehen hatte, wie der schwarz gekleidete Mullah auf mich zumarschierte und die Klinge des Messers, die so lang war wie meine Hand, in der Spätnachmittagssonne aufblitzte. Drei Monate, seit ich gespürt hatte, wie die Klinge meine Haut durchstieß und tief zwischen meine Rippen drang. Drei Monate – und immer noch tat es weh, wenn ich versuchte, meinen linken Arm zu bewegen. Äußerlich hatte der Messerstich nur eine Narbe hinterlassen, die so breit wie mein Daumen war, aber der Schmerz in den Tiefen meiner Brust hatte kein bisschen nachgelassen. Doch das alles war nichts gegen die Angst.

Die Angst war schlimmer als die Schmerzen.

Mein Magen war ständig verknotet, alle Augenblicke stockte mir der Atem und meine Muskeln waren in ständiger Alarmbereitschaft, als müsste ich gleich um mein Leben rennen. In den Wochen nach der Messerattacke, als die Straße meines Lebens sich mehr und mehr in einen erstickenden Treibsand verwandelt hatte, war meine Angst immer stärker geworden. Ich hatte kaum noch Appetit, ich schlief fast gar nicht mehr und war überhaupt nicht in der Lage, innerlich Luft zu holen und zur Ruhe zu kommen. Alles, was ich spürte, alles, was ich fühlte, alles, was ich kannte, war Angst.

Drei Monate hatten aus einem selbstbewussten jungen Mann, der anfing, seine Lebenspläne zu verwirklichen, einen verletzten und verwundeten Jungen gemacht, der Angst vor der Dunkelheit hatte und sich danach sehnte, dass seine Mutter kam und sich um ihn kümmerte. Es war nicht ganz das, was ich vom Leben erwartet hatte. Jeder, der mich von früher kannte, wäre zutiefst erschrocken gewesen, wenn er mich in meinem Elend gesehen hätte.

In Pakistan sagt der Name eines Menschen eine Menge über ihn aus. Ein Blick auf den Familiennamen und man weiß sofort, wo der Betreffende herkommt und was sein sozialer Status ist. Mein Name gehörte zu den angesehensten, die es überhaupt gab.

Ich heiße Ali Sayed Husnain Schah. Dieser Name weist auf eine denkbar hohe Herkunft hin, mit einem Stammbaum, der bis zur Geburt des Islam, ja Mohammeds zurückreicht.

Ali ist der Name des Mannes, der Mohammeds erste Tochter heiratete, ja der Mohammeds erster Jünger wurde und der den Zweig des Islam – den schiitischen Islam – gründete, zu dem meine Familie gehört. Wer *Schah* heißt, gehört in meiner Heimat zur Oberschicht: Man findet in Pakistan viele *Schahs* in den obersten Etagen der Gesellschaft, von der Wirtschaft bis zur Regierung.

Aber was wirklich zählt, ist der Name *Sayed.* Wir *Sayeds* sind die Crème de la Crème des Landes; wir gehen auf die besten Universitäten, wir sind die, deren Meinung zählt und die man gerne auch finanziell unterstützt. Wir sind die Privilegierten, und dementsprechend war ich aufgewachsen. Wo ich ging und stand, ob in der Moschee oder im Country Club, galt ich als aufsteigender Stern, ein junger Mann mit einer glänzenden Zukunft.

All das war aus und vorbei. Ich hauste in einer Bruchbude im Wald. Aus dem Prinzen war ein Aussätziger geworden.

Ami, meine Mutter, hatte mich in den Wochen, die ich in

meinem Versteck hauste, nicht besucht. Es wäre zu gefährlich gewesen. Das verstand ich gut, aber es stoppte meine Tränen nicht. Ich achtete immer darauf, in die schmutzige Decke hineinzuweinen, die ich unter dem Bett gefunden hatte, damit niemand mich hörte.

Aber heute würde ich endlich mein kleines Gefängnis verlassen.

Baba-jan, mein Stiefvater, kletterte vorsichtig aus seinem staubigen SUV. Mein kleiner Bruder, Misim, rannte zu mir, als ob es um sein Leben ginge. Mehrere Minuten lang sagte keiner von uns etwas; erst fielen wir uns in die Arme, dann saßen wir Seite an Seite da, seine kleinere Hand in der meinen. Es war still – eine selige Stille.

Während Baba-jan meine paar Sachen aus dem Haus holte, saßen Misim und ich im Auto und betrachteten die Szene. Die Hütte, in der ich den letzten Monat gehaust hatte, war alt und eine halbe Ruine. Die Wände sahen aus, als habe ein ungeduldiges Kind die Ziegel geformt und aufeinandergeschichtet. Das Wellblech auf dem Dach war rostig und von Ranken überwuchert. Dazu die ebenfalls von Ranken und Dornen bewachsene kleine Lichtung und die hohen Bäume ringsherum, die nur einen Teil des Sonnenlichts durchließen – und mein Unterschlupf sah mehr wie ein Grabmal als wie ein sicheres Haus aus.

Ich schloss die Augen. „Nomi", sagte Misim. *Nomi* war in Pakistan ein häufiger Spitzname für clevere Kinder. So hatten mich alle genannt, als ich kleiner gewesen war. Ich spürte Misims vorsichtigen Händedruck, während er fortfuhr, und musste daran denken, wie mein Leben gewesen war, bevor alles anders wurde. „Baba-jan wollte eigentlich den Honda nehmen, aber ich hab ihm gesagt, er soll den Range Rover nehmen. Den magst du doch lieber, oder?"

„Das hast du gut gemacht, Misim", sagte ich. Ich lächelte und drückte mich tiefer in den Ledersitz, um meine Anerkennung zu zeigen. „Danke." Ich sah ihn an. Er war größer geworden, seit ich ihn das letzte Mal gesehen hatte, auf der Oberlippe wollten die ersten Barthaare sprießen. Aber sein Lächeln war immer noch das gleiche. Genauso hatte er gegrinst, wenn ich ihn mit in Onkel Faisals Laden nahm und ihm eine Handvoll Rupien gab, um Videospiele zu spielen. Oder wenn ich ihn auf dem Lenker meines Motorrads mitfahren ließ, während wir durch die Straßen kurvten. Doch das Lächeln verschwand abrupt, als ich ihn fragte: „Wo sind die anderen, Misim?" Ja, wo war Zainab, meine Schwester? Und meine Mutter?

Er schaute zur Seite. „Die sehen wir am Flughafen."

Die Fahrt zum Flughafen dauerte eine Stunde, vielleicht auch zwei. Lange Zeit sah man nichts als Bäume. Ich hatte in meinem Versteck gewusst, dass der Wald groß war, aber erst jetzt merkte ich, *wie* groß er war. Meile um Meile rumpelten wir über den Lehmweg, und rechts wie links nur Bäume, Bäume, Bäume. Baba-jan schaute mich im Rückspiegel an. – Siehst du jetzt, warum du hierhin musstest, Nomi? Es war der sicherste Ort für dich."

Sicher? Du hast ja keine Ahnung, wie ich mich gefühlt hab …
Ich musste an die Nächte denken, in denen die Stunden wie Monate schienen. Was hatte ich für eine Angst gehabt bei jedem Sonnenuntergang, während in mir mit jeder Minute die Panik vor dem Moment wuchs, wenn es richtig dunkel wurde und die Geräuschkulisse des Waldes sich veränderte. Jede Nacht hatte ich vor Angst bibbernd in der hintersten Ecke der Hütte gekauert, darauf wartend, dass die Sonne wieder aufging und der Wald wieder stiller wurde. Ich hatte versucht, sie zu verdrängen, die Schreckensbilder, die mir

durch den Kopf zogen. Ich flüsterte verzweifelte Gebete – um Gottes Hilfe, um seinen Schutz oder auch um einen schnellen, möglichst schmerzfreien Tod. Stunde um Stunde hockte ich so da, bis es draußen heller wurde und ich durch das Fenster wieder die Umrisse der Bäume sah. Erst dann ging mein Adrenalinspiegel so weit zurück, dass ich es fertigbrachte, mich auf das *Charpai* zu legen, das wackelige Bett, dessen dünne, schmutzige Matratze auf einem noch dünneren Rahmen ruhte, bei dem der Lattenrost durch eine Art Geflecht aus verfilzten Schnüren ersetzt war. Erst wenn die Sonne aufgegangen war, konnte ich endlich versuchen, etwas Schlaf zu finden.

Endlich kamen wir jetzt aus dem Wald heraus und Baba-jan bog auf eine richtige Asphaltstraße ein. Nun fühlte ich mich besser. Misim begann, mich mit Süßigkeiten und Limonade zu verwöhnen; er wusste, dass ich den ganzen letzten Monat fast nur *Dhal* (eine Art Linsengericht) und Reis gegessen hatte. Er erzählte mir, dass er beim Kricket immer besser wurde und dass die Schule nach wie vor ätzend war. Ich redete nicht viel. Am liebsten hätte ich ihn gefragt, was Ami und Zainab machten, aber ich wollte nicht, dass er wieder lügen musste.

Die Süßigkeiten, Misims gelegentliche Bemerkungen und die vertraute Rückbank von Baba-jans Auto schufen eine Atmosphäre, in der ich wieder ein wenig ich selbst sein konnte – der Ali Husnain von damals, bevor alles anders wurde. Ich erinnerte mich daran, wie ich mit meinem 125-ccm-Motorrad die Straßen unsicher gemacht hatte, während drei meiner Freunde hinter mir saßen.

Ich versuchte, mir vorzustellen, was mich am Flughafen erwartete. Besser nicht zu intensiv daran denken, dass ich bald Ami wiedersehen würde; nach zehn Wochen ohne sie trieb mir der bloße Gedanke an das baldige Wiedersehen die

Tränen in die Augen. Ich rief mir stattdessen den Plan ins Gedächtnis, den Baba-jan mir vor einer Woche eröffnet hatte.

„Du kannst nicht für den Rest deines Lebens hier bleiben", hatte er gesagt, als er das letzte Mal mit dem Vorrat für die nächste Woche zu meinem Versteck gekommen war. „Wir haben beschlossen, dass du nach England gehen wirst." Meine Miene muss wohl meine Panik verraten haben, denn er fügte rasch hinzu: „Natürlich nicht allein, sondern mit deiner Familie. Deine Mutter, deine Schwester und dein Bruder werden dich begleiten."

Mit meinen Lieben nach England – es war fast zu schön, um wahr zu sein. Den ganzen Rest jenes Tages stellte ich mir vor, wie ich bald wieder mit den Menschen zusammen sein würde, die mir die liebsten in der Welt waren. Wieder nach England und dort ein neues Leben beginnen unter all den fremden Menschen und dem grauen Himmel … Ich würde Misim Basketball beibringen und grinsend zuschauen, wie Amis Augen sich weiteten beim Anblick von Supermärkten, die so groß waren wie ein ganzes Einkaufszentrum. Ich würde ihr Fremdenführer sein, und gemeinsam würden wir dieses neue Abenteuer bestehen. Und vielleicht würden sie sogar anfangen zu verstehen, was mit mir passiert war in diesem Land. Vielleicht könnte ich sie ihnen endlich begreiflich machen, die große Veränderung in meinem Leben.

Es war ein ganz anderer Ali Husnain gewesen, der vor anderthalb Jahren England besucht hatte. Ich hatte diesen Besuch voller Hoffnung und Ehrgeiz begonnen, und ich beendete ihn mit dem Feuer eines unaussprechlich wunderbaren Geheimnisses in meinem Herzen. Aber dieses Geheimnis hatte mich um ein Haar das Leben gekostet. Meine Zuversicht war verflogen, das Bemerkenswerteste an meinem Herzen war die Narbe an seiner Seite, und das Geheimnis war keines mehr; alle kannten es – von meinen Freunden über meine Lehrer und Baba-jans Geschäftsfreunde bis zu den Militanten, die mich *Kafir* nannten und behaupteten, dass der Koran ihnen das Recht gab, mich zu töten.

Ich versuchte, nicht an sie zu denken, sondern an das, was jetzt kommen würde. Dabei schaute ich zu den startenden Flugzeugen hinauf, die über unserem Auto höher und höher in den tiefblauen Himmel stiegen. Bald würde ich in einem von ihnen sitzen und in mein neues Leben fliegen.

Ich konnte es kaum erwarten, Ami und Zainab zu sehen. Meine Beine waren mir nicht schnell genug, als wir zum Terminal gingen, und ich fing an, zu hüpfen wie Misim, als wir uns einen Weg zwischen all den Taxis, Rikschas und Bussen bahnten. Ich war wieder ein Kind, voller Vorfreude; ich hatte das Gefühl, hundert Luftballons in meinem Bauch zu haben, die mich gleich hoch in den Himmel heben würden.

Als ich sie sah – sie standen direkt hinter dem Eingang –, konnte ich mich nicht mehr bremsen und fing an zu rennen. Ich lachte und weinte gleichzeitig, ich konnte sie nicht mehr zurückhalten, die Freude und Erleichterung über dieses Wiedersehen. Dann lag ich in Amis Armen und all die Angst und Verwirrung fielen von mir ab. In den Armen meiner Mutter, mit dem Duft ihres Haars unter ihrem *Hidschab* in meiner Nase war ich in Sicherheit. Ich war von der quirlenden Menschenmenge eines Großflughafens umgeben, aber ich war zu Hause. Endlich.

Ich trat zurück und sog tief die Luft ein. Auch Zainab umarmte mich, aber nur kurz, dann half sie Misim, der mit dem Gepäckwagen kam. Auf dem Gepäckwagen stand eine Reisetasche.

Eine Tasche. Sonst nichts.

„Wo ist das andere Gepäck?", fragte ich. Ich wusste die Antwort schon und trotzdem war mir, als ob mir jemand einen Faustschlag in die Magengrube gab.

„Nomi", sagte Ami. Ihre Augen waren nass, ihre Hände griffen nach meinen. Sie rang nach Worten.

Baba-jan kam ihr schließlich zu Hilfe: „Sie haben ihre Visa noch nicht gekriegt, aber sie kommen nach, sobald sie können. Es wird nicht lange dauern."

Ich spürte plötzlich ein Loch in meiner Seele. Die Freude und Erleichterung, der tröstende Duft der Haare meiner Mutter – plötzlich war das alles wieder weg. Ade, Familienausflüge in England! Ich würde gleich in ein Flugzeug steigen, aber nicht, um ein neues Leben aufzubauen, sondern um für immer aus meinem alten zu verschwinden. Meine schlimmsten Ängste wurden wahr.

Ich muss wohl in einer Art Schockzustand gewesen sein, denn wenn jemand mich fragen würde, was meine Familie und ich miteinander machten, bevor es ans Abschiednehmen ging, könnte ich ihm nicht viel erzählen. Ich weiß noch, dass wir auf kalten Metallstühlen saßen und schweigend irgendetwas aßen. Alles, woran ich denken konnte, war, dass dies hier vielleicht das letzte Mal war, dass ich meine Familie sah.

Ich hatte einiges durchgemacht in den letzten Wochen, aber das hier war das Schlimmste. Der Gedanke, dass unser „Auf Wiedersehen" sehr wahrscheinlich ein „Auf Nimmerwiedersehen" sein würde, fraß wie ein Gift in mir. Und während Baba-jan darüber redete, was sie gerade so zu Hause machten, und Misim meinen Teller leer aß, musste Ami an dasselbe denken wie ich; ich merkte es an ihrem Schweigen, an ihren traurigen Augen, an der Art, wie sie unter dem Tisch meine Hand ganz fest drückte.

Irgendwann war es dann so weit. Baba-jan reichte mir einen Umschlag. „Schau hier", sagte er, „das Visum, Geld und die

Tickets. Hin- und Rückflug, mit offenem Rückflugdatum, aber das mit dem Rückflug hat erst mal Zeit."

Ich schaute den Umschlag kurz durch. Es schien alles in Ordnung zu sein. Das Visum sah genauso aus wie bei meinem ersten Englandbesuch und jawohl, das Ticket war eines mit offenem Rückflugdatum. Aber war es nicht in Wirklichkeit ein einfaches Ticket? Warum hatte Baba-jan überhaupt das Geld für ein Rückflugticket ausgegeben? Ich kämpfte gegen meine Tränen an und befahl meinen Füßen, meiner Familie zu folgen, als sie aufstanden und auf den Abflugbereich zusteuerten.

Es gab keine langen Warteschlangen, mein Flug war nicht gestrichen oder verspätet. Kein Aufschub, keine Gnadenfrist. Da war der Durchgang zu den Sicherheitskontrollen, rechts und links flankiert von je einem Polizisten, der die Pässe und Tickets prüfte und die Passagiere durchwinkte.

Zainab reichte mir meine Reisetasche. „Ich hab ein paar von deinen Lieblingssachen reingetan", sagte sie. „Grüß Tante Gulshan von mir." Wir umarmten uns kurz. Mein Bruder Misim umarmte mich länger, aber dann trat auch er zurück. Baba-jan gab mir die Hand und legte kurz den Arm um meine Schultern. Ami umarmte mich am längsten. Ich kam mir hilflos und verloren vor in dieser Umarmung; auf einmal fühlte ich mich wieder wie ein ganz kleiner Junge.

„Es ist Zeit", sagte Baba-jan. Seine Hand drückte mich in Richtung auf die Schiebetür zwischen den Polizisten. Ich nahm meine Tasche und ging los. Wie leicht die Tasche war, viel zu leicht für so eine weite Reise. Als ich zu den Polizisten kam, drehte ich mich um und schaute zurück. Da standen Zainab, Misim, Ami und Baba-jan, eine winzige Insel in dem Menschenstrom, der sich um sie herum ergoss.

Wir starrten einander an. Jemand trat zu mir und fragte

mich, ob ich durch die Tür wollte. Ich winkte ihn an mir vorbei, den Blick unverwandt zu meinen Lieben hin gerichtet, die mir weiter nachsahen. Immer mehr Reisende kamen, die an mir vorbeimussten, und ich winkte auch sie vorbei, entschlossen, diesen Augenblick so lange wie irgend möglich auszukosten. Die Geräusche des Flughafens schienen lauter zu werden – die Stimmen der Menschen, die Lautsprecherdurchsagen, das Rattern der Gepäckwagen. Ich versuchte, sie zu überhören.

„Worauf warten Sie?" Einer der Polizisten war zu mir getreten. Er baute sich vor mir auf und durchbrach den letzten Augenkontakt zu meiner Familie. „Sie können hier nicht ewig stehen bleiben. Gehen Sie da durch."

Ich erwachte aus meiner Trance, drehte mich um und ging durch die Tür. Vor mir waren mehr Menschen, Geräte, Polizisten und Lärm. Nur noch ein einziger Blick zurück, bevor ich mich dorthin begab. Alles, was ich sehen konnte, waren die verspiegelten Türen, die sich hinter mir geschlossen hatten. Anstatt meiner Verwandten sah ich nur die Menschenmassen, die ihr Gepäck auf Förderbänder stellten und vor den Scannerschleusen Schlange standen; davor mein eigenes Spiegelbild. Ich sah klein und mitgenommen aus, gerade so wie meine Reisetasche. Mein Gesicht mit den tränenverschwollenen Augen schien jemand anderem zu gehören.

Und ich wusste endgültig: Du bist allein, ganz allein.

Konnte es etwas geben, das so viel Schmerz und Verlust wert war?

Da war der Polizist wieder. Er schob mich in eine der Warteschlangen. Ich hörte, wie die Schiebetüren hinter mir wieder aufglitten, aber ich wusste: Es würde nichts bringen, mich noch einmal umzudrehen.

Ich wusste: Meine Familie war fort.

1. Entführt

Meine erste Entführung war ganz anders als die zweite. Bei beiden hatte ich Angst, aber es ist die erste, die mich bis heute in meinen Albträumen verfolgt – vielleicht weil ich damals erst vier Jahre alt war. Oder weil ich zum ersten Mal in meinem jungen Leben (noch bevor ich gelernt hatte, mir richtig die Schuhe zuzubinden) erkannte, dass das Leben gefährlich sein kann. Wahrscheinlich aber vor allem deswegen, weil der Entführer mein eigener Vater war.

Der Tag, als es passierte, war so heiß, dass ich Angst hatte, die Sonne würde die Erde aufsaugen. Der Sommer hatte alles erobert: den ausgetrockneten Boden, den leeren Himmel und alles, was dazwischen war. Ich weiß noch, dass ich Angst hatte, nach draußen zu gehen.

„Nomi!", zischte Ami, meine Mutter. „Zieh dir die Schuhe an, mach schon!" Gewöhnlich machte sie mir mit sanfter Stimme Mut, während ich mich mit den Schuhbändern abmühte; manchmal führte sie sogar einen kleinen Freudentanz mit mir auf, wenn mir das schwierige Werk endlich gelungen war. So war sie immer zu mir – freundlich, geduldig und lustig, irgendwo zwischen einer Mutter und einer großen Schwester. Nie hatte ich auch nur die Spur eines Zweifels daran, dass sie mich zutiefst liebte.

Aber jetzt war sie anders als sonst. Ihre Stimme klang gepresst und sie stand nicht geduldig neben mir, sondern lief hektisch durch das Haus, von einem Zimmer ins andere, während sie Zainab zurief, Misim zu holen, der damals noch ein kleines Baby war, und zu uns zu kommen. Selbst mit meinen vier Jahren spürte ich, dass etwas nicht stimmte.

Ich erinnere mich an die dünnen, grellen Rufe meiner

Schwester nach unserer Mutter. An Amis ungeduldige Antworten und an mein eigenes unwilliges Stöhnen über die blöden Schuhe, die nicht so wollten wie ich. Und an ein drittes Geräusch – eine tiefe, zornige Stimme, wie das Grollen eines Steinschlags. Die Stimme meines Vaters. Nein, nicht meines Stiefvaters, Baba-jan, sondern meines leiblichen Vaters. Er war ein furchtbarer Mann.

Jetzt fing er an zu schreien und zu brüllen. Dann stand Ami wieder vor mir. *„Dschaldi, dschaldi!"* („Beeil dich!") Dann war sie wieder weg, und ich nahm den Kampf mit den Schuhbändern wieder auf. Umsonst. Die Hitze war zu stark und ich wollte am liebsten schlafen, aber ich wusste: Ich musste die Schuhe zubinden. Schließlich nahm ich sie in die Hand und lief mit ihnen nach draußen. Wo war meine Mutter?

Das Schreien kam aus dem Hof. Ich hatte das Gefühl, als ob die Sonne mein Augeninneres nach außen drehte. Ich kniff sie zusammen. Da war er. Der schwarze Schatten dahinten war mein Vater und hinter ihm stand eine kleine Menschenmenge. Mit der einen Hand hatte er Ami an der Kehle gepackt und stieß sie gegen eine Wand, mit der anderen, freien Hand schlug er sie, jeden Hieb mit einem Schrei begleitend. Die Zuschauer johlten und grölten. Es werden nur etwa fünfzehn gewesen sein, aber für meine Ohren klangen sie wie eine ganze Armee.

Die Hitze sog mir die Spucke aus dem Mund und die Luft aus der Lunge, aber irgendwie gelang es mir zu schreien. Es war wohl dieser Schrei, der die Faust meines Vaters stoppte. Meine Mutter nutzte dieses Zögern, um sich aus dem Eisengriff meines Vaters herauszuwinden, zu mir zu rennen, mich auf die Arme zu nehmen und mit mir weiterzurennen. Ich weiß noch, dass es mir wie Fliegen vorkam und dass ich das mochte.

Erst als wir durch das Tor an der Hinterseite unseres Hauses hindurch waren, setzte meine Mutter mich wieder ab. Vor uns waren rechts und links bewässerte Felder und dazwischen ein schmaler Weg auf einer Art Damm. „Renn!" Ami sauste los, Misim in ihren Armen, Zainab an ihrer Seite. Die Hitze des Bodens und die Angst davor, von dem schmalen Weg ins Wasser zu fallen, waren wie Bremsklötze an meinen Beinen. Von hinten kam das Schreien meines Vaters, wie das Brummen eines Bären, der seine Beute verfolgt. Wilde Flüche gegen meine Mutter, immer lauter. Ich stolperte, meine Hände schrammten über einen sonnenheißen Stein. Ich stolperte wieder; diesmal sah ich, wie Blut aus meinem Handteller quoll. Beim dritten Stolpern verlor ich meine Schuhe. Ich drehte mich um, um sie aufzuheben, und sah die wilde Jagd hinter mir, an der Spitze mein Vater. Ich drehte mich wieder zurück; Ami hatte angehalten und rief: „Lass ihn in Ruhe! Lass ihn in Ruhe!"

Dann flog ich wieder. Meine Beine hatten den Boden verlassen. Mit einer Hand presste mich mein Vater an seine Seite. Er roch komisch. Dann eine Fahrt in einem fremden Auto und ein Haus, in dem ich noch nie gewesen war. Ein Zimmer mit einer Tür, deren Klinke zu hoch für mich war. Ich erinnere mich, dass ich Hunger und Durst hatte und mich fragte, warum keiner kam, wenn ich rief. Irgendwann Stille. Ich schlief auf einem der dunklen Teppiche ein, die auf dem Fußboden lagen und nach Staub und Hund rochen.

Ich weiß nicht, wie viele Tage ich in diesem Zimmer gefangen war, aber ich weiß, dass es mir gar nicht gut ging, als ich endlich befreit wurde. Es war mein Onkel, Amis Bruder, der mich fand. Er war Polizeibeamter in Lahore und hatte damit sowohl die nötigen Beziehungen als auch die Amtsautorität, um die Pläne meines Vaters zunichtezumachen. Doch selbst er war schockiert darüber, in was für einem Zustand ich war. Er berichtete, dass ich verweint und ganz durcheinander war in diesem Zimmer und dass meine Hosen klatschnass und schwer waren und so stanken, dass ihm fast übel wurde.

Nachdem mein Vater mich entführt hatte, tat Ami etwas, was eine Frau in Pakistan einfach nicht tut: Sie reichte die Scheidung ein. In Pakistan hat eine Ehefrau dort zu bleiben, wohin sie durch ihre Heirat gekommen ist: unter der Autorität ihres Mannes und seiner Familie. Was ihr Mann tut, hat sie nicht zu hinterfragen, seine Schläge hat sie geduldig zu ertragen. Sie ist sein Privatbesitz, mit dem er machen kann, was er will.

Der Versuch, aus der Ehe mit einem gewalttätigen Mann auszubrechen, kann die Frau teuer zu stehen kommen. Oft wird die Gewalt noch schlimmer; selbst Morde sind nicht selten. Und für die paar Glücklichen, denen die Scheidung gelingt, ist die Gefahr noch lange nicht vorbei. In Pakistan ist eine alleinstehende Frau ungefähr das Schutzloseste, was es gibt – vor allem dann, wenn sie selber an ihrem Ledigsein „schuld" ist.

Jahre später hat Ami mir erzählt, dass sie sich die Entscheidung, sich von meinem Vater scheiden zu lassen, nicht leicht gemacht hatte. In ihrer Familie erwartete man von einem Ehemann mehr als Schimpfen und Schläge. Wie andere *Sayed*-Frauen auch, war meine Mutter eine Frau von Format und im Wohlstand aufgewachsen. Aber nicht nur im Wohlstand; sie hatte eine Erziehung und Bildung genossen, die sie erwarten ließ, dass die Menschen sie mit Respekt behandelten, auch wenn sie eine Frau war. Leider erwies ihre Herkunft sich als zweischneidiges Schwert, denn für ihre Familie kam für sie nur ein Ehemann von ähnlicher sozialer Stellung in Frage – ein *Schah*. Dass sie einen anderen Mann liebte, spielte keine Rolle; ihr Vater suchte ihren Ehemann aus und der Entscheidung des Vaters fügte man sich.

Kurz gesagt: Mein Vater hatte zwar den richtigen Namen, aber nicht den richtigen Charakter. Schon bald kam seine hasserfüllte, gewalttätige Art zum Vorschein. Mehrere Jahre ertrug meine Mutter seine Schläge und Drohungen, aber als sie merkte, dass mein Vater begann, mich, seinen ältesten Sohn, als Schachfigur für seine Intrigen zu benutzen, musste sie handeln.

Als mein Onkel mich befreit und Ami die Scheidung eingereicht hatte, zog sie mit Zainab, Misim und mir zu unserer Großmutter, die am Rande einer mehrere Autostunden entfernten Kleinstadt wohnte. Hier war ich glücklich. Das flache Land erstreckte sich bis zum Horizont und ich spielte zwischen den Tieren, die auf der Suche nach Essbarem über die Straßen und Wiesen wanderten. Ich lernte, direkt von der Kuh Milch zu trinken und mich in Sicherheit zu bringen, wenn ich einer Schlange begegnete. Ich merkte, dass es einfach war, eine Herde Ziegen oder Schafe dorthin zu treiben, wo ich sie haben wollte, aber dass es gar keine gute Idee war, ein Rudel Hunde in den Garten zu lassen.

Ich war ein Kind, das nie still sitzen konnte. Die seltenen Gelegenheiten, bei denen wir zu einer Hochzeit in der Familie oder zu einem anderen gesellschaftlichen Ereignis eingeladen waren, waren für meine Mutter jedes Mal eine Geduldsprobe, denn ich wollte mich partout nicht fein machen lassen. Das erste Problem war, mich – meist mit einer Mischung aus Bestechungen und Drohungen – überhaupt ins Haus zu bekommen. Als Nächstes musste meine Mutter mich dazu bringen, ein schönes, sauberes *Salwar kamiz* (langes Hemd mit Pluderhose, d. Übers.) anzuziehen. Ich zappelte und wand mich nach Kräften, um der Sträflingskleidung, wie ich sie empfand, zu entgehen. Ami gewann natürlich jedes Mal, worauf sie, die Arme zu einer Siegesgeste gekreuzt, einen Schritt zurück machte und sagte: „Und jetzt bleibst du hier auf dem Bett und rührst dich nicht vom Fleck, während ich Misim fertig mache." Kaum hatte sie mir den Rücken gedreht, war ich wieder draußen und sprang triumphierend in die nächste Pfütze oder warf junge Hühner in die Luft.

Ami fand schließlich, dass es besser für uns beide war, wenn sie meine Zähmung jemand anderem übertrug, und so kam eines Tages Schazi in unser Haus; ich war ganze sechs Jahre alt. Schazi war ungefähr fünf Jahre älter als ich und hatte dafür zu sorgen, dass ich nicht zu viel anstellte. Aber sie hatte keine Chance gegen mich. Schazi konnte ich noch leichter entkommen als Ami. Wenn ich nach draußen wollte, machte ich das – basta.

Die Welt außerhalb der Mauern von Großmutters Haus zog mich magisch an, und mit jedem Jahr, das ich älter wurde, wuchs meine Neugier weiter. Hinter dem halb verrosteten Metalltor vor unserem Grundstück konnte man so viele verschiedene Leute kennenlernen – die Schäfer, die Lebensmittelverkäufer und die Männer, die draußen an der Straße Autos, Lastwagen und Motorräder reparierten. Aber mein Liebling war der junge Limonadenverkäufer. Er war zu arm, um sich gute Kleidung leisten zu können, und das Erste, was mir an ihm auffiel, war sein verkrüppeltes Bein. Es war dünner als das andere, und wenn er durch die Gegend humpelte, hing es schlaff neben dem Holzstück herunter, das er als Krücke benutzte. Aber er war jeden Tag da. Er saß unter dem Schatten des Mandarinenbaums, vor ihm, in Reih und Glied, seine angestaubten Limonadenflaschen.

Zuerst beobachtete ich ihn stumm. Er war immer fröhlich, egal wie viele Limonaden er an einem Tag verkaufte. Bald setzte ich mich zu ihm auf den Boden. Wir redeten nicht viel miteinander. Seine Zufriedenheit war ansteckend und ich genoss es, einfach neben ihm zu sitzen und das Leben auf der Straße zu beobachten. Hin und wieder kam jemand und kaufte ihm eine Flasche ab; dann sprang ich jedes Mal auf, um zu prüfen, ob die Transaktion auch richtig vonstattenging; wahrscheinlich wollte ich den armen Mann beschützen.

Was auch immer meine Motive waren, meiner Mutter war mein neuer Freund nicht geheuer. „Warum setzt du dich zu diesem Mann, Nomi?", fragte sie mich eines Tages, als ich nach Hause kam.

Es war eine Frage, auf die ich nicht vorbereitet war und die ich mir selbst noch nie gestellt hatte. Ich saß halt gerne bei dem Limonadenverkäufer, das war alles.

Ami bohrte weiter: „Möchtest du so werden wie er, wenn du groß bist?"

Diese Frage fand ich leichter zu beantworten. Ich sah Ami fest an und sagte laut: „Ja!" Dieser Mann war ganz offenbar glücklich und was konnte falsch daran sein, glücklich werden zu wollen?

„Nein!", erwiderte Ami. Sie schlug mich auf den Kopf – schnell, aber nicht fest. „Du wirst lernen und fleißig arbeiten und es im Leben zu etwas bringen. Du bist ein *Schah* und ein *Sayed*. Du hast Talente, Nomi; vergeude sie nicht!"

Ich hatte keine großen Ambitionen für das Leben, aber dass ich Talente hatte, stimmte – vor allem das Talent, Unfug zu machen.

Damals war in den ländlichen Gebieten Pakistans die Stromversorgung besonders schlecht, und meistens wurde der Strom von spätabends bis frühmorgens abgeschaltet. Was mir gerade recht war, bedeutete es doch: Wenn es draußen endlich etwas kühler war, konnte ich dort im Stockdunkeln spielen – die ideale Voraussetzung für mein Lieblingsspiel. Ich schlich mich durch die Tore der Nachbarhäuser, ging auf Zehenspitzen zur jeweiligen Haustür, drückte die Klingel (die ja ohne Strom nicht ging) und klebte ihn in dieser Stellung fest. Wenn dann ein paar Stunden später der Strom wiederkam, wurden die Bewohner besagter Häuser vom pausenlosen Klingeln ihrer Türglocke aus dem Schlaf geschreckt. Manchmal blieb ich sogar wach auf meinem Bett liegen, bis das Spektakel losging, worauf ich mir in meinen noch nicht vorhandenen Bart grinste.

Am Tag konnte die Hitze über 40 Grad erreichen, aber wenn ich nicht in der Schule war, befolgte ich nur selten Amis Rat, nach drinnen in den Schatten zu kommen. Meine Freunde und ich waren lieber auf dem flachen Dach. Von dort aus konnte man die ganze Stadt überblicken. Und die Drachen beobachten.

Drachen steigen lassen ist in Pakistan ein Volkssport. In Europa kämpfen die Jungen beim Fußball oder bei Computerspielen gegeneinander, in den USA beim Basketball; in Pakistan kämpfen sie mit ihren Drachen. Drachen steigen lassen, das war mehr als ein angenehmer Zeitvertreib; es ging um Ruhm und Ehre, um den süßen Geschmack des Sieges. Wenn es keinen Regen und genügend Wind gab, schien der ganze Himmel voller Drachen zu sein. Sobald es windig wurde, bettelte ich meine Mutter um ein oder zwei Rupien an und fragte, ob ich den Mann in seinem Haus an der großen Straße besuchen durfte, die aus dem Ort hinausführte. Wie jeder schiitische Haushalt hatte auch er ein *Bhetak,* also eine „gute Stube" an der Vorderfront oder Seite des Hauses, wo man Gäste, die nicht zur Familie gehörten, bewirten konnte, ohne die Ehre der Frauen und Mädchen in der eigentlichen Wohnung in Gefahr zu bringen. Das *Bhetak* dieses Mannes bot nicht nur die allerbesten Möbel (schwere Sofas und *Char-pai*-Betten für Übernachtungsgäste), sondern war auch ein Drachenlager. Er bastelte die Drachen selbst, und wenn man Glück hatte, durfte man ihm zuschauen, wie er im Schneidersitz auf dem Boden saß und so schnell und geschickt falzte und klebte und Papier und Holz verband, dass seine Hände dabei zu verschwimmen schienen.

Mit meinem neuen Drachen unter dem Arm und Misim und ein, zwei Freunden im Schlepptau trabte ich zurück nach Hause und postierte mich auf unserm Dach, fertig zum Kampf. Wir alle wussten, wie das ging – der Drachenkampf. Die Technik ist leicht zu begreifen, aber schwer zu meistern. Hat man einen geeigneten Gegnerdrachen ausgemacht, manövriert man den eigenen Drachen in seine Nähe. Mit genau dem richtigen Tempo und dem richtigen Winkel führt man darauf das eigene Drachenseil so gegen das des Gegners, dass dieses reißt oder sich verheddert, worauf der Drachen abstürzt. Der Drachen, der zum Schluss als Einziger noch am Himmel ist, ist der Sieger.

Meistens schlug ich mich ganz gut – so lange die anderen Jungen die gleiche Drachenschnur benutzten wie ich. Die Sache war anders, wenn jemand einen Drachen hatte, dessen Schnur mit angeklebten Glassplittern versehen war. Gegen solche Schnüre, die man in Lahore für fünfzig Rupien bekam, hatte ich keine Chance.

Jeden Tag, an dem ich konnte, stieg ich auf unser Dach, um Drachen steigen zu lassen. Und wenn ich keinen Drachen und kein Geld hatte, schaute ich den anderen Jungen zu, die ihre Drachen steigen ließen. Wer wusste, vielleicht landete ja ein „abgeschossener" Drachen in meiner Nähe; und selbst wenn dies nicht passierte, war der Tanz der bunten Dreiecke am Himmel genug Abwechslung für ein, zwei glückliche Stunden.

Es dauerte ein paar Jahre, bis Amis Scheidung durch war. Als sie das letzte Mal vor das Gericht geladen wurde, war ich alt genug, um mitzugehen und wenigstens etwas von dem zu verstehen, was hier verhandelt wurde. Sie hatte mich oft zu Terminen bei ihrem Rechtsanwalt mitgenommen. Ich mochte es, dass sie mich an ihrer Seite haben wollte. Als ihr ältester Sohn hatte ich ja eine gewisse Verantwortung, und auch wenn ich erst zehn war, hatte ich keine Angst davor, jetzt meinem Vater gegenüberzutreten.

In den Jahren, in denen wir bei meiner Großmutter wohnten, war ich Amis Vertrauter geworden. Sie hatte mir erzählt, wie ihr Leben gewesen war, bevor ich zur Welt kam. Mit ganzen achtzehn Jahren hatte sie meinen Vater heiraten müssen, und nicht nur er hatte sie geschlagen, sondern auch seine Brüder. Ich wurde richtig wütend, als ich das hörte, und alle meine Beschützerinstinkte erwachten, aber ich spürte, dass an Rache nicht zu denken war. Irgendwie war es dasselbe wie bei den Drachen: Ami war (wie alle Frauen in Pakistan) ein Ein-Rupien-Drache in einem Himmel voller Männer, die sie mit ihren Fünfzig-Rupien-Schnüren zum Absturz bringen konnten. Ich war wütend auf meinen Vater, aber vor allem war ich froh, dass wir ihn los waren.

Und so nickte ich nur höflich, als wir beim Gericht ankamen und ich meinen Vater zum ersten Mal seit fünf Jahren sah. Ich musterte den Raum mit seinen schmutzigen Fenstern, den dunklen Holztischen vor dem Richter und den großen, surrenden Deckenventilatoren. Während meine Gedanken zu meinem Vater wanderten, hörte ich dem Richter nur halb zu. Wie fühlte mein Vater sich? War er traurig über die Trennung von seiner Frau? Vermisste er seine Kinder? Tat es ihm leid, dass es so weit gekommen war?

Ich brauchte nicht lange auf die Antwort zu warten. Plötzlich veränderte sich die Atmosphäre im Raum, als habe jemand die Ventilatoren abgeschaltet. Aller Augen richteten sich auf meinen Vater, als der Richter ihn ansah und sagte: „Und Sie verzichten also auf jegliche Besuchsrechte bei Ihren beiden Söhnen und Ihrer Tochter, wenn Sie im Gegenzug das alleinige Besitzrecht an dem Haus in Rawalpindi bekommen. Sehe ich das richtig?"

„Ja, das ist korrekt, Euer Ehren."

Ich schaute meinen Vater an. Er war viel kleiner, als ich ihn in Erinnerung hatte. Sein Schnurrbart sah lächerlich aus, viel zu klein für jemanden, der so dünn war. Vom Alter her sah er eher wie ein Großvater als wie ein Vater aus. Das Haus war ihm also wichtiger als seine Kinder; auch wenn ich sowieso nichts mehr mit ihm zu tun haben wollte – das tat weh.

Der Richter dozierte weiter. Irgendwann flüsterte Ami mir zu, dass man sich geeinigt hatte und die Scheidung jetzt offiziell war. Im gleichen Augenblick räusperte sich mein Vater und sagte: „Euer Ehren, erlauben Sie mir ein Erinnerungsfoto mit meinen Kindern?"

Der Richter sah verdutzt aus, aber gewährte die Bitte. Sekunden später stand ich vorne im Gerichtssaal neben meinem in der Mittagshitze schwitzenden Vater. „Ich bin dein Papa", tönte er, während er sich für das Bild kämmte. „Ich werde dich jeden Tag besuchen." Ich wusste – oder hoffte –, dass er nur eine Schau abzog, als er das sagte. Mir schien, dass er versuchte, sich größer zu machen, als er war. Ich hatte ihn schon fast eingeholt und ich wusste, dass ich bald größer sein würde als er.

2. Ein Knurren in der Nacht

Mit einem Namen wie meinem blieben viele meiner Lausbubenstreiche ungestraft. Ich war jemand. Das Leben behandelte mich und meine weitverzweigte, bestens vernetzte Verwandtschaft sehr zuvorkommend. Die Menschen schauten zu uns auf, ja beneideten uns. Nur gelegentlich wurde dieser Neid zu einer Gefahr.

Unter meinen vielen Cousins war Scharib der, den ich am meisten mochte. Er war ein Experte im Drachenfliegen und im Spielen auf Bauplätzen, ein Meister darin, Probleme zu bekommen, und ein Genie darin, sie zu lösen.

Er war älter als ich, aber nicht ganz so groß. Auch er konnte nicht still sitzen und war ständig in Bewegung. Wenn er uns für einen Tag besuchte und alle im Haus vor der Hitze kapitulierten, war er ein Wirbelwind, der ständig etwas Neues ausheckte. Sein häufigstes Opfer war der achtzehnjährige junge Mann, den seine Familie als Chauffeur engagiert hatte. Ich weiß nicht mehr, wie er hieß, aber ich erinnere mich noch gut an seinen schütteren Schnurrbart und ständig müden Gesichtsausdruck. Einer von uns löste die Alarmanlage des Autos aus. Sobald der Chauffeur aus dem *Bhetak,* in dem er so viele seiner Stunden verbrachte, herausgerannt war, sausten Scharib und ich hinein und verwandelten den Raum binnen Sekunden in ein Chaos. Worauf der arme Chauffeur alsbald zurückkehrte, die umgeworfenen Tische und wie Bomben durch die Gegend geworfenen Kissen melancholisch inspizierte, kurz aufseufzte und anfing aufzuräumen, während Scharib und ich schadenfroh aus dem Raum tanzten.

Aber das Beste an Scharib war nicht der Unfug, den wir bei mir zu Hause anstellten, sondern die Menschenmassen, die man in seinem Haus antraf. Scharibs Vater – Onkel Haafiz, einer von Amis Cousins – war ein *Zakir*, ein religiöser Lehrer, der im ganzen Land beliebt und angesehen war. Er hatte dichtes schwarzes Haar, das ihm bis auf die Schultern fiel, und ein strenges Gesicht, aber eine freundliche Stimme. Ich wusste nie genau, ob ich Angst vor ihm haben oder ihm vertrauen sollte. Er wohnte mit seiner Familie ein paar Stunden von uns entfernt, und nach jedem Besuch bei ihm kam ich mir wie ein neuer Mensch vor, der weiser war und die Welt besser verstand.

Es war nicht nur so, dass ihr Haus groß war, mit einem breiten doppelflügeligen Tor, das auf einen großen Innenhof ging. Was es mir besonders angetan hatte, war die Fahne, die Onkel Haafiz über der großen Eingangstür angebracht hatte – ein großes schwarzes Rechteck mit einer weißen Hand, über welcher die Worte *Ja'Ali* prangten. Das zeigte jedem, der es wissen wollte, dass die Hausbewohner gute Schiiten und treue Nachfolger von Mohammeds erstem wahren Jünger waren, meinem Namensvetter Ali. Stundenlang konnte ich zu dieser Fahne hochsehen und über das nachdenken, was Onkel Haafiz mir über sie gesagt hatte. „Weißt du, warum sie schwarz ist?", hatte er mich gefragt, und als ich dies verneinte, hatte er erklärt: „Sie will uns daran erinnern, dass wir über den Tod Alis trauern."

Onkel Haafiz war kein gewöhnlicher *Zakir*; er war bekannt, berühmt und beliebt. Er verstand es, die Geschichten aus den heiligen Schriften so zu erzählen, dass sie richtig lebendig wurden. Ich weiß nicht mehr, wie oft ich dabeisaß und zuhörte, wie er einer großen Menschenmenge Begebenheiten aus den ersten Jahren des muslimischen Glaubens erzählte. Manchmal ließ ich, wenn ich so zuhörte, meinen Blick durch den Saal gleiten, über die Hunderte, ja manchmal Tausende

Gesichter, die mit Tränen in den Augen zu meinem Onkel hochsahen.

Am meisten mochte ich die Geschichte, in der Mohammeds Urenkelin Sakina ihren Onkel Abbas bittet, Wasser für sie und die anderen Kinder zu holen, die in ihrem Lager von den feindlichen Soldaten des bösen Jasid umzingelt waren. Abbas kämpfte sich tapfer zu dem Fluss durch, aber auf dem Rückweg ins Lager wurde er überfallen. In dem Kampf, der folgte, wurde Sakina gefangen genommen und starb. Sie war nicht viel älter als vier Jahre. Wenn ich die Augen schloss, sah ich die Szenen vor mir, als ob sie sich hier und jetzt abspielten. Und fast immer liefen mir, wie allen anderen, zum Schluss die Tränen über das Gesicht.

Für Muslime gibt es verschiedene Propheten Gottes. Adam, Abraham, Mose und Jesus waren die ersten vier und Mohammed ist der letzte. Mohammeds Tochter Fatima hatte zwei Söhne – Hasan ibn Ali und Husain ibn Ali –, von denen alle Sayeds letztlich abstammen. Solch eine Abstammung bringt natürlich Ehre und Achtung, und denen, die (wie Onkel Haafiz) darüber hinaus bekannte religiöse Lehrer sind, bringt es auch *Mureed* (Jünger).

Onkel Hafiz' Jünger versammelten sich nach dem Moscheegottesdienst im Hof seines Hauses, wo sie geduldig darauf warteten, dass er kam und sich zu ihnen setzte. Manche baten ihn, für sie zu beten, andere brachten ihm Geschenke; wieder andere waren damit zufrieden, sein Bein oder Knie berühren zu dürfen, in der Hoffnung, dass diese Berührung ihnen Hilfe bringen würde.

Auch meine Familie hatte ihre *Mureed,* obwohl es seit dem Tod meines Großvaters einige Jahre vor meiner Geburt weniger geworden waren. Er war ebenfalls ein *Zakir* gewesen, und auf dem Höhepunkt seiner Berühmtheit – so hatte Ami es mir einmal erzählt – hatte er zwei- oder dreitausend *Mureed* gehabt. Manchmal, wenn ich am Freitagnachmittag in unseren Hof schaute und das kümmerliche Dutzend Menschen sah, die dort herumstanden, konnte ich mir kaum vorstellen, dass es einmal Tausende gewesen waren, und fragte mich, warum Onkel Haafiz so viele Jünger hatte und wir so wenige.

„Ami, das versteh ich nicht", sagte ich, als ich eines Tages von der Schule zurückkam. „Onkel Haafiz hat so viele *Mureed.* Warum hängen wir nicht einfach auch so 'ne Fahne an unser Haus?"

Meine Mutter hatte immer viel Geduld mit meinen Fragen. „Nomi", sagte sie, „es reicht nicht, eine Fahne zu haben; wir müssen das mit unserem Leben zeigen. Und außerdem will ich nicht, dass du so ein Leben führst."

„Was für ein Leben?"

„Ein Leben, wo du nicht studierst oder arbeitest, sondern von dem Geld lebst, das deine *Mureed* dir geben."

„Aber diese Leute haben echt Achtung vor ihrem *Zakir.* Wenn wir mehr *Mureed* hätten, wären wir auch mehr geachtet, und darauf kommt es doch an, oder?"

Ami zuckte die Achseln auf eine Art, die mir zeigte, dass das Gespräch vorüber war. „Es kommt vor allem darauf an, dass wir beten."

Dass meine Mutter das Ansehen unserer Familie nicht an die große Glocke hängen wollte, hatte nicht nur mit Bescheidenheit zu tun. Als Geschiedene aus einer reichen Familie, die mit einer Witwe und einer Handvoll Kinder allein in einem Haus wohnte, war sie grundsätzlich in einer prekären Lage. Alles, womit wir unnötig Aufmerksamkeit auf uns zogen, war ein Risiko, das es zu vermeiden galt.

Wir wurden oft an diese Realität erinnert, während wir bei meiner Großmutter wohnten. Eine Zeit lang klingelte irgendjemand aus dem Ort jeden Morgen um vier an unserer Haustür, worauf einer unserer Diener, Qasim, sich aufrappelte und an die Tür ging. Vor der Tür stand niemand; dafür hörte man, wie jemand schnell weglief und dabei gehässig lachte. Ich dachte erst, dass das die Strafe für meine eigenen Klingelstreiche vor ein paar Jahren war, aber nachdem dies einige Nächte so gegangen war, hatte Ami genug. Als es das nächste Mal nachts um vier klingelte, hörte ich nicht Qasims leise Schritte, sondern Ami, die die Treppe herunterstürmte und die Tür aufriss. „Hast du Angst vor einer Frau?", schrie sie in die Dunkelheit hinein.

Ich hörte einen halb unterdrückten Antwortschrei, nicht weit entfernt. Es war eine Männerstimme. Ami rief wieder etwas und rannte nach draußen. Offenbar wollte sie den Ruhestörer verfolgen, und als das älteste männliche Glied der Familie im Haus durfte ich sie das natürlich nicht allein machen lassen. Ich sauste ebenfalls nach unten und folgte ihr.

Die Luft war warm. In mehreren Häusern war noch Licht; man hörte das vertraute Brummen der Dieselgeneratoren. Ami war schnell und hatte einen satten Vorsprung, aber meine Beine waren schnelle Sprints gewöhnt. „Ami!", rief ich, als ich sie fast eingeholt hatte, aber sie hielt nicht an. Vor uns tauchte ein Restaurant auf, das sein Licht auf die Straße warf. Die Plastiktische auf dem Bürgersteig waren fast alle besetzt. Ami marschierte zielsicher zu einem der Tische, baute sich vor einem Mann auf, der dort saß, rief etwas, was ich nicht verstand, zog sich ihren einen Schuh aus und vermöbelte den Fremden damit.

Ich war mittlerweile ebenfalls stehen geblieben und sah begeistert zu, wie meine Mutter den Mann, der immer kleiner zu werden schien, mit ihrem Schuh bearbeitete. Als sie fertig war, gingen wir zusammen nach Hause zurück. Ich war platt.

„Ami, du hast ihn mit einem *Schuh* verhauen!", sagte ich. Sie lächelte ihr vertrautes Lächeln und befahl mir, mich wieder schlafen zu legen.

Aber wir mussten uns nicht nur vor betrunkenen Dummköpfen in Acht nehmen. Ami hatte eine Schusswaffe. Sie teilte ihr Schlafzimmer mit Zainab, Misim und mir, und wenn ich noch wach war, wenn sie ins Bett ging, schaute ich durch meine halb geschlossenen Augen zu, wie sie zum obersten Regal in ihrem Schrank hinlangte, eine Pistole herunterholte und sie unter ihr Kissen legte. Ich akzeptierte diese Pistole als einen normalen Teil unseres Lebens, und ich habe meine Mutter nur einmal gefragt, warum sie sie hatte. Sie antwortete: „Weil man damit böse Menschen abschrecken kann." Das leuchtete mir ein; diese Pistole sorgte dafür, dass wir in Sicherheit waren.

Aber ich hätte nie gedacht, dass Ami sie je benutzen würde.

Eines Nachmittags saßen Scharib und ich vor dem Fernseher, als wir von oben drei Schüsse hörten. Wir sahen uns erschreckt an und sausten nach oben ins Schlafzimmer. Dort lag Qasim auf dem Fußboden, beide Arme über seinem Kopf, während Ami an der gegenüberliegenden Wand stand. Sie sah zu Tode erschrocken aus. Vor ihr auf dem Boden lag die Pistole.

„Was ist passiert, Ami?", fragte ich. „Bist du verletzt?"

Sie brachte erst kein Wort heraus.

Es war Qasim, der uns aufklärte, während er sich hochrappelte und die Ohren rieb. „Ich hab sie gefragt: ‚Madam, Sie haben eine Pistole, aber wissen Sie auch, wie man sie benutzt?' Darauf hat deine Mutter in die Decke geschossen, aber der Rückstoß war zu stark für sie, sodass sie noch zweimal geschossen hat, diesmal geradeaus. Ich musste mich zu Boden werfen, um nicht getroffen zu werden."

Direkt über Ami war ein kleines Loch in der Decke, und gegenüber von ihr – direkt über der Stelle, wo Qasim in Deckung gegangen war – waren zwei weitere Löcher in der Wand. Ich beschloss auf der Stelle, meine Mutter zu bitten, nicht mehr mit der Pistole zu schlafen; es war wohl besser, sie für den Notfall irgendwo sicher aufzubewahren.

Unsere Familie kannte Reichtum und Einfluss, aber auch den Tod, und das genauer, als uns lieb sein konnte. Ami hatte zwei Brüder, doch kurz nach meiner Geburt starb der eine, ohne Frau oder Kinder zu hinterlassen. Blieb nur noch ein Bruder – Onkel Schah, der Polizeibeamte in Lahore, der mich gerettet hatte, als mein Vater mich entführt hatte. Er war ein freundlicher Mann und eine große Unterstützung und Hilfe für Ami während ihres langwierigen Scheidungsprozesses. Seiner Frau gefiel das gar nicht; sie war eifersüchtig und fand, dass Ami mit ihrer Trennung von ihrem Mann Schande über die Familie gebracht hatte.

Die Lage wurde noch schlimmer, als plötzlich mein Großvater starb und das meiste von seinem beträchtlichen Reichtum meinem Onkel hinterließ. Ich war damals erst acht und wusste noch nicht, wie das Geld die Herzen von Menschen vergiften kann. Ich bekam auch nichts davon mit, dass das Verhältnis zwischen meinem Onkel und seiner Frau immer schlechter wurde. Als er kurz darauf einem Herzanfall erlag, kam niemand auf den Gedanken, dass dies etwas anderes sein konnte als ein grausamer Zufall. Bis ich etwas erlebte, was sehr merkwürdig war.

Es war ein Tag wie jeder andere. Wieder einmal war ich Schazi, meinem Kindermädchen, entwischt, um draußen zu spielen. Ich machte nichts Besonderes, als es passierte. Ich war gerade dabei, mit einem Stock hinter ein paar Ziegen auf der Wiese hinter dem Haus herzujagen, als ich urplötzlich stolperte und stürzte. Der Schmerz war ungeheuer – wie ein inneres Feuer in meinem Bein. Gleichzeitig wurde mir speiübel. Zum Glück war Schazi schon unterwegs, um mich zu suchen, und es gelang ihr, mich hochzuheben und zurück ins Haus zu tragen.

Es war nicht das erste Mal, dass ich solche Schmerzen erlebte. Trotz meines zarten Alters hatte ich mir schon mehr Knochen gebrochen als irgendeiner meiner Freunde. Zweimal hatte ich mir die Hand gebrochen und einmal das Bein – dasselbe Bein, das jetzt diese Schmerzwellen durch meinen Körper jagen ließ.

„Was hast du gemacht, Nomi?", fragte Ami, während sie behutsam mit ihren Händen über mein Bein fuhr, als ich drinnen auf dem Sofa lag. Ich brachte keine Antwort zustande, denn der Schmerz war jetzt so furchtbar, dass ich nur noch weinen konnte. Aber selbst wenn ich hätte reden können – was hätte ich meiner Mutter sagen sollen? Wie bei den anderen Knochenbrüchen auch war mir die ganze Sache absolut unverständlich. Manchmal hieß es, dass ich „wild" war, aber ich wusste, dass ich gerade nichts Gefährliches gemacht hatte.

Ich muss mich wohl so weit beruhigt haben, dass ich schließlich einschlief, denn das Nächste, woran ich mich erinnere, war das Aufwachen in der Ambulanz, wo ein Arzt mit warmen Händen dabei war, mein Bein zu richten.

In den folgenden Tagen befragte Ami mich mehrere Male über den Unfall. Alles, was ich ihr antworten konnte, war, dass ich halt hinter den Ziegen hergerannt war, als ich urplötzlich hinfiel. „Bist du über ein Loch oder einen Stein gestolpert?", fragte sie.

„Nein, Ami", erwiderte ich. „Ich bin halt auf einmal hingefallen. Warum, weiß ich nicht."

Wenn meine Genesung normal verlaufen wäre, hätte Ami

sich vielleicht nichts weiter gedacht, aber irgendetwas machte sie argwöhnisch. Ein paar Tage nach dem Unfall bestätigte sich ihr Verdacht, als sie in der Nacht hörte, wie ich in meinem Bett immer unruhiger wurde. Ich selbst kann mich an nichts erinnern, aber in den folgenden Jahren erzählte man mir die Geschichte etliche Male. Offenbar fing ich an, mich heftig herumzuwälzen und mit einer Stimme zu sprechen und zu schreien, die nicht meine eigene war. Es war eine tiefe Stimme, wie die eines Mannes, nicht eines Achtjährigen. Und die Stimme war wütend – so sehr, dass es den anderen Angst machte, fast wie das Knurren eines bösen Tieres. Worauf die Stimme wütend war, wusste niemand.

Es war Qasim, der schließlich sagte: „Das ist ein *Dschinn*, ein böser Geist. Wir müssen versuchen, mit ihm zu reden."

Ami tat das. Sie sprach den Geist an, um herauszufinden, was er wollte, aber ohne großen Erfolg.

Am nächsten Tag konnte ich mich an den Vorfall nicht erinnern. Mein Bein tat weh und ich war müde. Man hielt einen kleinen Familienrat und kam überein: Wenn es sich wirklich um einen *Dschinn* handelte, musste man ihm ein Opfer bringen, um ihn zu besänftigen. Meine Familie kaufte also eine schwarze Ziege, schlachtete sie und warf den Kadaver in den Friedhof, in der Hoffnung, dass der Geist, der mich plagte, mit der Mahlzeit zufrieden wäre.

In der folgenden Nacht fing ich wieder an, zu knurren und zu schreien. Die Ziege hatte nichts gebracht, und als die unheimlichen Schreie aus meinem kleinen Körper das Haus erfüllten, bekam Ami es mit der Angst zu tun. Sie wandte sich schließlich an die Mullahs aus der Moschee und bat sie um Rat. Sie sagten: „Bringen Sie den Jungen zu uns. Wir werden ihn drei Tage lang schlagen, dann ist der *Dschinn* garantiert weg."

Aber Ami hatte eine bessere Idee. Als ich in der nächsten

Nacht wieder zu schreien anfing, beugte sie sich ganz nah zu mir, legte ihre Hand auf meinen Kopf und sagte leise: „Nomi, ich bin's, Ami. Was siehst du?"

Ich antwortete, mit meiner normalen Stimme: „Ich sehe Onkel. Er ist im Badezimmer und will gerade seine Medizin nehmen, aber irgendjemand hat sie gegen eine andere getauscht."

„Wer?"

„Die Tante. Sie hat seine Pillen vertauscht."

Und ich fing wieder an, mich zu wälzen und um mich zu schlagen; meine Arme und Beine – auch das gebrochene – wirbelten herum, dass jeder, der in meiner Nähe war, zurückzuckte. Es brauchte Qasim, meine Großmutter und ein oder zwei Nachbarn, die gerade da waren, um mich festzuhalten. Sie berichteten mir später, dass ich mit den Kräften eines erwachsenen Mannes kämpfte.

Dann, am vierten Tag, geschah etwas, das ich nie vergessen werde. Es war am Nachmittag. Ich lag auf dem Bett, fühlte mich schlapp, hatte jede Menge Mitleid mit mir selbst und fragte mich, wie lange es dauern würde, bis ich wieder draußen spielen konnte. Plötzlich hörte ich eine unbekannte Stimme: „Nomi, wie geht's dir?"

Ich schaute hoch und sah eine farbenfroh gekleidete Dame mit Sonnenbrille. Neben ihr stand Ami. „Dies ist Tante Gulshan", sagte sie. Ich hatte noch gar nicht gewusst, dass ich eine Tante Gulshan hatte. Aber die Frau sah nett aus. „Danke, gut", murmelte ich.

„Ich möchte gerne für dich beten. Darf ich das?"

Ich hatte schon oft erlebt, dass Menschen jemanden baten, für sie zu beten – vor allem bei den *Mureed* vor Scharibs Haus. Sie baten Onkel Haafiz, für sie zu beten, und der berührte sie entweder kurz, bevor er weiterging, oder er sagte ihnen, dass er an sie denken würde, wenn er das nächste Mal betete. Noch nie hatte jemand mich gefragt, ob er für mich beten durfte, aber irgendetwas in meinem Hinterkopf sagte mir, dass hier nur eine Antwort möglich war, und ich flüsterte: „Ja."

Tante Gulshan kniete sich neben mir hin. Sie behielt ihre Sonnenbrille auf. Ich weiß noch, dass ich mir wünschte, sie würde sie abnehmen, und gleichzeitig erleichtert war, dass sie das nicht tat. Sie legte ihre eine Hand auf meinen Kopf. Ich zuckte instinktiv zurück. Die Berührung schien eine Welle von Hitze in meiner Haut freizusetzen. Meine Haut fühlte sich plötzlich richtig heiß an – aber nicht vor Schmerzen, sondern vor Kraft. „Du brauchst keine Angst zu haben", sagte Tante Gulshan, „es ist gut." Ihre Stimme war leise und sanft.

Dann begann sie zu beten und ich erlebte meine nächste Überraschung. Bis jetzt hatte ich immer nur Gebete auf Arabisch gehört. Das war unsere offizielle religiöse Sprache, die der Prophet Mohammed gesprochen hatte. Aber Tante Gulshan betete auf Urdu, in unserer ganz normalen Alltagssprache. Ihre Worte waren ruhig und sanft und ich spürte, wie ich mich entspannte. Sie befahl dem *Dschinn,* mich zu verlassen, und bat Gott, mein Bein zu segnen, damit es schneller heilte. Die Hitze wurde noch etwas stärker, dann ebbte sie ab und ich spürte das Bedürfnis, richtig tief Luft zu holen. Irgendwie fühlte die Luft sich besser an als die ganzen letzten Tage und mit jedem Atemzug wurde ich innerlich ruhiger, bis mich ein tiefer Frieden erfüllte.

In der folgenden Nacht schlief ich wie ein Stein. Der *Dschinn* kam nie zurück. Ami stellte ihre Schwägerin zur Rede, die Tante meines verstorbenen Onkels, und sagte ihr, was ich gesehen hatte. Danach sah sie die Tante nie wieder und diese hat das Geld, hinter dem sie so her war, nicht bekommen.

3. Baba-jan

Es war einer jener Tage, an denen man morgens aufwacht, die Träume wegräkelt, aufsteht, aus dem Schlafzimmer geht – und merkt, dass die Welt sich über Nacht verändert hat.

Zwei Monate zuvor waren Ami, Misim, Zainab und ich umgezogen, von dem Haus meiner Großmutter in der verschlafenen Kleinstadt in ein neues Haus in der quirligen Metropole Lahore. Es war der Beginn eines neuen Lebensabschnitts für mich – eines Abschnitts, der mir wie ein Traum- und Schlaraffenland vorkam.

Da war einmal das neue Haus. Es war ein Palast, wahrscheinlich das größte Gebäude im ganzen Viertel. Nagelneu war es auch; als wir ankamen, waren die Handwerker noch nicht ganz fertig. Mehrere Male mussten wir in andere Zimmer umziehen, damit die kleine Armee der Installateure, Stuckateure und Maler ihr Werk vollenden konnte. Ami hatte sich für ein sage und schreibe Vierzehn-Zimmer-Haus entschieden. In den ersten Tagen passierte es mir immer wieder, dass ich mich buchstäblich verlief und denselben Weg noch einmal zurückgehen musste, um mein Ziel zu erreichen.

Mit meinen zwölf Jahren fragte ich mich nicht groß, warum meine Mutter ein so großes Haus hatte bauen lassen. Auch ahnte ich nicht, dass der Grund für unseren Umzug etwas anderes war als nur der Wunsch, mehr Platz für uns drei Kinder zu haben. Ich merkte einfach, wie mir, als ich mich endlich in ihm zurechtfand, das Haus ans Herz wuchs. Es faszinierte mich, wie abends, wenn es dunkel geworden war, der Innenhof im Schein der farbigen Lichter leuchtete. Stundenlang (so kam es mir jedenfalls vor) betrachtete ich das helle Grün und tiefe Rot, das sich über die breitblättrigen Pflanzen und schlangenähnlichen Ranken ergoss, die Ami von weither hatte holen lassen. Es gab mehrere Brunnen, deren Murmeln durch die Fenster an der einen Hausseite drang, und das größte *Bhetak,* das ich je gesehen hatte – eine gute Stube für Gäste, die so groß war, dass über der riesigen Sitzecke nicht weniger als achtzehn Deckenventilatoren schwebten.

Das Haus war von einer drei Meter hohen Mauer umgeben, in der vorne ein hohes doppelflügeliges Metalltor in einen großen Hof führte, während an der Rückseite ein kleineres Tor auf ein Stück Ödland ging. Ich schlüpfte gerne heimlich durch dieses Tor zu den Tieren, die Unkraut und Blätter von den Sträuchern fraßen. Diese Kühe, Ziegen und Hühner gehörten unseren Nachbarn, aber ich tat gerne so, als gehörten sie mir.

Was mir an jenem Morgen, als ich, noch halb verschlafen, über den gefliesten Boden trottete und die große Treppe nach unten stieg, so komisch vorkam, waren die Geräusche im Haus. Es war nicht das vertraute Hämmern und Bohren in irgendeinem der weiter entfernten Zimmer, sondern das Lachen und Tratschen von Frauen. Vielen Frauen. Ich setzte mich auf eine der untersten Treppenstufen und wartete. Was ging hier vor?

Zainab kam die Treppe heruntergerannt. „Was machst du denn hier?"

„Ich lausche. Da ist irgendwas los."

Zainab lachte. „Natürlich ist da was los. Heute ist Amis Hochzeit!"

Erst verstand ich nicht, was sie meinte, dann fiel der Groschen. „Hochzeit? Und wen heiratet sie?"

Diesmal lachte Zainab nicht, sondern sah mich fest an. „Muzafa Schah." Sie sagte es so langsam und deutlich, als ob sie mit meinem kleinen Bruder sprach.

Der Name war mir nicht unbekannt. Klar, den Mann kannte ich. Gut sogar. Muzafa Schah war der groß gewachsene Rechtsanwalt mit den europäischen Anzügen und dem dichten schwarzen Haar, der Ami geholfen hatte, ihre Scheidung zu bekommen. Ich hatte oft neben Ami in seinem Büro gesessen und er war immer hilfsbereit und freundlich gewesen. Aber ich verspürte keine große Freude bei der Nachricht; dazu war ich zu überrascht.

Erst mal stand ich auf und folgte Zainab, den Flur entlang und in die Küche. Dort waren wohl an die dreißig Frauen bei der Arbeit und das Geschnatter nahm mir fast die Luft weg. Wo war Ami? Ich ging weiter, in den großen Raum mit den achtzehn Ventilatoren. Dort waren an der Längswand lauter Tische aufgestellt, auf denen ein riesiges Büfett aufgebaut war. Ich starrte ungläubig die Spezialitäten an. Da waren ganze Platten mit Teigbällchen in Zuckersirup, Würfel aus Mango, Kokosmus und Pistazien und Eiscreme. Es gab gefüllte Teigtaschen und ein Reisgericht.

Ich schaute kurz um mich. Niemand zu sehen. Da griff ich eine Handvoll der Leckereien und schob sie mir in den Mund. Im nächsten Augenblick spürte ich eine Hand auf meiner Schulter.

Es war Ami. Sie trug ein rotes *Salwar kamiz* und ein *Dupatta*, einen langen Schal, der das Licht einfing, wenn sie ging. Ich staunte, wie schön sie war. Ihr Glück schmückte sie. „Nomi", sagte sie lächelnd, „du erinnerst dich doch an Mr Schah, oder?"

Ein bekanntes Gesicht erschien neben dem ihren. Er trug Weiß, wie jeder Bräutigam. Ich sah, wie perfekt seine Kleidung war. Feinste Silberfäden zeichneten komplizierte Muster auf den Stoff. Wie er da vor mir stand, strahlte er die selbstbewusste Würde eines siegreichen Feldherrn aus. Er streckte mir die Hand hin. „Ali! Ich möchte, dass du mich *Baba-jan* nennst." Das war sein Vorname.

Ich nickte, schluckte hastig die Süßigkeiten in meinem Mund hinunter und schüttelte seine Hand. „Ja, gerne."

Ami gab mir einen Kuss auf die Stirn und schickte mich zurück nach oben, um die Kleidung anzuziehen, die Qasim mir gleich bereitlegen würde.

Der Rest des Tages verging wie in einem bunten Nebel. Ich genoss die Süßigkeiten, das Fladenbrot und den süßen Duft des Kranzes aus Lavendel und Orangenblüten, den Ami um den Hals trug. Es war schön. Aber auch irgendwie komisch. *Ami ist jetzt verheiratet.* Wieder und wieder sagte ich mir den Satz innerlich vor; vielleicht würde ich ihn irgendwann begreifen.

Am Tag nach der Hochzeit schauten wir zu, wie unser Gepäck in einen großen Transporter geladen wurde. Danach stiegen wir in ein Auto und fuhren stundenlang Richtung Norden, in die Berge hinter Islamabad. Dort stiegen wir in dem größten Hotel ab, das ich je gesehen hatte. Es war größer als jede Schule, jedes Krankenhaus oder Regierungsgebäude, das ich je gesehen hatte, selbst in einer so großen Stadt wie Lahore. Es war wunderbar dort und wir verbrachten unsere Tage mit Ausflügen in die Berge (mit der Seilbahn hinauf und zu Fuß zurück ins Tal), mit Reiten und mit Spaziergängen im riesigen Park des Hotels.

„Nomi", sagte Ami eines Nachmittags, als wir wieder eine Wanderung machten. Sie hatte die anderen vorausgehen lassen, sodass sie zum ersten Mal seit der Hochzeit mit mir allein war. „Bist du traurig?"

Ich zuckte die Achseln. „Weiß nicht."

„Erinnerst du dich noch, wie ich dir erzählte, wie ich deinen Vater geheiratet habe?"

„Ja. Dein Vater hatte alles arrangiert."

„Richtig. Und weißt du auch noch, dass ich deinen Vater gar nicht gerne geheiratet habe?"

„Ja, doch."

„Und auch, warum ich ihn eigentlich nicht wollte?"

Ich sah die Szene wieder vor mir, wie seine Finger sich um ihre Kehle pressten, während er sie gegen die Wand drückte. Ich hörte wieder, wie seine Faust ihre Wange traf. Ich war wieder allein in dem Haus, in das er mich entführt hatte, und hatte Hunger und Angst. Ich sah Ami fragend an.

„Ich wollte deinen Vater damals nicht heiraten, weil ich lieber einen anderen Mann geheiratet hätte. Er hieß Muzafa Schah." Sie machte eine Pause.

Mein Gehirn begann zu schalten. „Dann", sagte ich zögernd, „dann wolltest du die ganze Zeit schon Baba-jan heiraten?"

Sie lächelte und drückte mich an sich. Wieder dieser Duft von Orangenblüten und Lavendel. „Ja, Nomi."

Allmählich gewöhnte ich mich daran, dass ich jetzt Ami und den Rest meiner Familie mit ihrem neuen Mann teilen musste. Es war ja wirklich nichts Schlimmes; Ami war glücklich, und wenn sie glücklich war, waren wir es auch. Als wir aus den Flitterwochen in den Bergen zurückkehrten, wurde mir endlich klar, warum Ami das neue Haus so hatte bauen lassen. Es war perfekt symmetrisch, mit sieben Räumen in jedem der beiden Flügel. Jetzt wohnten wir so in ihm, als ob es *ein* Haus wäre, aber es war das Einfachste von der Welt, es in zwei Hälften aufzuteilen und aus dem einen großen zwei kleinere, aber immer noch absolut vollwertige Häuser zu machen. Wenn Zainab, Misim und ich erwachsen wurden, würde Zainab nach ihrer Heirat zu ihrem Ehemann ziehen, während Misim und ich jeder seine Frau zu sich holen würde, in „seine" Hälfte des Hauses.

Baba-jan – es dauerte etwas, bis mir der Name in Fleisch und Blut übergegangen war – brachte mehr ins Haus als Ansehen, Reichtum und Sicherheit. Er war auch ein Schiit, der den Namen *Ali* trug und seine eigenen *Mureed* (Jünger) hatte. Ami war religiös zurückhaltend gewesen und hatte nicht viel Aufhebens um die Jünger gemacht, die in das Haus ihrer Mutter kamen. Baba-jan öffnete seine Arme so weit wie das große Tor unserer Villa; nach dem Freitagsgebet war man in seinem Haus hochwillkommen.

Bevor Baba-jan mein Stiefvater wurde, war meine Kenntnis dessen, was es bedeutete, ein Muslim zu sein, begrenzt gewesen. Ich wusste zwar, dass die Schiiten die Minderheit in unserer Stadt waren und dass die meisten meiner Freunde Sunniten waren, aber es sollte noch Jahre dauern, bevor ich den tiefen, teils gewalttätigen Graben verstand, der Schiiten und Sunniten trennte.

Die Spannungen zwischen den Sunniten (der Mehrheit der Muslime) und den Schiiten geht bis in die Anfänge des Islam zurück. Nach Mohammeds Tod entstand Uneinigkeit darüber, wer als sein Nachfolger die Muslime führen sollte. Einige folgten seinem Schwiegersohn Ali, andere einem Mann namens Abu Bakr (wer war das?). Dies war die Geburtsstunde der Trennung zwischen Schiiten und Sunniten. Als Alis Sohn Husain (Hussein), ein Enkel Mohammeds, in seine Fußstapfen trat, war sein sunnitischer Widersacher der Kalif Jasid. In der Schlacht von Kerbela (im heutigen Irak) massakrierten Jasids Krieger Husain und seine Anhänger, darunter seinen kleinen Sohn. Seitdem sind viele Jahrhunderte vergangen, aber das Blut, das damals vergossen wurde, klebt heute noch an unserer Geschichte.

Ich war sieben Jahre alt, als ich zum ersten Mal etwas von der Rivalität zwischen Schiiten und Sunniten mitbekam. Einmal war ich draußen mit meinen Freunden zusammen, als von ihrer sunnitischen Moschee der Gebetsruf erscholl. Sie gingen prompt hinein, um zu beten, ich nichtsahnend mit. Als ich zu Hause meiner Mutter von der komischen Moschee berichtete, wo die Leute die Gebete anders sprachen als bei uns, war sie mir böse. Es sollte noch Jahre dauern, bis ich begriff, wie gefährlich es für einen Schiiten sein konnte, in eine sunnitische Moschee zu gehen.

Baba-jan brachte mir eine Menge darüber bei, was es hieß, ein Schiit zu sein. Die *Mureed* oder Jünger waren respektvoll zu behandeln und im Übrigen eine Erinnerung an die Verantwortung jedes von Alis Nachfolgern. „Wir müssen für ihr geistliches Wohl sorgen", sagte er mir einmal, als ich neben ihm stand und durch das Fenster auf den Hof hinausschaute. „Sie sind wie wilde Ziegen, die auf unserem Land grasen. Wir besitzen sie nicht, aber wir haben die Pflicht, uns um sie zu kümmern."

Was Baba-jan damit meinte, verstand ich etwas besser, als er mir eröffnete, dass wir bald unser erstes *Majlis* abhalten würden – eine Veranstaltung, bei der den ganzen Tag lang alle *Mureed* und Hunderte andere Menschen kommen würden, um den Predigten verschiedener *Zakire* zu lauschen. Ich war schon einmal auf so einem *Majlis* gewesen, zusammen mit Scharib, als dessen Vater in Lahore predigte. Es war ein faszinierendes Erlebnis. Der Saal war überfüllt und laut und als wir ihn von hinten betraten, konnte ich das Podium vorne kaum sehen, aber ich folgte Scharib brav nach vorne, wo unter all den Mullahs und anderen hohen Gästen Onkel Haafiz auf dem Podium saß. Er nickte uns zu und bedeutete uns, in seiner Nähe Platz zu nehmen – nicht direkt auf dem Podium, sondern etwas seitlich.

An diesem Tag prägten sich einige Szenen tief in mein Gedächtnis. Ich musterte die Gesichter im Saal (es müssen ein- oder zweitausend Menschen dort gewesen sein) und sah in ihnen die verschiedenen Stimmungen, die die *Zakire* mit ihren Worten erzeugten. Manche Prediger machten den ganzen Saal schamrot mit ihren Worten über Sünde und Reinheit, andere verbreiteten Licht und Hoffnung mit ihren Bildern vom Paradies und von der Zukunft, die auf die wartete, die von Allah für würdig befunden wurden. Aber der allerbeste Prediger war mein Onkel. Er malte nicht nur mit einer Farbe, sondern benutzte das ganze Farbspektrum. Wie bei vielen anderen auch, war sein Vortrag eine Art Sprechgesang; seine Stimme stieg und sank wie die Brandung des Ozeans oder wie der Flug eines Falken hoch oben am Himmel. Er konnte erzählen, dass der ganze Saal den Atem anhielt. Onkel Haafiz führte die Menschen zurück in die Vergangenheit, in die Ereignisse zur Zeit des Korans. Er ließ die Personen richtig lebendig werden und zeigte uns, was es hieß, ein Schiit zu sein. Er erzählte Geschichten über den Propheten, seinen Schwiegersohn Ali und über seinen Enkel. Er schilderte Jasids brutales Massaker an den Unschuldigen bei Kerbela. Und die Belagerung Mekkas und die Ermordung und Vergewaltigung zehntausender Männer und Frauen in Medina. Es waren historische Ereignisse, die jeder Schiit kannte. „Was, wenn dies deine Tochter gewesen wäre?", fragte Haafiz. „Oder du selbst?" Und so weiter, bis die Luft voll vom Schluchzen der Männer war.

Ich war also mehr als gespannt, als Baba-jan mir sagte, dass wir bald selbst ein *Majlis* veranstalten würden. Als der Tag da war, kamen nicht so viele Leute wie damals in Lahore, aber die Polizei musste die Straße vor unserem Haus absperren, und im Hof waren mindestens zwei- oder dreihundert Menschen, die drinnen im Haus keinen Platz gefunden hatten.

Als das *Majlis* vorbei war, die Menschen sich zum Aufbruch wandten und man das Zirpen der Grillen wieder hörte, sah ich etwas vor mir, am Rande der Menge, einen Mann, der auf irgendjemand zu warten schien. Unsere Blicke trafen sich und er kam zu mir. Er mochte Mitte zwanzig sein und schien von weit her zu kommen, obwohl ich mir nicht ganz sicher war. Er sah nicht arm und zerlumpt aus, aber neue Schuhe schien er sich nicht leisten zu können.

Er machte eine tiefe Verbeugung. „*Husnain-ji.*" Es war die respektvollste Anrede. „Darf ich Sie bitten, für mich zu beten?"

So eine Bitte hatte ich noch von niemandem gehört, aber ich hatte oft genug miterlebt, wie Bittsteller zu Onkel Haafiz oder sogar zu Scharib kamen, um zu wissen, wie ich zu antworten hatte, und so sagte ich: „Gerne. Worum geht es?"

„Ich habe keinen Sohn. Bitte beten Sie darum, dass ich einen Sohn bekomme."

„Gut, ich werde für Sie beten", antwortete ich. Dann erinnerte ich mich an etwas, was Scharib einmal gesagt hatte, und fuhr fort: „Ich werde beten und Allah wird das Gebet erhören und Sie werden einen Sohn bekommen."

Der Mann murmelte ein Dankeschön und ging. Ich ging zurück ins Haus und vergaß prompt, für den Mann zu beten – an diesem Tag und später. War ich damit ein schlechter Muslim? Vielleicht, aber ich war ja noch ein Kind. Ich war damals noch nicht fromm, aber ich wusste, dass ich durch meine Geburt zu den Privilegierten im Glauben gehörte. Vor mir lag eine große Zukunft; vielleicht würde ich eines Tages selbst ein *Zakir* sein.

Bald nachdem er zu uns gezogen war, meldete Baba-jan mich in einer anderen Schule an. Sie war teuer und wurde von Katholiken geleitet. Die gesellschaftliche Rangordnung ist in

Pakistan nicht so ausgeprägt wie im indischen Kastensystem, aber sie spielt dennoch eine wichtige Rolle; jeder weiß, an welcher Stelle er steht und wer über ihm und wer unter ihm ist. Die Katholiken waren ziemlich weit unten. Das Einzige, was ich über diese zurückhaltenden Menschen wusste, war, dass sie gute Musik machten und gute Schulen hatten. Aber sie waren nur *Umti* und mithin zu einer niedrigeren Kaste gehörig als ich. Man hatte weder böse zu ihnen zu sein noch Angst vor ihnen zu haben; sie waren eben *Umti*.

Ich begann meine Teenagerjahre mit dem beruhigenden Wissen, dass das Leben netter zu mir wurde. Die katholische Schule würde mir eine solide Schulbildung geben, Baba-jan war dabei, unsere Familie auf der gesellschaftlichen Leiter wieder weiter nach oben zu bringen, und die Tage, an denen um vier Uhr morgens irgendwelche betrunkenen Idioten an unsere Tür klopften, schienen tausend Jahre zurückzuliegen. Baba-jan nahm uns sogar in seinen Country Club mit, hinter dessen Toren ich eine ganze neue Welt aus makellos gepflegtem Rasen, Edelsportarten und gepflegter Konversation entdeckte.

Aber da war noch etwas anderes, das mich mit Zuversicht, ja Begeisterung in die Zukunft blicken ließ. Es begann eines Freitags, als ich nach dem Gebet die Menge im Hof musterte und mir ein Mann, der in meiner Nähe stand, bekannt vorkam. Natürlich – es war der Bittsteller, der mich nach jenem *Majlis* gebeten hatte, darum zu beten, dass er einen Sohn bekam. Einen Augenblick lang plagte mich mein schlechtes Gewissen – ich hatte ja gar nicht für ihn gebetet –, aber da stand er schon vor mir, mit einem Lächeln so breit wie ein Drachen auf seinem Gesicht.

„*Husnain-ji.*" Er verneigte sich tief. „Meine Frau hat mir einen Sohn geschenkt!"

Ich erwiderte sein Lächeln. Ich war erleichtert – und total perplex.

Der Mann fuhr fort: „Ich würde Ihnen gerne etwas schenken, um meine Dankbarkeit zu zeigen. Gibt es etwas, was Sie brauchen?"

Ohne groß nachzudenken, antwortete ich: „Nun ... ich hätte gerne Hunde."

Einen Monat später kam der Mann wieder. Im einen Arm hielt er seinen Sohn (der mich nicht weiter interessierte) und seine andere Hand hielt vier wunderschöne Hunde gepackt. Sie konnten nicht älter sein als ein paar Monate, und ihr goldfarbenes Fell war seidenweich. Es war der Anfang meines eigenen kleinen Zoos; ein, zwei Jahre später hatte ich auch eine Taube, mehrere Hühner und sogar eine Kuh. Halten tat ich sie alle in dem großen umzäunten hinteren Garten.

Während Baba-jan mich in die Pflichten und Aufgaben meiner Kaste einführte, kümmerte Ami sich mehr um meine religiöse Unterweisung. Wie jeder gute Muslim musste auch ich lernen, den Koran zu lesen, aber während die Kinder der Ärmeren nach der Schule in die *Madrassa* (Moscheeschule) gehen mussten, konnten meine Eltern sich für ihre drei Kinder privaten Religionsunterricht durch einen Mullah leisten, der extra zu uns ins Haus kam.

Mir war das gerade recht. In der Schule wurde viel über die *Madrassa* geredet; es gab Gerüchte, dass manche Mullahs ihre Schüler schlugen und andere schwul waren. Meine Sehnsucht nach Mullahs hielt sich in Grenzen und ich verstand sehr gut, was meine Mutter meinte, als sie mir an dem Nachmittag vor unserer ersten Unterrichtsstunde mit dem Mullah sagte: „Wenn er dich oder deine Schwester anfasst, gib mir sofort Bescheid, ja?"

Das versprach ich ihr. Ich würde gerne aufpassen. Denn ich

hatte keine Angst vor dem Mullah – jedenfalls nicht, wenn er in unserm eigenen Haus war und ich Amis Anweisung folgend die Tür des Zimmers, in dem der Unterricht stattfand, immer offen ließ.

Der Mullah war ein älterer Mann mit weißen Strähnen in seinem langen Bart. Seine schwarzen Kleider waren fleckig und rochen komisch. In der ersten Stunde versuchte er einmal, Zainab zu schlagen, als sie ein Wort nicht korrekt las, aber mein lauter Ruf nach Ami und ihre strenge Zurechtweisung genügten: Die Szene wiederholte sich nicht.

Das große Problem mit seinen Lektionen war, dass sie so langweilig waren. Wie jeder Koran, den ich bisher gesehen hatte, war auch das Exemplar, das er mitbrachte, auf Arabisch geschrieben. Als gebildeter pakistanischer Junge sprach ich bereits mehrere Sprachen – Punjabi mit meinen Freunden und den Straßenhändlern, Urdu zu Hause und Englisch in der Schule –, aber das Arabische war eine echt harte Nuss. Unser ganzer Unterricht bestand darin, dass wir vor dem Koran saßen, den der Mullah auf einen kleinen Tisch gelegt hatte, und ihn laut lasen. Ein paar Worte auf jeder Seite waren übersetzt, aber die meisten nicht, sodass ich eigentlich nicht wusste, was ich da vorlas. Das störte mich gewaltig und ständig fragte ich den Mullah, was bestimmte Sätze oder Ausdrücke bedeuteten.

Seine Standardantwort lautete: „Das ist nichts für Kinder." Ich wollte gerne langsam lesen, in einem Tempo, das es mir erlaubte, etwas von der Bedeutung mitzubekommen, aber das kam für meinen Lehrer nicht infrage. *„Dschaldi, dschaldi!"* sagte er immer wieder. („Mach schon! Schneller!") Er fand mich einen schlechten Koranleser. „Du liest zu langsam", murrte er mehr als einmal. „Wenn du so liest, will dir niemand zuhören." Aber ich wollte keine Show abziehen und die Leute mit einer guten Lesestimme beeindrucken, ich wollte wissen, was im Koran stand, ich wollte der Wahrheit näherkommen. Ich hatte genug Predigten von Onkel Haafiz mitbekommen, um zu wissen, dass es mehr als eine schöne Stimme brauchte, um die Herzen der Zuhörer zu berühren.

Die Schule kam mir irgendwie unwirklich vor. Ich war ein mittelmäßiger Schüler und verspürte keine Lust, mich in Themen hineinzuknien, die ich schwierig fand. Warum sollte ich? Mein Name allein würde doch genügen, um Anhänger um mich zu sammeln und jemand zu sein in meiner Umgebung, und das Bankkonto meiner Familie würde mir die Tür in die Finanz- und Geschäftswelt öffnen. Ich gewöhnte mich allmählich daran, dass ich auf der Straße von *Mureed* angesprochen wurde, die mich um meine Gebete für sie baten, und wenn ich morgens ins Erdgeschoss kam, stand der treue Qasim an der Tür, bereit, mir meine Schultasche zu reichen, wenn ich das Haus verließ. Das eigentliche Leben spielte sich für mich außerhalb der Schule ab. Ich sah nicht, was die Schule mir geben konnte, das von Nutzen für das spätere Leben wäre. Sobald ich genug gelernt hatte, würde ich hinaus in die Welt gehen und mein Glück als Geschäftsmann suchen.

Der Unterricht in der Schule machte mir also keinen Spaß, dafür aber die Pausen mit meinen Freunden. Wir waren eine gemischte Truppe; zwei von uns waren Schiiten, die Übrigen Sunniten. Nicht, dass das etwas bedeutete. Wir gehörten zu den Oberen, wir waren die Söhne von bekannten Geschäftsleuten und Lokalpolitikern, junge Männer, die durch ihre Geburt privilegiert waren und die schon als Teenager wussten, dass sie einmal eine führende Rolle in der Gesellschaft spielen würden.

Wie jede Clique von Heranwachsenden wussten auch wir genau, wer zu uns gehörte und wer nicht. Die schlimmsten

Wörter in unserem Vokabular reservierten wir für die Nichtmuslime. Ein Nichtmuslim, das war ein *Kafir* – ein „Ungläubiger". Wenn wir an einem Fernseher vorbeikamen, in dem gerade eine amerikanische Sendung lief, dauerte es keine zwei Sekunden und einer von uns rief: *„Kafir!"*, worauf die anderen nickten und zustimmend grummelten. „Die haben keine Gottesfurcht", ging es unvermeidlich weiter. „Sie sind blind für die Wahrheit."

Jemanden einen *Kafir* zu nennen, war nicht ungefährlich. Ich warf dieses Wort einmal, als wir noch bei Großmutter wohnten, Scharib an den Kopf. Die Wucht von Amis Ohrfeige zeigte mir, dass das wohl falsch gewesen war. Aber es war eine nützliche Lektion, die auch anders herum funktionierte. Einmal warf mich der Lehrer aus dem Klassenzimmer, weil ich mich mit einem anderen Jungen geprügelt hatte, und gab mir dazu noch ein paar Stockschläge auf die Hand. Als ich anschließend nach Hause ging, wusste ich, was ich Ami sagen würde, wenn sie fragte, woher ich die dicken Striemen auf meiner Hand hatte. Es war die perfekte Ausrede: „Der Junge neben mir hat mich einen *Kafir* genannt." Ende des mütterlichen Zornes.

Aber die Nichtmuslime waren nicht die Einzigen, gegen die wir uns abgrenzten. Wir hatten alle Angst vor den Wahhabiten. Die Wahhabiten, das sind die ultrakonservativen Muslime, die Lehren folgen, die sich zum Teil weit von den traditionellen sunnitischen Wurzeln entfernt haben. Die Taliban, Al Kaida und ähnliche Gruppen kommen aus dem Wahhabismus. Die Wahhabiten hassen alle „westlichen" Menschen und bekämpfen sie mit blutigen Terrorangriffen. Und sie hassen die Schiiten.

In und um Lahore sah man viele Wahhabiten. Man erkannte sie an ihrer altmodischen Kleidung und dem schwarzen oder grünen Turban. Ich ging ihnen aus dem Weg, so gut ich konnte. Dann und wann sah ich welche bei uns zu Hause, wenn sie einen geschäftlichen Termin bei Baba-jan hatten. Wenn sie mir die Hand hinhielten, schüttelte ich sie immer mit gesenktem Blick und einem höflich gemurmelten „*Wa alaykum al-salaam*".

„Sie sind nicht so schlimm, wie sie aussehen", sagte Baba-jan oft, wenn sie wieder weg waren. „Die tun uns nichts."

Ami sah das anders und wenn ich mit ihr allein war, bat sie mich oft flüsternd, mich vor den Wahhabiten, die zu uns kamen, in Acht zu nehmen. „Lass dich nicht mit ihnen ein. Sie sind gefährlich. Wir Schiiten müssen immer mehr aufpassen."

Am häufigsten gab meine Mutter mir diese Warnungen während des *Muharram*. Der Muharram ist der erste Monat im islamischen Kalender. Am 10. Tag des Muharram gedenken die Schiiten jedes Jahr der großen Schlacht von Kerbela, in welcher Mohammeds Enkel Husain ibn Ali und die meisten seiner Verwandten und Anhänger von Jasids Kämpfern niedergemetzelt wurden, nachdem er Jasid die Gefolgschaft verweigert hatte. (In anderen Ländern wird der zehnte Muharram *Aschurafest* genannt, d. Übers.) Für die Schiiten ist der Muharram der große Trauermonat, in welchem man sich zu *Majlis* versammelt, um an das Opfer, den Mut und die Ehre der Vorfahren im Glauben zu denken, und in riesigen Prozessionen durch die Straßen zieht – Prozessionen, bei denen manche der jüngeren Männer sich mit Ketten auspeitschen, bis das Blut nicht nur über ihren Rücken fließt, sondern auf die Straße. Sie tun dies, um an das Blutvergießen und den Schmerz von damals zu erinnern.

Mancher mag es merkwürdig finden, aber ich genoss die Muharram-Feierlichkeiten jedes Mal. Einen Teil der Rituale machten auch meine sunnitischen Freunde mit, aber wir alle wussten, dass dies vor allem ein schiitisches Fest war. Oft durfte ich an der *Jaloos,* wie wir die große Prozession nannten, als einer der Fahnenträger teilnehmen. Oder bei einem *Majlis* auf einem der Ehrenplätze auf dem Podium sitzen und Onkel Haafiz lauschen, der mit seinen Worten die Zuhörer zu bitteren Tränen und lautem Schluchzen rührte. Ich mochte diese Stunden, weil sie mir auf ganz besondere Art zeigten, wie wichtig es war, ein guter Muslim zu sein. Je älter ich wurde, umso besser begriff ich, wie wichtig es war, die Ehre und Würde des Mannes zu feiern, der im Kampf gegen eine überwältigende Übermacht sein Leben geopfert hatte. Es war dieser Mut, der eine Saite in mir zum Klingen brachte. Die Muharram-Feierlichkeiten gaben mir eine neue Identität, als Teil einer Geschichte, die größer war als ich selbst. Ich hatte nicht gewusst, wie wichtig mir diese Identität war.

Ich war ganze zwölf Jahre alt, als man mir zum ersten Mal anbot, bei einer Prozession eine der großen Fahnen zu tragen. Ami war nicht dafür, dass ich so in der Öffentlichkeit in Erscheinung trat, aber ich hielt es mit Baba-jan und fand die Idee prima. Zwar musste ich mich dann voll konzentrieren und all mein bisschen Kraft aufbieten, um die lange Holzstange aufrecht zu halten, aber Baba-jan, der neben mir stand, lobte mich. „Gut so, Junge." Wir standen hinter mehreren Mullahs und ich folgte ihnen, als die Prozession begann. Der Lärm war unbeschreiblich. Hinter mir gingen mindestens tausend Menschen und der Gedanke daran schien die Fahnenstange noch schwerer zu machen. Aber dann wurde ich ruhiger, und als wir uns der Moschee und damit dem Ende der Prozession näherten, schaute ich mit einer gewissen Zufriedenheit zu der schwarzen Fahne mit der weißen Hand hoch, die hoch über mir sachte im Wind flatterte. Es zählte nicht, dass meine Arme halb lahm waren, dass ich Baba-jan nicht mehr sah und mir der Schädel von der Hitze brummte. Was zählte, war, dass ich meine Aufgabe gemeistert und die ganze Zeit die Fahne hochgehalten hatte.

Aber was waren das plötzlich für Schreie? Die Worte konnte ich nicht ausmachen, aber der Klang der Stimmen und die Wirkung, die die Schreie auf die Menge hatten, zeigten mir, dass etwas nicht stimmte. Ich drehte mich um. Die Prozessionsteilnehmer rannten in alle Richtungen weg. Dann sah ich ganz in meiner Nähe einen jungen Mann, der auf eine Mauer sprang und schrie: „Eine Bombe! Eine Bombe!"

Ich überlegte nicht. Ich schaute auch nicht, wo Baba-jan war. Ich ließ die Fahne fallen und rannte. Doch, ich war ein Muslim, ein stolzer Schiit. Aber ich hatte keine Lust, mich von einem wahhabitischen Bombenattentäter umbringen zu lassen.

Im Fernsehen und in der Zeitung hatte ich genügend Bilder von blutverschmierten Leichen gesehen, die zwischen Trümmern und Glasscherben auf der Straße lagen, um zu wissen, dass die Gefahr sehr real war. Es kam öfters zu Anschlägen auf große schiitische Feste, vor allem im Muharram, wenn alle an die alten Fehden von damals dachten. Ich rannte, stolperte, rannte weiter. Wann würde die Explosion kommen? Aber es kam keine.

Ich war gut eineinhalb Kilometer von zu Hause entfernt, aber ich schaffte die Strecke, quer durch das Gassenlabyrinth unseres Viertels, in wenigen Minuten. Ami musste die Schreie und die Sirenen gehört haben, denn sie wartete schon auf mich. Ich rannte in ihre Arme und wollte sie nicht mehr loslassen. Wir schauten die Straße entlang. Wo war Baba-jan? Es dauerte nicht lange und er kam.

„Was ist passiert?", fragte Ami.

„Sie haben die Bombe gefunden", sagte Baba-jan. Er sah mehr müde als verängstigt aus, mehr ärgerlich als wütend, als habe er gerade einer lästigen Unannehmlichkeit ins Auge geschaut und nicht dem Tod. „Sie war in einem Gebüsch bei der Moschee versteckt. Alles in Ordnung, Nomi?"

Ich nickte, aber innerlich zitterte ich. Da war ich stolz durch die Straßen marschiert und hatte meine Fahne geschwenkt, zu Ehren eines Mannes, der für seinen Glauben in den Tod gegangen war und der mein Namensvetter war. Und im nächsten Augenblick – war ich fortgelaufen wie ein Hase und nicht bereit gewesen, ebenfalls zu sterben.

4. Mord auf der Straße

„Was willst du ’nen Honda fahren, wenn direkt daneben ein Range Rover steht?"

Baba-jans Fahrer sah mich an; seine Hand schwebte unschlüssig vor dem Schlüsselbrett neben der Tür.

„Findest du nicht auch, dass du hinter dem Steuer von ’nem Range Rover viel besser aussiehst?", fuhr ich fort. Ich wusste, damit hatte ich ihn, aber ich fuhr fort, um ganz sicherzugehen: „Und außerdem ist gleich das Freitagsgebet zu Ende, und alle werden dich sehen, wenn wir an der Moschee vorbeifahren. Das gefällt dir doch, oder?"

Baba-jans Chauffeur dazu zu kriegen, wider besseres Wissen meine Wünsche zu erfüllen, war eine meiner Lieblingsbeschäftigungen. Dass er mich in meinem Lieblingsauto durch die Gegend kutschierte, war erst der Anfang. Von dem Augenblick an, wenn er durch unser Tor nach draußen fuhr, bat und bettelte ich immer, dass er mich auch einmal fahren ließ. Er benutzte sein übliches Repertoire an Argumenten – dass Baba-jan sich aufregen würde, dass man in meinem Alter noch nicht Auto fahren durfte und dass ich noch so klein war, dass ich die Straße nur durch die Lücke zwischen Lenkrad und Armaturenbrett sehen konnte. Aber schließlich gab er nach und ließ mich die letzten paar hundert Meter selbst fahren.

Selbst fahren – es wurde eine Art Leidenschaft. Vor allem als Scharib eines schönen Tages auf seinem eigenen Motorrad vorfuhr. Es hatte verchromte Schutzbleche und zwei Sitze, die so groß waren, dass vier Personen daraufpassten. Dass Scharib nach dem Gesetz noch zu jung für so ein Motorrad war, schien ihm (und dem Rest der Welt) nichts auszumachen.

Scharibs Motorrad war der Beginn eines der schönsten Abschnitte meiner Kindheit und Jugend. Stundenlang kurvten wir über die staubigen pakistanischen Landstraßen, und ganze Tage verbrachten wir in Onkel Faisals Spielladen, wo wir Mangomilchshakes tranken und uns in Tekken, einem japanischen Videokampfspiel, maßen. Hundert Rupien für Mahlzeiten für uns und unsere Freunde waren ein Klacks und wir gewöhnten uns so daran, zu dritt oder viert auf Scharibs Motorrad durch die Stadt zu düsen, dass wir jede Angst verloren, während der Fahrt herunterzufallen.

Im Muharram dieses Jahres fuhr Scharib mit uns ans andere Ende der Stadt, um seinen Vater predigen zu hören. All die üblichen Gefühle durchströmten mich – ein wenig Stolz und eine Menge Ehrfurcht –, aber zum ersten Mal musste ich in einer Moschee an die Bombe zurückdenken, die letztes Jahr während der Prozession nicht gezündet hatte. Zum ersten Mal fühlte ich mich selbst in einer Moschee nicht mehr sicher.

Bald nach dem Ende des *Majlis* wollten Scharib, ich und zwei von unseren Freunden uns auf den Heimweg machen. Wir setzten uns wie gewohnt alle vier auf das Motorrad – Scharib vorne, danach die beiden Freunde und ganz hinten ich. Scharib fuhr. Es war spät und dunkel, und bis auf den einen oder anderen neben der Straße schlafenden Hund oder Arbeiter erfasste der Scheinwerfer des Motorrads wenig Interessantes.

Wir hatten die Hälfte der Strecke zu mir zurückgelegt, als von hinten plötzlich starkes Scheinwerferlicht kam. Ich drehte mich kurz um. Hinter uns fuhr ein Auto; das Licht blendete mich, dass ich kurz die Augen schloss. Ich spürte, wie Scharib kurz beschleunigte und dann wieder langsamer wurde. Als ich die Augen wieder öffnete, flackerte es hinter uns blau.

„Ihr solltet nicht so spät unterwegs sein", sagte der Polizist, der aus dem Streifenwagen stieg. „Es sind Wahhabiten in der Gegend. Könnte gefährlich werden für euch Jungs."

Scharib murmelte etwas von nach Hause fahren. Aber der Polizist war noch nicht fertig. „Eure Namen, bitte."

Wir nannten sie ihm.

„Und wie alt seid ihr?"

Wir sagten es ihm, diesmal allerdings in geschönter Form.

„Was für einen Beruf haben eure Väter?"

„Mein Vater ist Rechtsanwalt", sagte ich.

„Und meiner *Zakir*", sagte Scharib.

„Chirurg", sagte der eine unserer Freunde, „Politiker" der andere.

Der Polizist sah uns mit zusammengekniffenen Augen an. „Gut, dann können sie euch im Polizeirevier abholen." Er verstummte und musterte uns weiter. Unsere Nervosität war um einiges weniger geworden. Wir wussten genau, was der Mann dachte: *Wenn auch nur einer dieser vier die Wahrheit sagt und also ein Zakir oder Anwalt oder Chirurg oder Politiker seinen Sohn auf der Polizeiwache abholen muss, kriegen nicht die Jungs ein Problem, sondern ich.* Er überlegte kurz, dann sagte er: „Am besten ruft ihr sie gleich an." Er verstummte wieder; offenbar ging er auch dieses zweite Szenario in Gedanken durch und kam zu dem Ergebnis, dass es genauso unklug wäre. Das Ende vom Lied war, dass er uns weiterwinkte und zurück in seinen Wagen stieg.

Mein Selbstvertrauen stieg mit jeder Woche. Wie jeder Teenager aus meiner sozialen Schicht und aus meinem Viertel konnte ich in den meisten Geschäften ohne Probleme bargeldlos einkaufen. Es reichte, dem Verkäufer zu sagen, dass demnächst unser Diener vorbeikam, um die Rechnung zu begleichen, was Qasim auch immer pünktlich tat.

Wenn wir auf einem Volleyballplatz oder einer Kricketwiese auftauchten, machten die anderen Jungen, die dort waren, uns sofort Platz. Ich musste mir nie etwas erkämpfen und hatte auch keine Lust dazu. Alle Welt behandelte mich mit Hochachtung und ich kam gar nicht erst auf den Gedanken, dass es auch anders sein könnte.

Aber so privilegiert ich auch war: Bestimmte Aufgaben, die Ami mir gab, musste ich übernehmen. Wenn ich am frühen Abend in meinem Zimmer herumhing, kam sie oft herein und schickte mich zu den Straßenköchen einkaufen – im Tandoor (Holzkohleofen) gebackenes indisches Fladenbrot mit Huhn, Fischgerichte, die in riesigen Pfannen gebraten wurden, oder würzige Gerichte mit Hühnerfleisch aus kleineren Töpfen. Ich genoss es, den Köchen zuzuschauen, wie sie mit der einen Hand ihre Pfannen schwenkten und mit der anderen die Speisen umrührten. Dabei schloss ich die Augen und gab mich minutenlang den Gerüchen und Geräuschen hin. Aber noch mehr liebte ich meine Videospiele, und so gab ich bei den Straßenköchen meine Bestellung auf, aber mit der Anweisung, dass sie die Gerichte erst in einer Stunde bereiten sollten, und marschierte zu Onkel Faisals Spielladen.

Onkel Faisals Spielladen war der Mittelpunkt unseres kleinen Universums. Bis zu hundert Jungen und junge Männer auf einmal drängten sich um die vier Videospielgeräte, die in dem Laden standen. Ein Teil der Faszination war Onkel Faisal selbst, der auf seinem hohen Schemel am Eingang thronte. Obwohl er nie an seinen Geräten spielte, war uns klar, dass er früher einmal ein passionierter Spieler gewesen sein musste. Er kannte alle Tricks, aber behandelte den Anfänger wie den Experten mit der gleichen respektvollen Höflichkeit. Er war immer nett zu mir gewesen, von meinen allerersten Besuchen an, wo ich mich auf die Zehenspitzen stellen musste, um die Bildschirme sehen zu können. Aber er räumte mir keine Vorrechte gegenüber den anderen ein. Er sorgte dafür, dass jeder an die Reihe kam, und manchmal musste ich lange warten, aber das machte mir nichts in Onkel Faisals Laden. Er war ein Zufluchtsort, ein Ort, wo die Zeit stillstand und das Spielen das Einzige war, das zählte.

Als ich groß genug geworden war, um den Bildschirm richtig zu sehen und ohne Mühe an die Steuerung zu kommen, kam ich mit den drei Chips, die man mit einer Rupie kaufen konnte, auf über eine Stunde Spielzeit. Mehr als ein Mal passierte es mir, dass ich, nachdem ich scheinbar eine Ewigkeit angestanden war und drauf und dran war, den nächsten Jungen, der neben mir spielte, zu besiegen, den vertrauten Griff von Amis Hand an meiner Schulter spürte. Sie sagte meistens nichts, sondern schaute mich einfach so an, dass mir nichts anderes übrig blieb, als eine Entschuldigung zu murmeln.

In der Schule waren meine Freunde und ich ein wilder Haufen. Wir waren gerne dort zusammen, aber wir taten, was wir konnten, um einen geregelten Unterricht zu verhindern. Je nachdem, wer gerade der Lehrer war, bombardierten wir ihn mit idiotischen Fragen, Schmeicheleien, Frechheiten oder schwätzten einfach pausenlos. Die Lehrer nannten uns, je nachdem, wie gebildet sie sich ausdrückten, „die Wilden", aus denen „nie etwas werden" würde, oder die „Übermütigen", die „zu sehr von sich eingenommen waren".

Die Schulleitung machte gute Miene zum bösen Spiel. Sie wusste, dass wir alle aus den besten Familien kamen, und wollten nicht riskieren, unser Schulgeld zu verlieren. Wenn es sein musste, drückten die Lehrer halt ein Auge zu. Ich wusste das und setzte darauf, vor allem wenn es um die Prüfungen zum Abschluss jedes Schuljahres ging.

Ein paar Tage nach einer solchen Abschlussklausur in Mathematik, für die ich rein nichts gelernt hatte, kam Qasim zu mir und sagte, dass mein Lehrer vor der Tür stand und mit mir und Ami reden wollte.

„Was meinst du, was für eine Note du bekommen hast?", fragte der Lehrer mich, als er, Ami und ich zusammen im Wohnzimmer saßen.

„Ich?" Ich zuckte lächelnd die Achseln. „Na, das war die beste Matheprüfung aller Zeiten!"

Der Lehrer funkelte mich an. „Du bist durchgefallen", sagte er.

Meine Selbstsicherheit zerplatzte wie eine Seifenblase. Ich schwieg. Jetzt müsste ich das ganze Schuljahr wiederholen. Au weia.

„Aber", sagte Ami resolut, „er *muss* die Prüfung schaffen."

Der Lehrer dachte nach. Ihm war sichtlich unwohl zumute. Dann sagte er. „Nun gut, ich lass dir die Aufgaben noch einmal hier, damit du sie zu Hause lösen kannst."

Und so konnte ich dieselbe Klausur, die ich so gründlich

verhauen hatte, noch einmal schreiben – zu Hause. Ich nahm mir Zeit und fragte die besten Mathematiker unter meinen Freunden um ihren Rat, bevor ich die Klausur einreichte. Niemand wunderte sich, als es alsbald hieß, dass ich bestanden hatte, aber meine Erleichterung war ungeheuer.

Schon als Kind hatte ich mich als einen geborenen Geschäftsmann betrachtet. Mehr als ein Mal hatte ich vor unserem Haus einen kleinen Verkaufsstand aufgebaut, auf dem ich stundenlang meine Waren feilbot. Ich war der King. „Heute verkauf ich Drachen", kündigte ich meinen Kunden an, „und morgen BMWs."

Doch eigentlich war meine Welt in Pakistan recht klein. Gut, ein paar Mal pro Jahr kam ich aus Lahore heraus, und ich war sogar schon in Murree im Norden des Landes gewesen, aber im Prinzip begann und endete meine Welt mit dem Viertel, in dem wir wohnten, und ich konnte mir nichts anders vorstellen, als dass mein Leben und meine Arbeit sich in den Straßen abspielen würde, durch die Scharib und ich düsten; unter den Menschen, die jeden Freitag aus den Moscheen strömten, und unter all den Straßen- und sonstigen Händlern. Bestimmt würde ich dann und wann eine Geschäfts- oder Urlaubsreise machen, aber der Mittelpunkt meiner Welt würde die Villa bleiben, die Ami hatte bauen lassen. Für mich als den ältesten Sohn der Familie gab es da gar keine Alternative.

Aber eine Ausnahme gab es: England faszinierte mich ungemein. So viele Dinge in Pakistan – vom Schul- und Bildungswesen über die Gesetze und das Gerichtswesen bis hin zum Architekturstil – tragen einen britischen Stempel. Es gab *ein* Fach in der Schule, in dem ich mich ausnahmsweise anstrengte, und das war Englisch. Und das einzige fremde Land auf der Welt, das ich gerne besuchen wollte, war England.

Was die Faszination, die England auf mich ausübte, noch verstärkte, war meine Tante Gulshan, die dort lebte. Nachdem sie für mich gebetet und mich von dem *Dschinn* befreit hatte, war sie verschwunden. Ami sagte mir, dass sie nach England zurückgekehrt war, aber uns wieder besuchen würde, und Tante Gulshan kam denn auch jedes Jahr nach Pakistan, um uns ein, zwei Wochen zu besuchen. Ihre merkwürdige Art zu beten und die Tatsache, dass sie das unendlich ferne England kannte, machten sie zu der geheimnisvollsten und interessantesten Person, die mir je begegnet war.

Wie viele Pakistanis betrachtete ich England als ein Land der unbegrenzten Möglichkeiten. Jedes Dorf bei uns hatte seine Geschichte von dem Auswanderer, der als junger Mann in die nasskalten Städte Großbritanniens gezogen war, um Jahrzehnte danach als schwerreicher, gemachter Mann zurückzukommen. Es hieß, dass es in England egal war, ob man Schiit, Sunnit oder Wahhabit war.

Ein Land, wo alle Pakistaner gleich waren – allerhand! Ich war ja als Mitglied der schiitischen Minderheit in einer mehrheitlich sunnitischen Stadt aufgewachsen. Ich war anders. Und dann die Wahhabiten, die die Schiiten so gnadenlos verfolgten. Da war die Vorstellung, einfach nur ein pakistanischer Muslim unter anderen zu sein, mehr als attraktiv.

Mit den Spannungen zwischen dem Islam und den westlichen Ländern wuchs auch der Hass der Wahhabiten auf die Schiiten. Ungefähr zu der Zeit, als wir in unsere Villa in Lahore zogen, wurden ihre Überfälle noch häufiger und heftiger. Man erzählte sich von wahhabitischen Heckenschützen, die sich in den Minaretten schiitischer Moscheen verschanzten und auf die Gläubigen schossen, die zum Gebet kamen. Obwohl Ami wacker versuchte, mich vor den schlimmsten Gerüchten abzuschirmen, bekam ich genügend Bemerkungen unter den Erwachsenen mit und hatte genügend Gespräche mit meinen Freunden, um zu wissen, dass man in unserem Land als Schiit auf der Hut sein musste.

Ich war elf Jahre alt, als der wahhabitische Terrorangriff auf die USA vom 11. September 2001 geschah, der das World Trade Center in Schutt und Asche legte. Er entzündete einen Konflikt, der schließlich auch mein Heimatland erfasste. Ich war in diesem September alt genug, um die Angst aus den Gesprächen in den Cafés und vor den Moscheen herauszuhören. Manche lamentierten, dass jetzt Muslime das Opfer von Vergeltungsangriffen würden, während andere die Terrorattacke als Inszenierung der CIA betrachteten, die Präsident Bush einen Vorwand liefern sollte, in den Irak und Afghanistan einzumarschieren. Einig waren sich alle in dem Entsetzen über die vielen Todesopfer und der Angst vor dem, was als Nächstes kommen würde. Für mich und meine Freunde war klar, dass die ruhigen Jahre vorbei waren und es jetzt wieder gefährlich würde.

Aber kam die große Bedrohung überhaupt von Präsident Bush oder Tony Blair? Kam sie nicht vielmehr von einem Feind, der viel näher war? Das Fernsehen brachte eine Sendung nach der anderen über die wachsenden Spannungen zwischen uns und unserem Nachbarland Indien. In Zeitungs- und Fernsehredaktionen, in Cafés und auf der Straße debattierte man, wie wahrscheinlich es war, dass Indien einen nuklearen Angriff auf Pakistan starten würde.

Baba-jan ließ sich nicht davon beeindrucken. „Die Inder werden gar nichts machen", sagte er immer wieder. „Die haben viel zu viel Angst davor, was Bush mit ihnen machen würde, wenn sie wirklich angriffen. Und außerdem brauchen die Amis uns für ihren Kampf gegen die Taliban."

Baba-jan sollte recht behalten; der indische Angriff kam nie.

Doch andererseits war er seiner Sache auch nicht so sicher, wie er die Menschen gerne glauben machte. Eines Abends, zu einer Zeit, als in den Nachrichten viel von Polizeirazzien gegen unerlaubte Waffen die Rede war, kam Baba-jan in mein Zimmer. Mit beiden Händen hielt er eine Stofftasche fest, in die bequem ein Motorradhelm passte, aber so wie er sich anstrengte, war der Inhalt um einiges schwerer als ein Helm.

„Nomi", sagte er, „könntest du das hier für mich verstecken? Wirf es nicht weg, versteck es einfach an einem Ort, wo man es nicht so leicht findet."

Er stellte die Tasche auf dem Fußboden ab. Ich trat zu ihr und schaute hinein. In ihr waren lauter Patronen. Es mussten Hunderte sein, jede länger als mein größter Finger und metallgrau, bis auf die messingfarbene Spitze. Ich versuchte, meine Neugier und Faszination nicht zu zeigen, und überlegte, wo ich die Patronen verstecken konnte. Natürlich, da gab es eigentlich nur eine Möglichkeit. Ich wartete, bis es Nacht war und im Haus wie auf der Straße alles ruhig schien. Dann schleppte ich die Tasche die Treppe hinunter und durch den Garten hinter dem Haus zu dem Tor, das niemand je benutzte, außer mir selbst, wenn ich nach meinen Tieren sah.

Links und rechts von mir waren nur Sträucher und Ödland; über mir stand der fast volle Mond am klaren Nachthimmel. Ich ging zielsicher zu dem Dornstrauch, der über dem nicht genutzten Abwasserkanal wuchs, und machte mich an die Arbeit. Ich hatte die Stelle ein paar Monate zuvor entdeckt und wusste, dass sich unter dem Metalldeckel ein Hohlraum befand. Der Platz war knochentrocken und groß genug, um die Munition unterzubringen. Um ganz sicherzugehen, dass sie nicht feucht würde, legte ich ein paar große Steine unter die Tasche. Dann legte ich den Deckel zurück an seinen Platz, schob den Strauch und die Erde wieder zurecht und trat zurück. Ich beglückwünschte mich zu meiner Idee und hoffte, dass Baba-jan mich nie in den Garten schicken müsste, um die Tasche zu holen.

Die eigentliche Gefahr für uns waren weder die Inder noch die Polizei, sondern unser Erzfeind, die Wahhabiten. Als Präsident Musharraf den Amerikanern erlaubte, in unser Land zu kommen, um die Wahhabiten (sprich: Taliban) zu jagen, bekamen wir die Spannungen zu spüren. Auch wenn wir Hunderte von Kilometern von den Bergen an der Grenze zu Afghanistan entfernt waren, wussten wir: Die Wahhabiten waren da und ihr jahrhundertealter Hass auf die Schiiten brannte wie eh und je.

Scharib und ich waren an dem Tag zusammen, an dem wir das ganze Ausmaß dieses Hasses aus nächster Nähe miterlebten. Es war kurz vor Beginn des Sommers, nicht lange nach der Mathematikklausur, die ich im zweiten Anlauf geschafft hatte. Ich war gerade dabei, meinem Cousin davon zu erzählen, und sagte ihm lachend, wie erleichtert ich war, dass ich das Schuljahr nicht wiederholen musste. Wir standen vor einem meiner Lieblingsstraßenverkäufer, der über dem Kohlenfeuer gerösteten Mais anbot und so aussah, als sitze er schon seit den Tagen des Propheten Mohammed hier.

Der Stand lag an einer belebten Straße und der Mann hatte viel Kundschaft; wir waren es gewohnt, bei ihm ein wenig zu warten. Ich schaute hinüber zur anderen Straßenseite, wo gerade ein alter Mann seinen Garten goss. Er war ein schiitischer *Zakir* und ich fragte Scharib, ob er ihn kannte.

Scharib machte den Hals länger, um den Mann besser sehen zu können, als vor dem Haus ein Motorrad anhielt. Auf ihm saßen zwei Männer, beide schwarz gekleidet. Zwischen ihnen lag ein Gewehr. Jetzt hob der Mann auf dem Sozius das Gewehr an die Schulter und ich sah, dass es eine AK 47

(Kalaschnikow) war. Der *Zakir* hatte nicht aufgeschaut, als das Motorrad anhielt, aber offenbar sagte einer der Männer etwas, denn plötzlich richtete der Alte sich auf und sah sie an. Dann ein lauter Knall und der *Zakir* ging zu Boden.

Niemand sagte etwas. Nicht Scharib oder ich, nicht der alte Straßenverkäufer mit dem Kohlenfeuer und dem Mais, keiner seiner wartenden Kunden oder sonst jemand. Wir alle wussten: *Sag nichts, mach dich klein und unauffällig* ... Hundert Augenpaare schauten zu, wie das Motorrad wendete und fortfuhr. Viele dieser Augen bekamen auch mit, wie der *Zakir* sich hochrappelte, die eine Hand in die Seite gepresst, und anfing, aus seinem Garten hinaus auf die Straße zu laufen. Wir alle hörten, wie die Maschine des Motorrads kurz aussetzte, dann wieder hochdrehte und lauter und lauter wurde, als sie die beiden Männer in Schwarz zurück zu dem Haus und dem taumelnden *Zakir* trug. Er versuchte wegzulaufen – umsonst. Diesmal gingen sie ganz sicher, dass er tot war.

Ich war fünfzehn Jahre alt und gerade Zeuge eines Mordes geworden. Es war ein großer Schock für mich, der ich solch ein privilegiertes, wohlbehütetes Leben gewohnt war. Tagelang konnte ich mich kaum konzentrieren, immer wieder lief vor meinem inneren Auge die Szene ab, wie der alte Mann gestorben war. Ich hörte es wieder, das Knallen und Krachen der Kugeln, sah wieder, wie der Körper des Mannes kurz zuckte und dann nur noch von der Wucht der Geschossgarben hin- und herbewegt wurde. Und ich spürte wieder denselben namenlosen Schmerz in mir, den ich gespürt hatte, als die beiden Männer auf dem Motorrad erneut davongefahren waren, diesmal langsamer, ihre Augen prüfend auf die schweigende Menge gerichtet, ob womöglich jemand Anstalten machte, ihnen entgegenzutreten.

Diese Bilder suchten mich zu den ungünstigsten Zeiten

heim: wenn ich einschlafen wollte, wenn ich lernen wollte, wenn ich beten wollte. Und zwischen den Bildern immer wieder, unerbittlich, die Frage: Wäre ich je bereit, so für meinen Glauben zu sterben, wie dieser *Zakir* es getan hatte?

Ich hatte keine Antwort und diese Unsicherheit erfüllte mich mit Angst und Selbstzweifeln.

5. Besuch in England

Ablenkung ist ein gutes Mittel gegen Stress. Meine wachsenden Ängste und Selbstzweifel plagten mich sehr und ich setzte alles daran, sie auszublenden. Und so machte ich mich in den langen Sommerferien des Jahres 2006 daran, meine Zukunft zu planen. Ich hatte gerade die Schande des Sitzenbleibens erfolgreich abgewehrt und sah dies als die perfekte Gelegenheit, bei Ami und Baba-jan meine „Kauft mir ein Motorrad"-Kampagne zu beginnen. Ich wusste, dass ich damit nicht über Nacht Erfolg haben, aber auch nicht ewig lange brauchen würde; mehr als ein paar Monate würde der Widerstand meiner Eltern nicht anhalten. Ich fing auch an, die Tagträume über meine Zukunft als Erwachsener mit immer mehr Details anzureichern. In den ersten Tagen der Ferien konnte ich stundenlang einfach auf meinem Bett liegen und von Autos, Häusern und einer wachsenden Schar von *Mureed* träumen.

Meine *Mureed*-Träume hatten noch vor dem Ende des Schuljahres deutlich konkretere Gestalt angenommen, als ich eine neue Bekanntschaft gemacht hatte. Es war spät an einem Abend und ich saß mit einem Freund in demselben Straßencafé, wo Ami den betrunkenen Ruhestörer mit ihrem Schuh vermöbelt hatte, als mein Freund mir auf den Arm tippte.

„Siehst du den Mann dort drüben?", fragte er mich, während er auf einen Fremden zeigte, der ein paar Jahre älter aussah als ich. „Kennst du den?"

„Nein."

„Dann solltest du ihn mal kennenlernen. Das ist Asim, ein Freund von meinem Cousin. Du wirst ihn mögen."

Wir gingen also zu dem Tisch des jungen Mannes und es entspann sich ein Gespräch. Wir tauschten die üblichen Informationen aus, wie immer, wenn man sich noch nicht kennt: Wie wir hießen, wo wir wohnten, wer unsere Verwandten waren. Es zeigte sich bald, dass Asim und ich eine Menge gemeinsam hatten, ja dass er ein Cousin von mir war, auf der Seite meines leiblichen Vaters.

Asim wohnte in einem Viertel von Lahore, wo ich noch nicht oft gewesen war, sodass es nicht weiter erstaunlich war, dass wir uns noch nie begegnet waren. Es überraschte mich etwas, dass er es mir offenbar nicht nachtrug, dass meine Mutter sich von seinem Onkel hatte scheiden lassen. Trotzdem traute ich mich nicht recht, ihn zu intensiv über meinen Vater zu befragen.

„Kannst du morgen mal mit mir kommen?", fragte er, als er aufstand, um zu gehen. „Ich möchte dir etwas in unserer Moschee zeigen."

Die Moschee lag in seinem Stadtviertel und war die größte Moschee, die ich bisher gesehen hatte. Ich ging hinter ihm hinein, zog meine Schuhe aus und folgte mehreren anderen Männern zu den Wasserhähnen, wo man sich die Hände wusch und das vorgeschriebene Reinigungsgebet sprach. Ich fühlte mich oft etwas nervös, wenn ich eine Moschee betrat, wohl wissend, wie wichtig es war, sich richtig zu verhalten und das Richtige zu sagen – vor allem, wenn man wie ich ein *Sayed* war. Dieses Mal war das Gefühl besonders stark. Die Decken waren höher als in meiner eigenen Moschee, und wo ich einfache verputzte Wände und schlichte Bodenfliesen gewöhnt war, hatte dieser Bau das Beste vom Besten zu bieten: Von den Wänden und Decken leuchteten kunstvolle Muster in Blau, Gold und Jadegrün und die glänzenden Bodenplatten sahen aus, als ob jede ein kleines Vermögen gekostet hätte.

Asim führte mich in die große Gebetshalle. Anstatt eine große Gemeinde aus Männern zu sehen, die auf ihren Gebetsteppichen knieten, sah ich eine kleine Versammlung in einer Ecke des Raumes. Die Gläubigen dort saßen vor drei Männern, die auf kunstvoll geschnitzten Stühlen Platz genommen hatten. Vor jedem Stuhl stand ein Korb. Ich beobachtete das Ritual: Einer der Männer aus der wartenden Menge trat zu einem der Männer auf den Stühlen und legte etwas – wahrscheinlich Geld – in den Korb. Er unterhielt sich ein paar Minuten mit dem Mann auf dem Stuhl, dann ging er und der Nächste kam heran.

„Wenn dein Vater gestorben ist", flüsterte Asim mir zu (er meinte meinen leiblichen Vater), „wirst du auch hier sitzen, und die Leute werden zu dir kommen und dich um deinen Rat und deine Gebete bitten."

Wir gingen bald darauf wieder, aber die Szene und die Gedanken, die sie in mir weckte, ließen mich noch mehrere Tage nicht los. Ich fühlte mich noch nicht wie ein weiser Mann, aber ich hoffte, eines Tages einer zu sein.

Dies half mir sehr bei meinen Zukunftsplänen, die sich seit meiner Kindheit nicht wenig verändert hatten. Als kleiner Junge hatte ich Soldat werden wollen, aber diesen Plan musste ich begraben, als ich mir ein Jahr nach meinem Beinbruch und dem *Dschinn* erneut das Bein brach. Diesmal ging alles mit rechten Dingen zu; ich war einfach in meiner Dummheit von einem zu hohen Ast gesprungen und dort gelandet, wo der Boden besonders hart war. Diesmal gab Ami mir einen Schlag in den Nacken, als ich in der Klinik auf meinem Bett lag. Ich wusste: Sie ärgerte sich, dass wir dieses Jahr nicht in die Berge würden fahren können. Aber ich wusste auch, dass ihr finsterer Blick nicht wirklich echt war. Sie liebte mich, ich war ihr wichtig, und jeden Tag der drei Monate, die ich liegen musste, saß sie abends neben meinem Bett und sprach leise mit mir, bis ich einschlief.

Mein zweiter Beinbruch schwächte mein Bein so, dass es das Ende meiner militärischen Ambitionen bedeutete, aber andererseits gab er mir die Gelegenheit, das Blatt meiner Zukunft neu zu beschreiben. Und ich begann davon zu träumen, ein Geschäftsmann zu werden. Wie jeder andere Teenagerjunge entdeckte ich den Reiz, den es hat, Zukunftspläne zu schmieden.

Zurück zu meinen Sommerferien. Ich genoss mittlerweile in Onkel Faisals Laden einen ganz guten Ruf. Ich war nicht der Beste in Tekken, aber ich wurde immer besser, und je nach Tageszeit und Mitspieler gelang es mir, fast eine ganze Stunde unbesiegt zu bleiben.

Gerade steckte ich mitten in einem dieser Spiele, als Ami mir wieder auf die Schulter tippte. Ich begann instinktiv, eine Entschuldigung zu murmeln, aber meine Mutter unterbrach mich und führte mich hinaus auf die Straße. „Es ist wegen Tante Gulshan. Es geht ihr nicht gut."

„Was hat sie?"

„Sie sagt, es sind ihre Nieren und dass sie vielleicht nicht mehr zu uns nach Pakistan kommen kann. Du musst für sie beten, Nomi."

„Mach ich", erwiderte ich. Jawohl, ich würde fleißig für

meine Tante beten und Allah bitten, gnädig zu sein und sie wieder gesund zu machen.

„Und du solltest noch für etwas anderes beten", fuhr Ami fort. „Ich möchte, dass ihr, Zainab und du, nach England fliegt, um sie zu besuchen. Dazu braucht ihr ein Visum, und um ein Visum zu kriegen, musst du erst recht beten."

Nach England – ich war begeistert. Aber meine Gedanken kehrten bald zu Tante Gulshan selbst zurück. Ich hatte ja schon so viel mit ihr erlebt. Ihre Besuche waren immer einer der Höhepunkte des Jahres gewesen, und dass sie ihr *Charpai*-Lager immer neben meinem Bett aufschlug, steigerte noch die Faszination. Wenn das Zimmer dann nur noch vom Mond erleuchtet wurde, der durch die Fenster kam, lag ich wach und machte keinen Mucks, während ich zuhörte, wie Tante Gulshan betete. Wie damals, als ihre Hand eine Welle der Wärme durch mein verletztes Bein fahren ließ, betete sie auf Urdu, der Sprache unserer Familie. Und während meine eigenen Gebete vorformulierte Pflichtgebete waren, waren ihre so unterschiedlich und persönlich, dass ich staunte, wie jemand so viele verschiedene Worte kannte.

Aber am meisten faszinierten mich an ihren Gebeten die langen Augenblicke der Stille. Oft hielt sie nach einigen Minuten Flüstern inne und dann spürte ich, wie ich irgendwie leichter atmete, so als ob etwas oder jemand plötzlich die Luft hundertmal sauberer gemacht hatte. Plötzlich hörte ich den Schlag meines Herzens und Geräusche draußen vor dem Fenster, die ich bisher nicht beachtet hatte. In diesen kostbaren Minuten der Stille füllten so viele Geräusche meinen Kopf, aber nie störend oder chaotisch, sondern die innere Stille brachte einen Frieden, der schöner war als alles andere, was mir in meinem Leben je begegnet war.

Es waren diese Erinnerungen an meine Tante, die mich inbrünstig für das Visum für mich und meine Schwester beten ließen. Ich konnte nicht mit der gleichen Leidenschaft beten wie meine Tante und erlebte auch nicht diese geheimnisvollen Augenblicke der Stille, aber ich bat Allah, unsere Reise nach England möglich zu machen.

Ami hatte Zainab und mir eingeschärft, niemandem von unserer geplanten Reise zu erzählen. Noch nicht einmal miteinander sprachen wir darüber, aus lauter Angst, dass jemand mithören und unsere Pläne sich über Nacht in Luft auflösen könnten. Ich behielt meine Hoffnung also für mich, wie auch meine Gebete um Tante Gulshans Gesundheit und das Visum. Zwei Wochen lang ging das so. Manchmal vergaß ich das Thema fast den ganzen Tag, dann wieder gab ich mich stundenlang Tagträumen darüber hin, wie es wäre, dort in England zu sein. Es waren eher vage, unbestimmte Bilder, aber sie faszinierten mich sehr.

Mehr als einmal riss Ami mich aus diesen Tagträumen heraus. „Mach dir nichts vor", sagte sie. „England ist nicht wie in diesen kitschigen indischen Unterhaltungsfilmen. Die werden dich dort nicht auf Händen tragen und dir zujubeln, während du durch die Straßen tanzt."

„Das weiß ich doch", sagte ich dann jedes Mal. Insgeheim dachte ich: *Ami hat ja keine Ahnung …*

Um unser Visum zu bekommen, mussten wir ins Britische Konsulat in Lahore. Ich erwartete einen gepflegten Raum voller weißer Männer in Maßanzügen, die hinter großen Mahagonischreibtischen saßen und mir höfliche Fragen über meine Tante stellten. Stattdessen schien das Personal aus lauter Leuten zu bestehen, die genauso aussahen wie ich, außer dass sie vor Unnahbarkeit schier platzten.

„Nicht ganz wie in den Filmen, wie?" Ami gab mir einen dezenten Rippenstoß. Sie, Zainab und ich saßen auf harten

Plastikstühlen, den Blick abwechselnd auf den schmutzigen Fußboden und die Reihe der Plexiglaskabinen gerichtet, in denen die Antragsgespräche stattfanden. Die todernsten Gesichter und gedämpften Stimmen machten mich nervös. Fast fühlte ich mich wie ein Übeltäter, dessen Verbrechen darin bestand, dass er ein Visum beantragt hatte. Endlich war ich an der Reihe. Der Beamte stellte mir auf Urdu eine Reihe von Fragen, die ich so höflich und kurz beantwortete, wie Ami mich angewiesen hatte und dann eröffnete er mir, dass mein Antrag genehmigt war.

Es zeigte sich schnell, dass der Reiz eines Besuches in Onkel Faisals Spielladen noch größer wurde, wenn man den Leuten dort erzählen konnte, dass man bald in die große weite Welt fliegen würde. Als ich an dem Abend nach meinem Besuch im Konsulat in dem Laden stand und eine Limonade trank, kamen junge Leute, mit denen ich bisher kaum ein Wort gewechselt hatte, zu mir, um mich zu fragen, was ich in England so machen würde und ob ich ihnen vielleicht dieses oder jenes mitbringen könnte. So erwachsen und glücklich wie ich an diesem Abend hatte sich noch kein Fünfzehnjähriger gefühlt.

Als der große Tag da war und wir zum Flughafen fuhren, war ich furchtbar nervös. Ich zappelte wie ein kleiner Junge und konnte meine Beine nicht stillhalten. Als wir endlich das Auto verlassen hatten und ich den Gepäckwagen schob, fühlte ich mich besser, und als wir in dem Flughafengebäude waren und zur ersten Sicherheitskontrolle kamen (Ami hatte mich vorgewarnt, dass es viele gab), war ich nicht mehr zu bremsen.

„Nomi", sagte Ami, als ich versuchte, durch die Sicherheitstüren zu schauen, hinter denen man Menschen und nochmals Menschen sah, „hör zu." Ihre Hand auf meinem Arm ließ mich den Kopf zu ihr drehen. Ihre Augen zogen die meinen magisch an; ich hätte nicht wegsehen können, selbst wenn ich gewollt hätte. „Deine Tante ist ein bisschen anders als wir. Pass auf."

Wie meinte meine Mutter das? Mir war natürlich klar, dass Tante Gulshan keine gewöhnliche Frau war. Sie betete anders als ich, trug immer eine Sonnenbrille und war nicht sehr gesund. Doch etwas in Amis Blick sagte mir, dass da offenbar noch mehr war. Aber ich war zu aufgedreht, um groß darüber nachzudenken, und so sagte ich nur: „Ja, Ami, ich weiß", bevor ich ihr einen Abschiedskuss gab und Zainab durch die Türen schob.

Meine Begeisterung verflog in dem Augenblick, als der Pilot die Triebwerke startete. Ich war ein hilfloses Angst- und Nervenbündel, als wir über die Startbahn rasten und abhoben, und während des neunstündigen Fluges, der folgte, presste mich jedes ungewohnte Geräusch und jedes Schütteln der Maschine tiefer in meinen Sessel. Zainab gelang es, zu essen, zu schlafen und sich Filme anzuschauen; ich schickte ein Stoßgebet nach dem anderen zum Himmel, dass die Flügel nicht abfallen würden, bevor wir wieder auf dem Boden waren.

Aber es kam noch schlimmer: Als wir uns England näherten, reichte mir ein Steward ein Einreiseformular, das ich bitte ausfüllen sollte. Mein Englisch reichte, um bis zehn zu zählen und ein paar der besten englischen Kricket- und Fußballspieler zu nennen, aber die Wörter auf dem Formular waren mir Rätsel. Gut, dass Zainab mit ihren sechzehn Jahren ein ganzes Jahr älter war als ich und offenbar in der Schule besser aufgepasst hatte.

Als der Landeanflug begann, konnte ich nicht mehr vor Müdigkeit. Ich schloss mich in der Toilette ein; hier konnte ich endlich die Augen schließen und meinen Kopf schwer werden und meine Gedanken auf Wanderschaft gehen lassen. Aber nur kurz, dann scheuchten ein lautes Klopfen an der Tür und ein strenger Befehl von einem Steward mich zurück zu meinem Platz. Durch die Fenster sah ich ein fremdes Land, das die Hand eines unbekannten Riesen grün und grau angemalt hatte. Ich sank zurück in meinen Sitz, zog meinen Anschnallgürtel noch fester und schloss die Augen. Entweder würde unser Flugzeug gleich auf dem Boden zerschellen oder wir würden lebendig landen; ich wusste ehrlich nicht, welche der beiden Varianten die wahrscheinlichere war.

6. Ein Ungläubiger in der Familie

Ich hatte keine großen Vorstellungen von dem, was mich erwarten würde, als wir in Heathrow landeten, aber die kühle Luft passte jedenfalls. Ami hatte mir beim Packen geholfen und ich war dankbar, dass sie ein paar Extrasachen zum Anziehen in mein Handgepäck gesteckt hatte. Offiziell war zwar in England gerade Sommer, aber mir kam es wie mitten im Winter vor.

Zainab und ich schlossen uns dem Menschenstrom an, der sich aus dem Flugzeug in die Tiefen des Terminals ergoss. Aus anderen Flugsteigen kamen weitere Passagiere, die den Strom weiter anschwellen ließen. Ich bemerkte bald ein gewisses System in diesem Strom: Junge Männer in Anzügen schlängelten sich rasch und geschickt zwischen den anderen durch, in Richtung auf die Spitze der Schlange, während die älteren Passagiere ihnen geduldig Platz machten. Kein Zweifel: Zu Hause in Pakistan behandelte man die Älteren respektvoller.

Jedes Mal, wenn wir um eine Ecke bogen, kam der nächste endlos lange Gang, breit und mit gläsernen Wänden und niedriger Decke. Nahm das hier gar kein Ende? Aber vor Zainab durfte ich mir keine Blöße geben, und so ließ ich mir meine Unsicherheit nicht anmerken und ging zügig voran.

Dann endlich die letzte Ecke und wir betraten eine große Halle. Wir mussten stehen bleiben, denn die Menschenmenge vor uns teilte sich langsam in verschiedene Warteschlangen auf. Ich schaute mich um; wo mussten wir hin? „Da hinten", sagte Zainab und nahm Kurs auf einen großen Haufen Menschen am anderen Ende der Halle.

Es muss eine Stunde gedauert haben, bis wir endlich den Kopf der Schlange erreicht hatten. Meine Beine waren richtig steif von dem langen Flug und das langsame Dahinschlurfen in der Schlange machte sie noch steifer. Aber wir nutzten die Zeit, um unseren Plan durchzugehen. Wenn wir den Schalter der Passkontrolle für Ausländer endlich erreicht hatten, würden wir zusammen vor den Beamten treten, und ich würde uns vorstellen, worauf Zainab den Grund für unseren Besuch in England nennen würde.

Es wurde nichts aus dem schönen Plan. Der Mann mit Halbglatze, der hinter dem Schreibtisch saß, nickte uns zu, wir traten vor ihn und ich rasselte meine Begrüßung so schnell herunter, dass er uns verständnislos ansah und seine Hand ausstreckte, um unsere Papiere in Empfang zu nehmen.

„Wie lange werden Sie hier bleiben?"

„Sechs Wochen", sagte ich auf Englisch. So, das war geschafft.

Der Beamte fragte, warum wir nach England gekommen waren. Ich schob Zainab nach vorne, aber der hatte die Angst die Sprache verschlagen, sodass ich wohl oder übel weiter unser Sprecher sein musste. Ich sagte, dass wir unsere Tante

Gulshan besuchen wollten, die krank war. Das englische Wort für „Nieren" hatte ich vergessen, dafür zeigte ich dem Mann unsere Rückflugtickets.

Er sah mich prüfend an. „Wenn Ihre Tante krank ist, wie soll sie sich dann um Sie und Ihre Schwester kümmern können?"

Wieder suchte ich verzweifelt die richtigen Worte. Es gelang mir schließlich, dem Beamten zu erklären, dass Tante Gulshan jemanden hatte, der bei ihr zu Hause nach ihr sah.

„Sie meinen, sie hat einen Betreuer?"

„Ja", sagte ich. Was war ein „Betreuer"? Egal, Hauptsache, er brachte den Beamten dazu, uns ins Land zu lassen. „Ich habe auch das hier", fuhr ich fort und reichte dem Mann den Zettel, auf dem Ami Tante Gulshans Telefonnummer notiert hatte. Der Mann nahm den Zettel achselzuckend entgegen und sagte: „Warten Sie hier." Zainab und ich sahen, wie er mit unseren Pässen und dem Zettel durch eine Tür am Ende der Halle verschwand. Die Menschenmenge in der Halle war deutlich kleiner geworden und ein komisches Gefühl beschlich uns, als wir da standen und warteten. Ich fühlte mich plötzlich ganz allein.

Nach zehn Minuten kam der Beamte zurück. „Ich habe mit Ihrer Tante gesprochen. Sie erwartet Sie draußen." Mit diesen Worten stempelte er unsere Pässe und reichte sie uns zurück. „Einen schönen Aufenthalt."

Wir gingen durch die Tür und richtig: Da war Tante Gulshan und wartete auf uns. Es war jetzt ein, zwei Jahre her, dass sie uns das letzte Mal in Pakistan besucht hatte. Ich erschrak, als ich sah, dass sie in einem Rollstuhl saß, aber die Erleichterung darüber, dass wir es endlich geschafft hatten und sie begrüßen konnten, war größer.

Neben ihr stand eine kleine Dame in typisch indischer

Kleidung. Tante Gulshan stellte sie uns vor: „Das ist Emily.“ Wir schüttelten ihr die Hand.

„Von dir habe ich viel gehört“, sagte Emily. Sie lächelte mich kurz an, dann umarmte sie Zainab. Obwohl sie wie eine Inderin aussah und gekleidet war, klang ihr Englisch genauso wie das der Engländer, die ich im Fernsehen erlebt hatte. Als wir mit der Begrüßung fertig waren, drehte Emily sich um, um zum Parkplatz zu gehen – sie mit Tante Gulshan im Rollstuhl voran, wir so dicht hinterher, wie es ging.

Ich ging gemessenen Schrittes, tief beeindruckt von allem, was ich sah. Am meisten hatten es mir die Autos angetan. In Lahore war das eine oder andere schöne Auto zu sehen, aber das hier war etwas anderes. In dem Parkhaus standen zu Dutzenden Luxusgefährte, um die sich zu Hause in Pakistan sofort eine Menschentraube gebildet hätte. Und sie standen Seite an Seite mit gewöhnlicheren Autos, so eng zusammen wie das Vieh auf einem Markt. Zu Hause hätte niemand es gewagt, seinen Kleinwagen so dicht neben einen BMW, Mercedes oder Porsche zu parken. Ich fragte mich, was alles noch anders war in diesem merkwürdigen Land.

Tante Gulshans Auto war keine Luxuskarosse, aber auch nicht mickrig. Emily fuhr es vorsichtig aus dem Parkhaus heraus. Wir verließen den Flughafen. Zainab und ich starrten mit aufgerissenen Augen die Szenerie an, als wir unter riesigen Schildern durchfuhren und durch hell erleuchtete Straßentunnel. Ich musterte weiter die verschiedenen Automodelle; gerade glitt ein glänzender Jaguar an uns vorbei.

Meine Tante wohnte in Oxford und die Fahrt dauerte eine Stunde. Unterwegs machten wir bei einem Supermarkt Station, um Lebensmittel einzukaufen. So einen riesigen Laden hatte ich noch nie gesehen. Ich ging durch die automatischen Türen. Ein kalter Wind empfing mich. Ich kam mir vor wie im Reich eines Riesen. Tante Gulshan schien es zu bemerken, denn sie packte mich sachte am Arm und sagte: „Das ist ein bisschen anders als zu Hause, nicht wahr?"

„Ja", murmelte ich. „Ist das hier *ein* Laden? Der ist ja so groß wie zu Hause ein ganzes Einkaufszentrum!"

Emily lachte. „Hier ist vieles anders als zu Hause, wirst schon noch sehen."

Warum lachte sie so? Ach, was sollte es. Ich fuhr fort, in die endlosen Gänge zu starren und zu der Decke hochzuschauen, die um einiges beeindruckender aussah als die im Flughafen. Emily lenkte den Rollstuhl gekonnt um die Ecken, Zainab und ich im Schlepptau. Wir sahen Bananen, die dreimal so groß waren wie die in Pakistan, und körbeweise Gemüse, das aussah, als ob jemand von jedem Salatkopf und jeder Gurke den Dreck abgewaschen hatte. Dieser Laden musste eine kleine Armee von Hilfskräften haben, die dafür sorgten, dass alles picobello war.

Wir bogen um die nächste Ecke. Ich stieß einen halblauten Schrei aus und packte Zainabs Schultern. „Mach die Augen zu, Schwester, guck nicht dahin!"

Keine drei Schritte vor uns stand ein junges Paar, das sich umarmte und küsste, direkt vor den endlosen Regalen mit wohl hundert verschiedenen Brotsorten. Weder Zainab noch ich hatten je erlebt, dass Ami und Baba-jan auch nur Händchen hielten, wenn wir dabei waren, und in der Öffentlichkeit war in Pakistan der Austausch von Zärtlichkeiten absolut tabu. Tante Gulshan, die gerade die Angaben auf einer Tüte las, schien nichts mitbekommen zu haben, aber als ich wieder hochschaute, sah ich, wie Emily wieder lachte. „Tja, bei uns ist vieles anders ..."

In den Tagen, die folgten, machte Emily uns klar, dass es Tante Gulshan nicht gut ging und dass sie regelmäßig Termine im Krankenhaus hatte. Aber anders, als ich zunächst gedacht hatte, als es hieß, dass unsere Tante krank war, schien sie nicht dem Tode nah zu sein. Sie war auf jeden Fall gesund genug, um uns endlos darüber zu befragen, wie es unseren Lieben zu Hause ging. Sie erkundigte sich nach Verwandten, an die ich mich kaum erinnern konnte. Aber ich genoss es, bei ihr zu sitzen. Ihre Stimme erinnerte mich jedes Mal an ihre wunderbaren Gebete, die ich erlebt hatte.

Ich wusste rein gar nichts über Oxford, aber für mich war es Liebe auf den ersten Blick. In mancher Hinsicht erinnerte Oxford mich an zu Hause. Sie hatten etwas Vertrautes an sich, die Menschenmassen, die sich auf den Bürgersteigen drängten und die Straßen überquerten. Auch die Gebäude faszinierten mich; manche der größeren erinnerten mich an einen riesigen Tiger, der in der Nachmittagssonne lag. Konnte es sein, dass manche der britischen Architekten, die Lahore gebaut hatten, an die berühmten Colleges von Oxford gedacht hatten, als sie ihre Entwürfe begannen? Hier in Oxford spürte ich richtig, wie mächtig das britische Reich einst gewesen sein musste.

Ich sah auch Bettler und Straßenhändler – auch dies ein Anblick, der mir von zu Hause vertraut war. Aber was alles andere schlug, waren die vielen Menschen aus meiner Heimat, die man in dieser Stadt sah. Es gab Straßen, wo jede zweite Stimme, die ich hörte, Urdu oder Punjabi sprach. Sämtliche Akzente waren vertreten, von den schneebedeckten Bergen im Norden Pakistans bis zu den heißen Küstenstädten im Süden. Es war ein komisches Gefühl: Ich war Tausende Kilometer von meiner Heimat entfernt und doch war sie mir ganz nah.

Doch ich hatte auch weiter meine Schockerlebnisse. Wenn ich das nächste Paar sah, das ungeniert in der Öffentlichkeit knutschte, blieb ich stehen und sorgte dafür, dass Zainab woanders hinschaute. Und bei manchen der Mädchen, die ich sah, schloss ich selbst die Augen und versuchte, an etwas anderes zu denken, so spärlich waren sie bekleidet; einige hatten nicht viel mehr an als ihre Unterwäsche.

Weniger gefährlich für meine Tugend, aber trotzdem schier umwerfend waren die großen Elektronikgeschäfte. Es war für mich ein prickelndes Erlebnis, einfach die Schaufenster zu studieren und zu sehen, was hier alles verkauft wurde. Handys, Laptops und Fernseher waren zu Hause in Pakistan Statussymbole und Läden, die sie verkauften, gab es nur in den größten Städten. An ihren Eingängen stand bewaffnetes Sicherheitspersonal, das nicht jeden hineinließ. Aber hier in Oxford – es war nicht zu fassen – konnte jeder, der wollte, in diese Läden hineingehen und sich in aller Ruhe umschauen. Also gut: hineinspaziert und sich eingereiht in die bunte Schar, die hingebungsvoll die schnellen, leuchtenden Szenen auf den Bildschirmen anstarrte.

Nicht viel weniger staunte ich, als wir das erste Mal Tante Gulshan zu ihrem Termin im Krankenhaus begleiteten. In dem Zimmer, wo sie behandelt wurde, gab es mehr medizinische Geräte, als ich je in Pakistan auf einmal gesehen hatte, und ich begriff instinktiv: Hier war meine Tante in den besten Händen. Die zuversichtlich-entschlossenen Mienen der Ärzte, die ins Zimmer kamen und wieder gingen, sah man zwar auch in Pakistan, aber mir war klar: Zu Hause wäre es für jemanden mit Tante Gulshans Beschwerden nicht selbstverständlich, dass er lebendig wieder nach Hause käme.

Außer meinen vielen Landsleuten im „Pakistanischen Viertel", das sich vor allem entlang der Cowley Road (einer der Hauptausfallstraßen der Stadt) zu erstrecken schien, gab es in Oxford noch viele andere Nationalitäten. Vor den Colleges, Läden und Museen tummelten sich Studenten aus aller Herren Länder. Selbst außerhalb des Stadtzentrums konnte man so viele verschiedene Sprachen auf einmal hören, dass ich mich manchmal fragte, wo all die Engländer hingegangen waren. Für mich, einen Teenager, der noch nie im Leben einen Chinesen oder Afrikaner gesehen hatte, war jeder Ausflug aus Tante Gulshans Reihenhaus eine eindrückliche Erinnerung daran, wie weit ich hier von zu Hause entfernt war.

In den ersten Tagen musste ich aufpassen, die Leute nicht anzustarren. Wenn Emily zum Supermarkt fuhr, wollte ich unbedingt mit, und wenn sie mir noch so prophezeite, dass mir dort langweilig würde. Vor meinem Flug nach England hatte Baba-jan eine Videokamera gekauft, die er mir am Abflugtag feierlich überreicht hatte, mit der Anweisung, gut darauf aufzupassen und meinen Besuch fleißig mit Filmaufnahmen zu dokumentieren. Meine Supermarkttrips mit Emily schienen mir die perfekte Gelegenheit für eine Reportage über den englischen Alltag zu sein. Aber als eine Supermarktmitarbeiterin, deren Blicke hätten töten können, sich ausgiebig fluchend dagegen verwahrte, bei ihrer Arbeit von mir gefilmt zu werden, ahnte ich: Es würde wohl unmöglich sein, Baba-jans Wünsche (fleißig zu filmen und die Kamera heil zurückzubringen) beide zu erfüllen; von Stund an ließ ich die Kamera bei Tante Gulshan.

Bald merkte ich nicht mehr, wie ich die Leute anstarrte, aber wo ich auch ging und stand, fand ich das nächste Beispiel dafür, wie merkwürdig vertraut und gleichzeitig fremd diese Welt hier war. Ich sah Scharen von Männern, die nach dem Freitagsgebet aus der Moschee kamen, und Frauen, die sich mitten in einem Einkaufszentrum lautstark mit ihren Männern stritten. Ich sah Jungen, die neben Reklametafeln, die nackte Frauen zeigten, Kricket spielten. Vor den Türen von Buchhandlungen lagen Bettler auf dem Bürgersteig und Polizisten unterhielten sich mit ihnen, als ob sie alte Freunde wären. Vertrautes und Fremdes Seite an Seite, auf kleinstem Raum.

Nach einer Woche genügte es mir nicht mehr, die Menschen anzustarren. Ich beschloss, mit ihnen zu reden.

Nicht weit von Tante Gulshans Haus befand sich am Rande eines großen Parks ein Basketballplatz. Ich hatte schon einmal ein paar Leute, die dort spielten, gefilmt. Bestimmt gab es hier jemanden, mit dem ich ein Gespräch anfangen konnte. Und so ließ ich eines schönen Nachmittags, als die Sonne gerade wärmer wurde, Zainab bei Emily und Tante Gulshan, um das Dinner vorzubereiten, und marschierte zu dem Basketballplatz.

Dort spielten gerade drei Teenagerjungen, die ein wenig älter sein mochten als ich. „Hallo", sagte ich, als ich näher kam, „ich würde gern mit euch Basketball spielen!"

Die drei schienen mich nicht gehört zu haben. Nun gut, ich trat ein paar Schritte näher und versuchte es erneut: „Hallo! Mein Name ist Ali Husnain. Darf ich mitspielen?"

Zwei der Jungen starrten mich an, ihre Gesichter Fragezeichen, während der Dritte und Größte irgendetwas sagte, das ich nicht ganz mitbekam.

„Könntest du das noch mal sagen, bitte?", fuhr ich fort. Beim zweiten Mal würde ich ihn sicher verstehen. Ich versuchte tapfer, so selbstsicher aufzutreten wie zu Hause in Onkel Faisals Laden. Dann fingen die beiden anderen Jungen an zu kichern und ich begriff: Die machten sich über mich lustig.

Ich drehte mich um, versuchte, das Kichern und Lachen der Burschen zu überhören, das gar nicht mehr aufhören wollte, und musste denken: *Na ja, es gibt halt überall Umti.* Und ich ging zurück zu Tante Gulshans Haus.

Aber Aufgeben war keine Option und ich beschloss, am folgenden Tag einen neuen Versuch zu machen, mit den Einheimischen ins Gespräch zu kommen. Ich mochte diesen Park, und wenn das Wetter mitmachte, hatte ich einen Plan B parat.

Am nächsten Tag schien die Sonne genauso hell, und als Tante Gulshan, Emily und Zainab mit dem Kochen begannen, verkündete ich: „Ich geh mal wieder an die frische Luft. Bis in einer Stunde." Ich ging durch das Labyrinth der vollgeparkten Straßen zu dem Park. Den Basketballplatz würdigte ich diesmal keines Blickes, sondern begab mich zu einer Bank, die an dem Asphaltweg stand, der um den Park herumlief. Hier war ich schon öfters mit meiner Videokamera gewesen; ich wusste, dass bald der nächste Jogger vorbeikommen würde, und dann würde ich meinen Plan ausführen.

Mir war aufgefallen, dass die Menschen in Oxford selten miteinander redeten, wenn sie nicht gute Freunde waren. Zu Hause in Pakistan konnte ich jeden ansprechen; es gab keine unsichtbaren Mauern, hinter denen die Leute sich versteckten. Aber hier in England war das anders. Ganz überrascht war ich nicht, denn Ami hatte mich vorgewarnt. „Die Engländer sind gute, verlässliche Menschen", hatte sie gesagt. „Aber sie verbringen viel Zeit damit, zu denken, dass alle um sie herum *Umti* sind."

Ich hatte an ihre Worte denken müssen, als ich den Basketballplatz verließ, und das hatte der rüden Reaktion der Teenager mehr oder weniger den Stachel gezogen. Aber ich hatte mich auch an etwas anderes erinnert. Trotz dieser unsichtbaren Mauern, hinter denen die Menschen hier sich vor jedem, den sie nicht kannten, verschanzten, hatte ich doch Beispiele erlebt, wo jemand auf der Straße eine andere Person ansprach und ein Gespräch begann. Man musste offenbar nur das Richtige sagen.

Bevor ich nach England gekommen war, war ich nie einem Jogger begegnet. Ich hatte natürlich schon oft Menschen erlebt, die rannten, aber die waren meistens auf der Flucht vor der Polizei oder vor wahhabitischen Bomben. Ich hatte nicht gewusst, dass Laufen eine Freizeitbeschäftigung sein konnte, aber wenn ich so die Jogger in dem Park beobachtete – doch, es schien ihnen Spaß zu machen.

Ich musste nicht sehr lange warten. Keine zwei Minuten, und ein untersetzter Mann, der in Baba-jans Alter sein mochte und einen Hund an einer langen Leine hatte, kam vorbei. Ich wusste nicht genau, wer mehr von dem Auslauf hatte (der Hund oder der Mann), aber ich beschloss, mein Glück zu versuchen. Als der Mann ein paar Schritte an mir vorbeigerannt war, sprang ich auf und folgte ihm. Er lief nicht sehr schnell und ich hatte ihn bald eingeholt.

„Hallo", sagte ich, als ich neben dem Jogger den Weg entlangtrabte.

War er schwerhörig oder hatte er mich nicht gesehen? Oder war seine unsichtbare Mauer besonders dick? Ich beschloss, den Zaubersatz zu benutzen, der (wie ich dachte) unfehlbar funktionieren würde: „Wissen Sie, wie spät es ist?"

Jetzt schien er mich wahrzunehmen. Er sah zu mir hin und kam kurz aus dem Takt, dann bog er scharf nach rechts ab und entschwand über den Rasen.

Ich hatte keine Lust, die zweite Niederlage in zwei Tagen zu kassieren, und so ging ich zurück zu meiner Bank und wartete auf den nächsten Jogger. Diesmal war es eine Frau und ich musste mich mehr anstrengen, um mit ihr Schritt zu halten. Aber das Ergebnis war das gleiche: Als ich sie höflich fragte, wie spät es war, sah sie mich an, als ob ich ein Gespenst wäre, und beschleunigte ihren Schritt.

Ich muss wohl fast eine ganze Stunde lang hinter Wildfremden hergerannt und sie nach der Uhrzeit gefragt haben. Einige schauten tatsächlich auf ihre Armbanduhr und sagten mir, dass es soundso viele Minuten nach vier war, aber weiter ging das Gespräch nie.

Ich war drauf und dran, es aufzugeben, als ein Chinese – der erste, den ich an diesem Tag gesehen hatte – vorbeikam. Ich stand von meiner Bank auf und machte einen letzten Spurt. „Wissen Sie, wie spät es ist?"

Er blieb stehen, verzog das Gesicht und sagte ein Wort, das ich nicht verstand, aber das freundlich klang. „Wissen Sie, wie spät es ist?", wiederholte ich, auf mein Handgelenk klopfend.

Diesmal schien er mich zu verstehen. Er zeigte mir achselzuckend sein eigenes Handgelenk, um mir zu zeigen, dass er keine Uhr dabeihatte. Dann sprach er weiter. Er redete wie ein Wasserfall, offenbar auf Chinesisch. Wir gingen gemeinsam zu meiner Bank und setzten uns hin. Mehrere Minuten lang unterhielten wir uns – er auf Chinesisch, ich halb auf Englisch, halb auf Urdu. Ich verstand natürlich kein Wort und er bestimmt auch nicht, aber für mich war die Szene ein richtiger kleiner Triumph.

Ich berichtete Emily von meinem Erfolg, als wir am folgenden Tag wieder zum Supermarkt fuhren. Der Verkehr war stark und ich merkte, dass Emily mir nur halb zuhörte. Als direkt vor uns ein anderes Auto aus einer Nebenstraße schoss, dass Emily auf die Bremse steigen musste, rief sie: „Du Idiot!" und fluchte. Das fand ich, obwohl ich nicht viel über das Christentum wusste, komisch, denn sie trug doch ein Kreuz um den Hals.

Ich nahm den Faden meiner Geschichte wieder auf und erzählte Emily, wie das Leben bei mir zu Hause war. „So was wie auf dem Basketballplatz würde mir da nie passieren", sagte ich. „Bei uns ist man jemand, wenn man *Schah* heißt.

Die Leute kämen gar nicht erst auf die Idee, unverschämt zu werden."

„Gut, aber hier zählt der Name *Schah* halt nichts", erwiderte Emily.

Ich dachte nach. Eigentlich hatte sie ja recht, aber was sollte es? Ich war ja nur für ein paar Wochen hier. Mein eigentliches Leben fand zu Hause in Pakistan statt, und dieses Leben bedeutete nicht nur Wohlstand und Status, sondern vor allem auch Sicherheit. Bald würde ich wieder dort sein und meine Reise in die Welt der Erwachsenen beginnen.

„Ich glaube, ich bin gerade dabei, etwas zu lernen", sagte ich. „Nämlich, wie es sich anfühlt, wenn man unwichtig ist und nicht geachtet. Zu Hause hab ich da nie groß drüber nachgedacht, aber ein *Umti* sein, wie die Lehrer in meiner christlichen Schule, muss echt hart sein."

Emily fuhr schweigend weiter, aber ich merkte, dass sie mir etwas sagen wollte. Ihre Hände hielten das Lenkrad etwas zu fest umklammert und sie schaute angestrengt nach vorne. Schließlich sagte sie: „Sei vorsichtig, wenn du über die Christen redest. Deine Tante ist mit in dem Club."

Was meinte sie? Wir fuhren schweigend weiter. Emilys Worte hingen wie eine unsichtbare Nebelwolke der Verwirrung in dem Auto. Tante Gulshan ein Christ, also ein *Kafir*? Unglaublich! Aber vielleicht hatte ich Emily auch nicht richtig verstanden. Vielleicht meinte sie lediglich, dass Tante Gulshan jetzt so lange in England wohnte, dass sie quasi selbst ein *Umti* geworden war.

Ich hatte noch nie persönlich jemanden kennengelernt, der dem Islam den Rücken gekehrt hatte, aber ich hatte genügend Geschichten darüber gehört, um zu wissen, dass die Entscheidung, ein *Kafir* zu werden, ein Fehler war, der einen ohne Weiteres das Leben kosten konnte.

Aber Tante Gulshan? Das konnte ich mir im Traum nicht vorstellen. Sicher, sie war ein bisschen eigenartig, und Ami hatte mich ja am Flughafen in Lahore vorgewarnt. Was Emily da sagte, passte perfekt dazu, dass Tante Gulshan anders betete als wir und selten ein Kopftuch trug. Sie wohnte eben so lange in England, dass sie ein bisschen verwestlicht war. Klar, das musste es sein, was Emily da gerade gemeint hatte.

Ein paar Minuten später bog Emily auf den Supermarktparkplatz ein. Sie schaltete den Motor aus und sah mich an. „Ich hab das eben ernst gemeint", sagte sie. „Deine Tante ist Christin."

Ich starrte sie an. Wollte sie sich über mich lustig machen? „Sie hat sogar ein Buch darüber geschrieben. Du kannst es dir gerne mal angucken, wenn wir wieder zu Hause sind." Sie stieg aus und nahm Kurs auf die riesigen Glastüren und die fremde Welt hinter ihnen.

Ich war platt. *Gerne mal angucken?* Wenn Tante Gulshan wirklich eine Christin war, dann musste ich etwas unternehmen, um ihr die Augen zu öffnen und sie zurück auf den richtigen Weg zu bringen.

7. „Komm zurück zum Islam!"

Als ich das erste Mal versuchte, meine Tante auf ihr Buch anzusprechen, tat sie so, als habe sie mich nicht gehört. Dies geschah zweimal, dann ein drittes Mal. Schließlich, ein paar Tage nachdem Emily und ich in dem Supermarkt gewesen waren, beschloss ich, etwas direkter zu werden. „Tante Gulshan", sagte ich, als sie nach dem Frühstück noch etwas am

Tisch saß, „Emily hat mir gesagt, du hast ein Buch geschrieben. Das würde ich gerne mal lesen."

Sie schaute vor sich hin auf den Tisch und schwieg. Hatte Emily das mit dem Buch am Ende nur erfunden? Aber da sprach Tante Gulshan endlich. „Ja, ich habe ein Buch geschrieben, aber das ist nichts für dich. Du würdest es nicht mögen." Dann schwieg sie wieder und ich musste an den Tag zurückdenken, als ich mit den Schmerzen in meinem Bein dagelegen und sie kennengelernt hatte. Ich kämpfte gegen den Impuls an wegzuschauen.

„Ich möchte trotzdem gerne mal reinschauen", sagte ich. Und dann nahm ich all meinen Mut zusammen und fuhr fort: „Vielleicht versteh ich dann besser …" Ich hielt inne – nicht aus Effekthascherei, sondern weil ich es schlicht nicht fertigbrachte, den Satz zu beenden.

Tante Gulshan schaute zurück auf ihre Hände. Sie machte etwas wie ein Räuspergeräusch, sagte aber nichts. Ich wusste bald nicht mehr, was ich denken sollte. Warum konnte sie mir nicht einfach das Buch zu lesen geben, das sie selbst geschrieben hatte?

„Steht da was über mich drin?", fragte ich.

„Wie?"

„Komme ich in dem Buch vor?"

Ihr Gesicht erhellte sich; fast sah es amüsiert aus. „Nein, Ali, das habe ich geschrieben, bevor du geboren wurdest."

Zainab kam herein und damit war das Gespräch beendet. Aber als ich etwas später hinauf in mein Zimmer ging, lag auf meiner Bettdecke ein kleines Taschenbuch. Ich hob es auf und betrachtete es. Auf dem Umschlag sah mich aus einem *Niqab* (Gesichtsschleier) ein haselnussbraunes Augenpaar an. Ich las den Titel: *Der Schleier zerriss.* Ich war es nicht gewöhnt, Tante Gulshans Namen auf Englisch gedruckt zu

sehen, aber da stand er: *Gulshan Esther.* Ich musste unwillkürlich lächeln.

Die nächsten Stunden lag ich auf meinem Klappbett im
Gästezimmer, durch dessen Fenster die Sonne schien, und las
und las. Ich kam mir vor, als ob ich Tausende Meilen entfernt
war, zu Hause in Pakistan.

Mein Englisch war nicht so gut, dass ich jedes Wort verstand, aber schon auf der ersten Seite stand genug, um mein
Herz etwas schneller schlagen zu lassen. Ich las, dass Tante
Gulshan ebenfalls aus einer Familie mit dem Namen *Schah*
kam und in der Stadt Jhang aufgewachsen war. Ich war nie
mit ihren Brüdern oder Schwestern zusammengetroffen und
hatte ihr Elternhaus nie besucht, aber ich fand es toll, dass die
Menschen, von denen sie da schrieb, auch mit mir verwandt
waren.

Aber am meisten staunte ich darüber, wie krank Tante Gulshan als Kind gewesen war. Ich wusste seit Jahren, dass ihre
Gesundheit nicht die beste war, und ihr jetziges Nierenleiden
war nur das letzte in einer ganzen Reihe von Gesundheitspro-
blemen, von denen uns Ami im Laufe der Jahre erzählt hatte.
Aber in diesem Buch stand, dass es Tante Gulshan, als sie in
meinem Alter war, viel schlechter gegangen war als jetzt. Ihre
ganze linke Körperseite war gelähmt gewesen. Sie hatte nicht
selbst laufen, essen oder sich waschen können, weil sie mit
gerade einmal sechs Monaten eine sehr schlimme Krankheit
bekommen hatte. Ich las diesen Abschnitt mehrere Male, um
sicherzugehen, dass ich richtig gelesen hatte, aber jedes Mal
trat dasselbe Bild vor mein inneres Auge: ein schwächliches,
hilfloses Mädchen, um das sich, wenn es nicht zufällig eine
Schah gewesen wäre, niemand gekümmert hätte. Jetzt war sie
zwar wieder recht krank, aber die Frau, die uns in Pakistan
besucht hatte, war eine andere, stärkere Frau gewesen, die de-

finitiv nicht im Rollstuhl saß. Es musste etwas anders geworden sein seit ihrer Kindheit.

Ich las weiter. Meine Tante hatte gehofft, gesund zu werden, wenn sie die *Hajj,* die Pilgerfahrt nach Mekka, machte. Aber als sie von dort zurückkehrte, waren ihr linkes Bein und ihr linker Arm immer noch genauso schwach gewesen wie vorher. Ich bekam richtig Mitleid mit ihr. Bisher hatte ich sie nie als jemanden gesehen, der Mitleid brauchte. Sie war immer so stark gewesen, eine Tigerin von einer Frau, die nie Angst zeigte. Dieses Mädchen, von dem ich hier las, war das genaue Gegenteil, als ob sie eine andere Person wäre.

Ich hatte bereits gewusst, dass Tante Gulshans Mutter gestorben war, als sie noch ein Mädchen gewesen war; jetzt erfuhr ich, dass auch ihr Vater früh gestorben war. Wie schrecklich. Nicht nur ihr Körper war verkrüppelt gewesen, sondern auch ihre Seele, vor Trauer. Wie hatte sie es nur geschafft, aus diesem Loch des Elends herauszukommen?

Der Wendepunkt kam auf Seite 58. Eines Nachts war Tante Gulshan allein in ihrem Zimmer und betete leise. Erst fiel es mir nicht auf, aber beim zweiten Lesen sah ich es: Sie betete nicht zu Allah, sondern zu Jesus, einem Propheten, der im Koran an ein paar Stellen erwähnt wird. Sie betete zu ihm um Heilung, als es in dem Zimmer plötzlich ganz hell wurde und Jesus direkt vor ihr erschien; bei ihm waren zwölf andere Männer. Dann sprach Jesus zu ihr. Er befahl ihr, aufzustehen. Soweit ich in dem Buch mitbekommen hatte, hatte Tante Gulshan sich ihr Leben lang nicht aus eigener Kraft auf die Füße stellen können, aber jetzt, in dieser Nacht, stand sie zum ersten Mal in ihren neunzehn Jahren auf. Darauf brachte Jesus – dieser Mann, der im Koran nur eine Nebenrolle spielt – ihr ein Gebet bei, machte ihre Kleider strahlend weiß und wies sie an, anderen Menschen von ihm zu erzählen.

Ich legte das Buch hin und schaute nach oben. Einen Augenblick lang war ich überrascht, dass ich in meinem Gästezimmer in Oxford war und nicht in einem Zimmer mit niedriger Decke in Pakistan, das von Licht erfüllt war. Ich atmete plötzlich leichter und die Luft kam mir reiner vor. Auf einmal war ich wieder der Junge, der nachts Tante Gulshan beim Beten zuhörte und die tiefe Stille in dem Zimmer erlebte.

Ich schloss die Augen und kehrte zurück in das lichtdurchflutete Zimmer, in dem Tante Gulshan stand, ihr Körper frisch und wunderbar geheilt. Die Szene war faszinierend. Und gleichzeitig gefährlich.

Ich las weiter. Wie sich die Menschen um Tante Gulshan zuerst über ihre Heilung freuten, aber wie sie dann wegen dieser Heilung ihre Familie verlassen musste. Sie lernte Christen kennen, die ihr aber nicht die Ehrerbietung erwiesen, die einer *Schah* gebührte. Es gab eine erstaunliche Szene, wo ihre Schwester im Sterben lag, aber wieder gesund wurde, als Tante Gulshan für sie betete. Später stellte man Tante Gulshan eine Falle, die sie ins Gefängnis brachte, und ihre Brüder dachten sogar daran, sie umzubringen. Es war schier unglaublich. Noch auf den letzten Seiten erfuhren die Leser, wie einer von Tante Gulshans Brüdern nach einer Herzattacke starb und schon die Hölle vor sich sah, als plötzlich Jesus vor ihm erschien und er diesen bat, ihm zu helfen, wie er Tante Gulshan geholfen hatte. Und er wurde wieder lebendig und saß acht Stunden lang auf dem Boden der Leichenhalle, bis jemand kam und aufschloss.

Als ich das Buch fertig gelesen hatte, war es Abend. Ich hörte, wie im Erdgeschoss Zainab und Emily das Abendessen richteten, aber ich hatte keine Lust hinunterzugehen. Ich musste in meinem Zimmer bleiben und nachdenken.

Ein Teil von mir war fasziniert von dem, was ich in dem

Buch gelesen hatte. Ich war selbst schon oft gebeten worden, für die Heilung eines Menschen zu beten, aber ich war immer davon ausgegangen, dass meine Gebete erst dann erhört würden, wenn der Betreffende gestorben und im Jenseits war. Ich wusste, dass Allah die Macht hatte zu heilen, doch so etwas Dramatisches wie Tante Gulshans Heilung war mir noch nicht vorgekommen. Ich staunte.

Aber das war nicht alles, was ich fühlte. Ich dachte auch an das Leid und die Unehre, die Tante Gulshan über ihre Familie gebracht hatte. Was hätte ihr Vater wohl gesagt, wenn er erlebt hätte, wie die Tochter, die seiner Familie so viel Freude gebracht hatte, ihr plötzlich so wehtat? Ich musste auch an Amis Warnung vor unserem Abflug denken, dass Tante Gulshan anders war als wir. Hatte sie *das* damit gemeint?

Aber was mir am meisten durch den Kopf ging, war, dass Tante Gulshan also ein *Kafir* war. Sie war eine Abtrünnige. Sie hatte die unvergebbare Sünde begangen und Schande über unsere Familie gebracht. Ich konnte es schier nicht fassen.

Schließlich ging ich doch hinunter, um zu essen, obwohl ich keinen Appetit hatte. Ich saß schweigend mit am Tisch und brachte kaum meinen Reis herunter. Als Emily und Zainab den Tisch verlassen hatten, war es Tante Gulshan, die das Schweigen brach. „Hast du mein Buch gelesen?"

„Ja."

Sie machte eine Pause. „Ich hatte dir ja gesagt, dass du es nicht mögen wirst."

Hundert Fragen schossen mir wie Blitze durch den Kopf. Faszinierte Fragen. Aber noch mehr wütende Fragen. Ich versuchte, meine Worte sorgfältig zu wählen. „Du schreibst, dass dieser Mann namens Jesus dein *Salwar kamiz* ganz weiß gemacht und dir befohlen hat, es aufzubewahren. Wo ist es? Kann ich es mal sehen?"

„Nein", sagte sie. „Das habe ich nicht mehr." Ich verzog das Gesicht und sie lachte. „Das ist lange vor deiner Geburt passiert, Ali, und alle Kleider verschleißen irgendwann." Sie unterbrach sich wieder und sah mich mit einem Blick an, der mich an den erinnerte, mit dem meine Mutter mich ansah, wenn sie mich ausschimpfen wollte. „Die echten Wunder sind die, die nicht verschleißen."

Was sollte das jetzt wieder heißen? Aber gleichzeitig merkte ich, wie ich mutiger wurde, und ich beschloss, das auszusprechen, was mir das ganze Abendessen hindurch durch den Kopf gegangen war. „Hast du den Menschen nur deswegen gesagt, dass du ein *k* ... " Ich unterbrach mich; nein, ich wollte sie nicht beleidigen. „... dass du ein Christ geworden warst, weil du in England leben wolltest?"

Ich lehnte mich zurück und wartete auf ihre Antwort. Wenn dies hier so etwas Ähnliches war wie eine Partie Tekken in Onkel Faisals Laden, dann hatte ich gerade den Siegestreffer gelandet.

Tante Gulshan lächelte. „Husnain-ji, wenn ich unbedingt nach England gewollt hätte, hätte es tausend Methoden gegeben, die einfacher gewesen wären." Sie rief nach Emily und unser Gespräch war beendet.

Die folgenden Tage vergingen wie gewohnt. Zainab und ich begleiteten Emily und Tante Gulshan zu den Dialyseterminen in der Klinik, es gab die üblichen Einkäufe im Supermarkt und Tante Gulshan legte sich öfters hin, während ich meine Experimente im Park fortsetzte. Das ließ mir nicht viele Gelegenheiten, das Gespräch mit Tante Gulshan fortzusetzen. Ich beschloss schließlich, stattdessen zu beten. Ich bat Allah, mich als Werkzeug zu benutzen, Tante Gulshan zurück zum Islam zu bringen. Sie musste doch einsehen, dass das mit Jesus Unsinn war und dass es Allah gewesen war, der sie damals geheilt hatte.

Hatte Ami das alles geahnt? Hatte sie Zainab und mich am Ende deswegen nach England geschickt, damit wir unsere Tante zurück zum Islam führten? Sie hatte einen Gebetsteppich in meinen Koffer gepackt, den ich in der ersten Woche meines Besuches nicht oft benutzt hatte. Jetzt, wo ich Tante Gulshans Buch gelesen hatte, begann ich, meine Pflichten als guter Muslim ernster zu nehmen. Mindestens einmal am Tag rollte ich den Teppich auf dem dünnen Streifen Fußboden neben meinem Bett aus, der zufällig genau in Richtung Mekka lag. Nach dem Gebet stellte ich mir immer vor, was meine Lieben zu Hause sagen würden, wenn ich ihnen berichtete, dass Tante Gulshan mit diesem christlichen Unfug Schluss gemacht hatte und wieder treu Allah diente.

Eines Nachmittags sagte Tante Gulshan: „Heute Abend kommen ein paar Freunde aus meiner Gemeinde zu Besuch."

„Warum?" Ich muss es wohl ein bisschen heftig gesagt haben, denn Emily und Zainab sahen mich missbilligend an.

„Sie kommen jeden Monat hierher. Wir beten, lesen die Bibel und unterhalten uns. Wenn du willst, darfst du gerne dabei sein."

War das ein Trick? Ihrem Gesichtsausdruck nach zu urteilen nicht; auch Emilys Gesicht war unverdächtig. Ich antwortete: „Ja, okay, gerne."

Den ganzen Nachmittag versuchte ich mir vorzustellen, wie dieser Abend wohl werden würde, aber das einzig Vergleichbare, das ich aus Pakistan kannte, waren unsere *Majlis*. Zu denen kamen Hunderte von Menschen, dass die Polizei die Straßen abriegeln musste, und die Predigten dauerten den ganzen Tag. In Tante Gulshans Wohnzimmer passte vielleicht ein Dutzend Leute. Höchstens.

Nun, die Zahl der Gäste war so ziemlich das Einzige, was ich korrekt geraten hatte. Es kamen insgesamt neun Personen, die sich in Zweier- und Dreiergruppen halblaut unterhielten, während sie auf den Beginn der Veranstaltung warteten.

Ich war in der Küche und sah Zainab zu, die die Getränke richtete, als Tante Gulshan mich ins Wohnzimmer bat. „Dies ist Ali", stellte sie mich den anderen vor. „Aus Pakistan."

Allgemeines Lächeln und freundliche Begrüßungsworte. Mehrere der Gäste fragten, wie es mir in England gefiel und ob es mir nicht ein bisschen kalt war. Einer wollte wissen, ob ich schon einmal in Oxford gewesen war, ein anderer, in was für eine Kirche ich zu Hause ging.

Tante Gulshan antwortete für mich: „Oh, Ali geht in keine Kirche. Ali ist Muslim."

Das Lächeln auf den Gesichtern wurde etwas steifer, die höfliche Konversation endete. Die kleine Dame direkt neben mir setzte sich umständlich zurecht und fing an, in ihrer Handtasche herumzusuchen.

Die Versammlung begann und ich versuchte herauszufinden, wie sie funktionierte. Es war völlig anders als alles, was ich bisher erlebt hatte. Das fing damit an, dass Männer und Frauen nicht getrennt, sondern bunt durcheinander saßen. Auch die Frauen durften reden, was meine Nachbarin besonders ausgiebig tat. Niemand schien die Versammlung zu leiten, falls es denn nicht der harmlos aussehende Mann mit der leisen, langsamen Stimme war, der die anderen mehrfach aufforderte, ihre Bibeln zu öffnen und über verschiedene Fragen nachzudenken, die er von einem Blatt ablas.

Ach ja, die Bibeln … Ich hatte schon einmal welche gesehen in Pakistan; zumindest bildete ich es mir ein. Aber – großer Schock – sie waren auf *Englisch* geschrieben; ich hatte gar nicht gewusst, dass es so etwas gab. Doch noch schockierter war ich, als ich sah, wie diese Christen mit ihren Bibeln umgingen. Einige hielten sie so in der Hand, als ob sie einen Roman vor sich hatten; ein Mann legte seine Bibel sogar auf dem Fußboden ab! Ich hatte es noch nie erlebt, dass jemand ein heiliges Buch so behandelte. War es am Ende gar nicht so heilig?

Aber ich musste auch an unseren Hausunterricht mit den Mullahs zurückdenken und wie Ami mich angewiesen hatte, die Tür immer offen zu lassen, damit sie prüfen konnte, ob unser Lehrer auch nichts Unrechtes mit uns Kindern anstellte. Und wie frustriert ich gewesen war, wenn der Mullah meine Fragen nicht beantwortete. Hier in dieser Runde konnte jeder etwas sagen, der wollte, und keiner schien der große Lehrer zu sein. Aber ich merkte, wie sich in mir ein ganzer Berg von Fragen aufbaute, die ich bald kaum noch zurückhalten konnte.

Die Runde unterhielt sich über einen Mann, von dem ich noch nie gehört hatte. Er hieß Paulus und schien zum Teil Ähnliches mitgemacht zu haben wie Tante Gulshan. Er war ein einflussreicher Mann gewesen, dessen Wort zählte, aber als er ein „Jünger Christi" wurde, was immer das bedeutete, wurde er ein *Umti;* er wurde blind und krank und landete schließlich im Gefängnis. Was ich da hörte, weckte in mir keinerlei Lust, diesem Paulus oder dem Propheten Jesus zu folgen. Oder meiner Tante.

Als die Frau neben mir anfing zu berichten, wie Jesus sie von ihren Rückenschmerzen geheilt hatte, hatte ich genug. „Woher wollen Sie wissen, dass es Jesus war, der Sie geheilt hat?", fragte ich. Es war das erste Mal, dass ich etwas sagte, obwohl meine Gedanken seit Beginn des Abends um die Wette geschrien hatten.

Es wurde ganz still in dem Raum, alle sahen mich an. Die Frau schob sich nervös zurecht, dann sagte sie: „Ich weiß genau, dass es Jesus war. Ich habe seine Berührung gespürt und sein Gesicht gesehen."

Das wurde ja immer lustiger. Die Frau wollte Jesus nicht nur gesehen haben, sondern auch gespürt? Was für ein *Dschinn* sollte das sein? Ich schnaubte verächtlich und sah die Dame ungläubig an. „Sind Sie ganz sicher, dass das er war? Wie sah er denn aus? Wie hat er sich angefühlt? Glauben Sie im Ernst, dass Sie das Gesicht Gottes gesehen haben?"

Der Mann mit der Fragenliste räusperte sich. „Ali, es ist so: Gott ist unser Vater. Du brauchst keine Angst vor ihm zu haben. Er liebt dich und lädt dich ein, zu ihm zu kommen."

Ich lachte schallend. Das hier war zu viel. „Bei uns im Islam gibt es sehr viele Wunder und dieser Prophet Jesus ist nicht der Einzige, der von den Toten auferstanden ist. Wussten Sie das?"

Schweigen.

Diese Leute waren voll verrückt und es tat mir gut, ihnen die Schau zu stehlen. Ich fragte mich, was Scharib sagen würde, wenn er mich jetzt sehen könnte, oder sein Vater oder Baba-jan. Bestimmt würden sie mir lachend auf die Schulter klopfen, wenn sie hörten, wie ich in England mit den *Kafir* diskutiert hatte.

„Ich glaube nicht, dass dieser Prophet Jesus der Sohn Gottes war, und ich lass mich auch nicht von Ihnen überzeugen. Sie liegen da alle falsch, genauso wie meine Tante."

„*Chop!*", rief meine Tante. Dieses Wort in diesem Ton hatte ich zuletzt als kleiner Junge gehört, wenn ich im Haus meiner Großmutter etwas ausgefressen hatte. Ich wusste sofort, dass ich zu weit gegangen war. Meine Tante sagte mir auf Urdu, dass ich mich sehr ungehörig benommen hatte, und befahl mir, sofort auf mein Zimmer zu gehen.

Meine Großspurigkeit war wie weggeblasen. Ich stand schweigend auf, die Augen auf den Teppich gerichtet, und ging, so schnell ich konnte, nach oben. Als ich in meinem

Zimmer war, verwandelte sich meine Verlegenheit in Wut. Für *das* hier hatte meine Tante den Islam verlassen? Wie konnte sie nur! Hatte sie nicht daran gedacht, was sie damit anrichtete und was für eine Schande sie über ihre Familie brachte?

Ich war immer noch wütend, als Tante Gulshan später, als die Gäste unten gegangen waren, in mein Zimmer kam. Sie war jetzt ruhig, viel ruhiger als ich. „Komm zurück zum Islam!", fauchte ich, als sie in der Tür stand.

„So einfach, wie du denkst, ist das nicht", sagte sie. „Um das zu verstehen, bist du noch zu jung."

Die Worte besänftigten mich nicht. „Ich bin alt genug, um zu verstehen, dass du ein *Kafir* geworden bist und die unvergebbare Sünde begangen hast! Weißt du nicht mehr, was der Koran über Menschen sagt, die so was machen? Er sagt, dass sie nicht besser sind als ein Vergewaltiger."

Tante Gulshan sah mich ruhig an, ihr Gesicht weder wütend noch glücklich. Sie sah müde aus. „Doch", sagte sie, „das weiß ich. Ich habe diese Dinge nicht vergessen."

Wir tauschten noch ein paar Sätze aus, dann sagte sie mir Gute Nacht und ging. Ich lag auf meinem Bett und fragte mich, was Onkel Haafiz meiner Tante wohl gesagt hätte. Bestimmt hätte er die richtigen Worte und die richtige Geschichte gefunden, um sie zur Vernunft zu bringen.

Ich musste an meine Familie zu Hause denken. Wie viel von dieser Geschichte wussten Ami und Baba-jan? Kannten sie das Buch? Wussten sie, dass Tante Gulshan jedem, der es hören wollte, erzählte, dass Jesus sie geheilt hatte?

Ich dachte auch daran, was passieren würde, wenn Tante Gulshan je wieder nach Pakistan käme. Wenn Ami und Baba-jan Bescheid wussten, dann wussten vielleicht auch andere Bescheid. Was würde mit uns geschehen, wenn es sich herumsprach, dass wir einen *Kafir* in der Familie hatten? Welches Szenario ich mir auch vorstellte, es nahm kein gutes Ende für uns.

Und ich kam zu dem Ergebnis, dass ich zwei Aufgaben hatte. Erstens: Ich musste versuchen, Tante Gulshan zurück zum Islam zu bringen. Dazu musste ich zunächst einmal herausfinden, was sie an Jesus so attraktiv gefunden hatte. Warum hatte sie angefangen, zu ihm zu beten? Wenn ich das verstand, könnte ich ihr vielleicht helfen.

Wenn mir das nicht gelang, dann lag eine andere Aufgabe vor mir – eine, die um einiges schwerer war.

Und niemand durfte von dem, was mir da durch den Kopf ging, etwas wissen. Das hier war mein Geheimnis.

8. Jesus, nur Jesus

Ich sah Tante Gulshan jetzt mit anderen Augen.

In ihrem Buch beschrieb sie eine Szene, wo ihre Brüder erwogen, sie umzubringen, und sagten, dass jedes Scharia-Gericht ihnen recht geben würde. Ich spielte die Szene immer wieder in meinem Kopf durch. Wenn ich damals dabei gewesen wäre, hätte ich mich den Drohungen der Brüder angeschlossen? Warum hatten sie sie schließlich doch am Leben gelassen? Und warum hatte Ami mich hierhin geschickt, wenn sie doch wusste, was für ein schwarzes Schaf Tante Gulshan in der Familie gewesen war?

Wenn Zainab und ich sie zu ihren Dialyseterminen begleiteten und sie im Rollstuhl durch die Krankenhausflure schoben, überlegte ich hin und her, ob sie nun den Tod verdient hatte oder nicht, aber eines war mir klar: Sie hatte der Familie große Schande bereitet. Indem sie den Islam verwarf, hatte sie sich nicht nur von Allah abgewandt, sondern von der ganzen Familie. Sie hatte die Menschen verworfen, die ihr eigenes Fleisch und Blut waren.

Einem Teil von mir war es peinlich, wie ich mich an jenem Abend benommen hatte. Tante Gulshan war eine so großzügige Gastgeberin und es war falsch von mir gewesen, sie so respektlos zu behandeln. Hätte ich das zu Hause in Pakistan gemacht, die Erwachsenen im Raum wären aufgesprungen, um mich nacheinander zu ohrfeigen wegen meiner Frechheit. Aber andererseits: Wären wir in Pakistan gewesen und Tante Gulshan hätte sich offen zu diesen *Umti*-Christen bekannt, ich, als guter Schiit und *Sayed,* hätte unmöglich in ihrem Haus bleiben können.

Emily und Tante Gulshan gingen weiter mit Zainab und mir in den Park und fuhren in die Klinik und in Einkaufszentren, und es dauerte mehrere Tage, bevor das Thema „Religion" wieder zur Sprache kam, und zwar durch Tante Gulshan selbst.

Ich saß im Wohnzimmer und schaute mir im Fernsehen ein Fußballspiel an, als sie hereinkam und sich neben mich setzte.

„Es war für mich nicht einfach, Pakistan zu verlassen", begann sie leise, „aber ich hatte keine Wahl. Ich wusste, dass ich meiner Familie sehr wehgetan hatte, und die einzige Möglichkeit, die mir einfiel, ihre Schande zu lindern, war, dass ich das Land verließ."

„Das war nicht die einzige Möglichkeit", sagte ich. „Du hättest zum Islam zurückkehren können."

„Nein, Ali, das konnte ich nicht."

„Aber du bist doch ein *Sayed!* Du bist ein Nachkomme Mohammeds. Du kommst aus einer guten Familie und warst hoch angesehen bei den Menschen. Warum hast du das alles weggeschmissen, um ein, ein …" Ich suchte nach dem richtigen Wort. Diesmal wollte ich vorsichtiger sein und sie nicht so beleidigen.

Aber Tante Gulshan beendete meinen Satz für mich. „Um ein *Kafir* zu werden?" Ihre Stimme war leise, fast schon schwach; so traurig hatte sie noch nie ausgesehen. „Was ich früher war, bin ich jetzt nicht mehr. Ich trage den Namen *Sayed,* ja, aber das ist alles vorbei und es gibt kein Zurück mehr." Wir starrten beide den Fernseher an, ohne das, was da über den Bildschirm lief, wahrzunehmen.

Mehrere Minuten saßen wir so. Tante Gulshans trauriger Blick machte mir Hoffnung. Hatte sie Heimweh nach ihren Lieben? Dann gab es vielleicht doch noch eine Chance, dass sie zur Besinnung kam und mit diesem christlichen Quatsch Schluss machte.

Tante Gulshan brach das Schweigen. „Hättest du Lust, morgen mit mir in die Kirche zu gehen?"

In die Kirche? An einen Ort, wo es nur lauter *Kafir* und *Umti* gab? Mein erster Impuls war, Nein zu sagen. Aber andererseits: Falls Tante Gulshan wirklich dabei war einzusehen, was sie mit ihrem Religionswechsel alles aufgegeben hatte, war es doch nur richtig, wenn ich mir diese falsche Religion etwas genauer ansah. Wenn ich mitging, wäre das die perfekte Gelegenheit, ihr zu zeigen, wie töricht ihre Entscheidung gewesen war.

Ich war siegesgewiss, als wir uns fertigmachten, um in den Gottesdienst zu gehen. Nach dem, was ich in dieser Bibelstunde erlebt hatte, waren die Versammlungen der Christen nicht halb so lebendig und beeindruckend wie die in der Moschee. Sie waren gerade so wie die Christen selbst: Sie rissen niemanden vom Hocker.

Die Kirche lag nicht weit von Tante Gulshans Haus und am Sonntagmorgen trottete ich hinter ihrem Rollstuhl her, den Emily den Bürgersteig entlangschob. Zainab war zu Hause geblieben; ich hatte ihr von dem, was mir über Tante Gulshans Religion durch den Kopf ging, nichts gesagt, und wahrscheinlich war sie im Glauben, dass wir drei einen Spaziergang machten.

Da war die Kirche schon. Wir gingen hinein und ich spürte sofort, wie ganz anders es hier war als in einer Moschee. Mein ganzes Leben lang war ich in Moscheen gegangen und ich wusste: Sie waren heilige Orte. Ich war große Innenhöfe gewohnt, die vielen Menschen Platz boten, weiße Säulen, hohe Deckengewölbe. Wer in eine Moschee wollte, zog seine besten Kleider an, und selbstverständlich zog man aus Ehrfurcht vor Allah seine Schuhe aus und wusch sich vor dem Gottesdienst die Hände. Bei den Gebeten konzentrierte man sich auf jedes Wort. Eine Moschee, das war genauso etwas Besonderes wie ein Gerichtssaal, eine Universitätsbibliothek oder der OP-Saal in einem Krankenhaus. Hinter ihren Mauern geschahen Dinge, die das Denken und Begreifen des Menschenherzens überstiegen.

Diese Kirche dagegen sah so aus, als ob sie sich dafür entschuldigte, dass es sie gab. Aus schlichten grauen Steinen erbaut, war sie zwischen zwei andere Gebäude gequetscht. Die Atmosphäre drinnen war noch schlimmer. Kinder rannten ungeniert herum, die Erwachsenen standen da und unterhielten sich lautstark, als ob sie in einem Restaurant waren und darauf warteten, dass ein Kellner ihnen einen Tisch anwies, und vorne musizierte eine Band, als ob dies eine Party war und nicht ein Gottesdienst.

Ich folgte Emily, die Tante Gulshan zu einem Platz ganz vorne brachte. Ich wusste bereits, dass Männer und Frauen hier nicht getrennt saßen, aber es befremdete mich trotzdem. Die meisten Gottesdienstbesucher trugen Alltagskleidung. Jeder unterhielt sich mit jedem. Der Lärm war schockierend. Und wie diese Christen mit ihren Bibeln umgingen, sie lieblos aus Handtaschen und Rucksäcken herausrissen und unter ihrem Stuhl auf den Fußboden legten! Es machte mich traurig.

Aber auch siegesgewiss. Wie hatte meine Tante den Islam für *so etwas* verlassen können? Bestimmt hatten diese Leute sie einer Art Gehirnwäsche unterzogen. Sie brauchte bloß jemanden, der ihr die Augen öffnete, und dazu war ich ja da.

Meine Selbstsicherheit bekam eine Delle, als ich unter all den Menschen plötzlich die Dame entdeckte, die ich an dem Abend bei meiner Tante so angegriffen hatte. Sie lächelte mich an, als habe sie die Szene ganz vergessen, ja als sei sie richtig *froh,* mich hier zu sehen. Ich schaute rasch nach unten; ich erinnerte mich noch gut an den Zorn in Tante Gulshans Augen, als sie mich auf mein Zimmer geschickt hatte.

Ein Mann in den Zwanzigern setzte sich neben mich. Er lächelte und sagte „Hallo", aber bevor wir ein Gespräch beginnen konnten, wurde es still in dem Raum, und der Mann mit der leisen Stimme, der den Bibelabend geleitet hatte, trat auf das Podium vorne und begann den Gottesdienst.

Alle standen auf und sangen ein Lied. Der Text erschien auf einer Leinwand ganz vorne. Ich las nicht schnell genug, um alles mitzubekommen, aber die Atmosphäre im Saal sagte mir einiges darüber, was für ein Lied dies war. Wenn zu Hause in der Moschee gesungen wurde, sang meistens nur einer – oft der *Zakir.* Der beste Sänger, den ich kannte, war Onkel Haafiz; seine Stimme stieg und sank wie ein Starenschwarm am frühen Abendhimmel. Keiner konnte die Menschen so zu Tränen rühren wie Onkel Haafiz.

Aber komisch: Hier weinte niemand. Die Gesichter um mich herum strahlten nicht Trauer und Bestürzung aus, sondern das genaue Gegenteil – einen tiefen Frieden, ja Freude. Einige lächelten, andere hatten die Augen entspannt geschlossen. Manche, wie mein Nebenmann, hatten beide Hände erhoben, andere klatschten in die Hände oder machten Tanzbewegungen. Und die ganze Zeit wuselten die Kleinkinder durch den Raum, kletterten auf Stühle oder krochen zwischen den Bibeln auf dem Fußboden durch. Wie, um alles in der Welt, konnte jemand bereit sein, für so eine Religion zu sterben?

Als das Lied zu Ende war, tat ich das, was alle taten, und setzte mich wieder. Der Bibelabend bei Tante Gulshan war langweilig gewesen; die Teilnehmer hatten einen blassen Eindruck gemacht und es nicht fertiggebracht, ihren Glauben zu verteidigen oder überzeugend zu wirken. Aber das hier war etwas anders.

Der Gottesdienst ging seinen Gang. Verschiedene Personen kamen nach vorne, um etwas zu sagen oder ein Gebet zu sprechen. Dann trat ein *Zakir* auf das Podium und begann zu predigen, aber die Zuhörer reagierten nicht mit Tränen oder betroffenem Schweigen, sondern mit Lachen, Nicken und zustimmenden Bemerkungen. Viel mitbekommen tat ich nicht, dazu war ich zu sehr damit beschäftigt, meine Sitznachbarn zu beobachten, die sich alle ihres Lebens zu freuen schienen.

Wir sangen wieder und die ganze Zeit schaute ich um mich und fragte mich, was an diesem Haus, in dem ich hier war, so anders war. Es war nicht die Inneneinrichtung, die mich so ins Grübeln brachte, noch nicht einmal das Verhalten der Gläubigen, es war etwas anderes – aber was?

Erst als der Gottesdienst zu Ende war, fiel bei mir der Groschen. Der Mann, der neben mir Platz genommen hatte, streckte mir seine Hand hin. „Ich bin Stuart", sagte er.

„Ali", sagte ich, während ich sein Lächeln zu erwidern versuchte.

„Bist du ein Freund von Gulshan?"

Ich erklärte ihm, dass sie meine Tante war und dass ich aus Pakistan kam und sie gerade besuchte. „Ich bin fünfzehn", fügte ich hinzu – warum, wusste ich selber nicht; vielleicht wollte ich unterstreichen, was für ein Vorrecht es war, in so jungen Jahren so weit verreisen zu dürfen.

„Und wann fliegst du wieder nach Hause?"

„In zwei Wochen."

Schweigen. Stuarts Lächeln ging weiter. Ich musste daran zurückdenken, wie er während des ganzen Gottesdienstes gewesen war. Bei den Liedern hatte er die Hände hoch erhoben, und bei jeder Gelegenheit hatte er gelacht. Ich musste wissen, warum. Ich senkte meine Stimme, damit Tante Gulshan meine Frage nicht mitbekam und womöglich für ungehörig hielt, und fragte: „Warum bist du so glücklich?"

Sein Lächeln wurde noch breiter. „Weil ich vor nichts Angst zu haben brauche."

„Vor nichts? Bist du sicher?"

„Ja. Wenn ich heute sterbe, komme ich in den Himmel, und wenn ich weiterlebe, kann ich halt noch mehr darüber lernen, was es bedeutet, hier auf der Erde Jesus nachzufolgen."

Ich war platt. Ich hatte noch nie einen Menschen erlebt, der sich seines Glaubens so gewiss war. Außer den Wahhabiten natürlich, aber dieser Mann war kein Wahhabit.

„Woher wissen Sie, dass Sie in den Himmel kommen?"

„Das weiß ich durch Jesus. Er hat mein Leben komplett neu gemacht. All den Mist, den ich gebaut habe, hat er mir vergeben, auch den, den ich nicht wiedergutmachen kann. Er hat mir gezeigt, was die ganzen Dinge, die ich für so wichtig gehalten hatte, wirklich wert sind. Und ich kann jederzeit zu ihm beten und ihm alles sagen, und er hört mich und antwortet mir. Ich bin nie mehr allein; selbst wenn ich sterbe, werde ich nicht allein sein."

Ich kam aus dem Staunen nicht mehr heraus. Ich wusste nicht, was ich sagen sollte. Es war Stuart, der das Schweigen brach. „Und du? Woher weißt du, dass du in den Himmel kommst?"

Ich fühlte in mir plötzlich eine Leere, als ob ich eine Woche nichts gegessen hätte. Die Frage bohrte in mir, mehr, als je eine Frage gebohrt hatte. Ja, woher wusste ich, dass ich in den Himmel kommen würde? Die Antwort war, dass ich es überhaupt nicht wusste. Ich wusste, dass viele nicht in den Himmel kommen würden, und ich war noch zu jung, um etwas von dem getan zu haben, von dem ich hoffte, dass es mir meinen Platz im Himmel sichern würde. „Das entscheidet Allah", murmelte ich. Die Worte kamen mir wie heiße Luft vor, wie ein dünner Rauch, der sofort verflog.

Dieses Gefühl der Leere wollte mich nicht loslassen. Als ich Emily und Tante Gulshan zum Ausgang folgte, kam aus einem Nebenraum eine ganze Horde Teenager heraus. Sie lachten und witzelten. Ich starrte sie an, als seien sie von einem anderen Stern. Ich war in dem Glauben aufgewachsen, dass die Teenager im Westen gottlose Egoisten waren, die keine Achtung vor ihren Eltern und Lehrern hatten. Für mich waren sie wie schlecht erzogene Hunde gewesen, die in Rudeln durch die Gegend streunten und nur Ärger machten. Ich hatte genügend Jugendliche meines Alters in Oxford erlebt, um zu wissen, dass dieses Klischee nicht stimmte, aber diese „Kirchenteenager" waren noch einmal etwas anderes. War es möglich, dass sie den christlichen Glauben so attraktiv fanden, dass sie lieber zur Kirche gingen als ins Einkaufszentrum oder auf den Sportplatz?

Aber das war noch nicht mein größtes Problem. Am unheimlichsten war mir – es war ein Gefühl, das eher allmählich kam, wie der Aufgang der Sonne an einem wolkenlosen Tag –, dass ich da gerade in dieser Kirche etwas erlebt hatte, das ich aus keiner Moschee kannte: Menschen, die keine Angst hatten.

Wie oft hatte ich es in einer Moschee erlebt, wie die Mullahs die Gläubigen rügten, weil sie nicht richtig gekleidet waren, ihre Gebete nicht richtig aufsagten oder sich nicht richtig die Hände wuschen, bevor sie in den großen Gebetsraum traten. Ich selbst war ausgeschimpft worden, als ich als Siebenjähriger ausprobiert hatte, wie langsam ich mich setzen konnte, während die Menge der Gläubigen hastig zwischen Stehen, Sitzen und Knien wechselte. Ich wusste, dass ich Glück gehabt hatte, dass ich nicht auch noch Schläge bekam, und hatte mich nie wieder in einer Moschee danebenbenommen. Und hier durften die Kinder ungeniert herumlaufen und spielen!

Ich hatte immer Angst gehabt, dass meine Schuhe gestohlen würden, während ich drinnen in der Moschee war, und hatte sie unter irgendeiner Pflanze versteckt. Ja, ich hatte Angst gehabt vor den Mullahs und vor den Dieben, die wie kleine Aasgeier draußen warteten.

Aber hatte ich nicht auch Angst vor Allah gehabt? Angst, es ihm nicht recht machen zu können? Darüber hatte ich bis jetzt noch nie nachgedacht. Ich gab es nur ungern zu, aber die Atmosphäre in dieser Kirche gefiel mir – wie locker und entspannt die Menschen während des Gottesdienstes gewesen waren, völlig anders als in einer Moschee. Und Stuarts Glaubensgewissheit hatte einen tiefen Eindruck auf mich gemacht. Aber diese Dinge allein reichten doch wohl nicht dafür aus, dass jemand wie Tante Gulshan seiner ganzen Familie den Rücken kehrte. Da musste doch noch mehr sein, und ich spürte, dass dieses „mehr" mit dem zu tun hatte, was meine Tante in der Nacht ihrer Heilung erlebt hatte.

Was sie in ihrem Buch über Jesus schrieb und was Stuart mir da gerade gesagt hatte, wies beides in die gleiche Richtung. Je länger ich darüber nachdachte, umso klarer wurde es mir: Der Schlüssel in dieser ganzen Sache war der Prophet Jesus. Wenn ich herausfinden konnte, warum er eine solche Macht über meine Tante hatte, könnte ich ihr helfen, die Wahrheit zu sehen.

Ein paar Tage nach dem Gottesdienst sagte Tante Gulshan zu mir: „Morgen gibt's in Birmingham eine Gemeindeveranstaltung. Ich fahre hin; es werden viele Leute da sein. Wenn du willst, kannst du gerne mitkommen."

„Ist das so was wie ein *Majlis?*"

„Sozusagen."

Es war überhaupt nicht wie ein *Majlis.* Keine Polizei, die die Straßen abriegelte und den Verkehr lenkte, keine *Zakire,* die auf hölzernen Thronsesseln saßen. Die Versammlung brach auch nicht in Tränen aus und es gab keine beschwörenden Sprechgesänge, die das Gewissen der Anwesenden aufwühlten. Stattdessen gab es einen kleinen schwarzen Mann in dunklem Anzug, der vor den vielleicht tausend Menschen stand. Sie drängten sich in einem Saal mit niedriger Decke, der mehr wie ein Lagerhaus als wie eine Kirche aussah. Die einstündige Autofahrt von Oxford hatte mich merkwürdig müde gemacht, sodass ich den Großteil der Veranstaltung halb benommen dasaß und mich nur schwer konzentrieren konnte. Die Atmosphäre war ähnlich wie in dem Sonntaggottesdienst. Die meisten Anwesenden machten einen fröhlichen Eindruck, und als die Band zu spielen begann, gab es dasselbe Singen, Klatschen und Tanzen. Ich ließ es still über mich ergehen. Es sprach mich nicht besonders an, aber es störte mich auch nicht.

Das änderte sich, als der Mann im Anzug sechs Worte sagte, die mich wie ein Speer durchbohrten: „Wer von euch will Jesus sehen?"

Jede Faser meines Körpers hörte diese Worte. Jede Zelle in mir wurde wach in diesem Augenblick und in meiner Brust spürte ich einen plötzlichen Druck, der nicht stärker hätte sein können, wenn der Prediger von dem Podium herunter und den Gang entlang zu mir marschiert wäre, mir die Worte ins Gesicht geschrien und mich mit seiner Faust in die Seite gestoßen hätte. *Der Mann meinte mich!*

Und ich wusste auch, was meine Antwort war. Jawohl, ich wollte Jesus sehen! Er war der Schlüssel zu diesem ganzen Rätsel, er war schuld daran, dass Tante Gulshan ihrer Familie, ihrem Erbe und ihrer Religion den Rücken gekehrt hatte, und dieser Mann da vorne bot mir an, ihn persönlich kennenzulernen. Wenn ich Jesus sehen könnte, könnte ich Tante Gulshans Welt wieder in Ordnung bringen.

Ich wartete. Der Druck in meiner Brust wurde stärker.

Gleich würde ich entdecken, auf was Tante Gulshan da hereingefallen war! Ich würde mich in das Labyrinth begeben und den Ausgang finden. Als der Prediger seine Frage wiederholte und die Menschen aufforderte, aufzustehen und nach vorne zum Podium zu kommen, zögerte ich nicht länger. Ich stand auf und ging nach vorne, so zielbewusst und ungeduldig wie vielleicht noch nie in meinem Leben.

Wäre ich etwas länger sitzen geblieben und hätte mir die Zeit genommen, gründlich nachzudenken, ich wäre nicht gegangen. Wie alle Muslime glaubte ich an die Propheten und dass es möglich war, dass sterbliche Menschen sie sahen. Aber in diesem Augenblick vergaß ich eine zentrale Lehre, die ich von einem Mullah nach dem anderen gehört hatte: dass die Propheten sich uns nur in den letzten Augenblicken vor unserem Tod offenbaren.

Doch jetzt war mein Kopf voller Neugier, die keinen Aufschub duldete. Nur eine Handvoll Menschen war nach vorne gegangen und einer davon war ich. Ich blickte um mich. In welche Richtung sollte ich schauen, um diesen Propheten besser sehen zu können?

Der Prediger trat zu mir und blieb vor mir stehen. Jetzt, wo ich vor ihm stand, sah er nicht mehr so klein aus. Sein Gesicht war jünger, als ich erst gedacht hatte. „Möchtest du, dass ich für dich bete?", fragte er.

Ich nickte. Meine Stimme war weg.

„Dann schließ deine Augen."

Er legte seine Hand auf meinen Kopf. Sie war so warm und schwer, dass ich die Augen unwillkürlich wieder aufschlug. War das auf einmal ein mit Feuer bekleideter Riese, der da vor mir stand? Nein, es war derselbe Mann. Er lächelte und sagte, dass ich die Augen gerne auch offen halten konnte, wenn mir das lieber war.

Ich schloss sie wieder. Die Hand wurde immer schwerer und wärmer. Einen Augenblick lang musste ich an Tante Gulshan denken, wie sie für mich gebetet hatte, als mein Bein so wehtat und Ami Angst hatte, dass ich von einem *Dschinn* besessen war.

Die Hitze, die aus den Händen des Mannes floss, wurde immer größer und wieder öffnete ich kurz die Augen, um zu sehen, dass es auch wirklich er war, der da für mich betete. Wenn ich die Augen offen hatte, kam mir der Saal dunkel vor, aber sobald ich sie wieder schloss, wurde alles heller, so als ob in meinem Kopf eine Taschenlampe war, die meine Augenlider von innen her anstrahlte. Dieses Licht wurde immer stärker und gleichzeitig wurden die Geräusche in dem Raum – die Stimme des Predigers, der für mich betete, und die Stimmen anderer Menschen in der Nähe, die ebenfalls beteten – immer leiser.

Dann spürte ich, wie meine Beine einknickten, als ob jemand einen Schalter gedrückt hatte, der ihnen alle Kraft nahm. Ich fiel nach hinten, aber ich hatte keine Angst, so fasziniert war ich von dem Licht, das jetzt nicht nur meine Augen füllte, sondern meinen ganzen Körper. Starke Hände fingen mich an Rücken und Schultern auf, sodass ich sanft auf den Fußboden sank, und ich hörte, wie der Mann, der für mich gebetet hatte, sagte: „Danke, Herr, danke."

Es klang leise und wie aus weiter Ferne; das gleißende Licht überdeckte alles. Ich holte tief Luft.

Ich wusste, dass ich so etwas noch nie erlebt hatte, und ich wusste, dass ich so sicher war wie in Abrahams Schoß.

Dieses Gefühl änderte sich, als ich die Stimme hörte. „Mein Sohn, du wolltest mich sehen. Hier bin ich. Gehorche mir. Ich werde dir deine Sünden vergeben und dir ewiges Leben schenken."

Nein, ich hörte dies nicht mit meinen Ohren, es war nicht die Stimme von irgendjemandem um mich herum. Ich merkte: Da war jemand in den Tiefen meiner Seele, der zu mir sprach. Ich wusste nicht, womit ich diese Stimme vergleichen sollte, aber sie war genauso wirklich wie die Schuhe an meinen Füßen und der Teppich unter meinen Händen. Die Saalbeleuchtung und die Stimmen der Menschen um mich herum, die beteten, sie waren weiter da, aber diese Stimme blieb in meinem Inneren. Ich spürte, wie sich mein Inneres zu drehen begann, als ob ich einer der Drachen war, die ich für eine Rupie gekauft hatte, als wir bei meiner Großmutter wohnten.

Zum ersten Mal, seitdem ich von meinem Platz aufgestanden und nach vorne gegangen war, bekam ich Angst. Würde ich gleich sterben? Zu der Hitze, die ich spürte, seit der Prediger sein Gebet angefangen hatte, kam jetzt ein kaltes Gefühl auf meinem Gesicht. Ich merkte, dass ich weinte. Tränen, so groß und schwer wie die Regentropfen des Monsuns, quollen aus meinen Augen und flossen über meine Wangen. Mein Atem staute sich in mir und die Tränen waren das Einzige, das mir Erleichterung gab.

Aber da war nicht nur Angst, da war noch etwas anderes, das mich durchströmte und das stärker war. Tief drinnen hatte ich das Gefühl, dass ich mich gegen das, was da mit mir passierte, nicht zu wehren brauchte. Ich hatte einen tiefen Frieden. Wenn dies wirklich der Tod war, dann war er vielleicht doch nicht so schlimm.

Ich weiß nicht, wie lange ich dort lag. Aber als das Licht und die Wärme weniger geworden waren und die Tränen aufgehört hatten, spürte ich auf einmal eine Hand auf meiner Schulter und schlug die Augen auf. Es war Emily. Sie hockte neben mir auf dem Fußboden. „Bist du okay?", fragte sie lächelnd.

Ich nickte. Ich nahm das Taschentuch, das sie mir hinhielt, und wischte mir das Gesicht ab. „Ja." Meine Stimme klang dünn, wie die eines Kindes.

Emily brachte mich zurück zu meinem Stuhl. In der Nähe saß Tante Gulshan, ihre Hand auf der Schulter einer jungen Frau, die schluchzend in sich zusammengekauert dasaß. Es war komisch, aber ich fand die Szene nicht schockierend, ja noch nicht einmal ungewöhnlich. Es war gerade so, als hätte ich mein ganzes Leben damit verbracht, auf dem Fußboden zu liegen und zusammen mit *Kafir* zu weinen.

Auf der Rückfahrt war es still in unserem Auto. Oder sprach doch jemand? Dann nahm ich es nicht wahr. Ich musste dauernd an die Wärme denken. Und an das Licht. Und die Stimme. Jetzt, wo das alles vorbei war, begann auch der tiefe Friede, den ich gespürt hatte, zu verblassen, und an seine Stelle traten tausend Fragen.

Die Angst, die ich auch gespürt hatte dort auf dem Fußboden, war etwas stärker geworden, und das Gefühl, dass alles gut war, wurde zusehends weniger. Ich kam mir innen drin nackt und leer vor; ich war hungrig – aber nicht nach Essen. Was würden Ami und Baba-jan sagen, wenn ich ihnen von diesem Abend erzählte? Würde ich ihnen begreiflich machen können, was da geschehen war? Wie war es möglich, dass etwas einem gleichzeitig Frieden gab und Angst machte?

Ich war still, als wir ins Haus gingen. Zainab lag auf dem Sofa im Wohnzimmer und schlief und ich half Emily, Tante Gulshan hinauf in ihr Schlafzimmer zu bringen. Beide sahen mich wiederholt sanft lächelnd an. Ich merkte: Sie wollten, dass ich über mein Erlebnis in dem Gottesdienst sprach, aber ich konnte nicht. Ich hatte nur einen Wunsch: auf mein Zimmer gehen und mich hinlegen.

Der Schlaf kam schnell und mit ihm der Traum. Vor mir wirbelten und tanzten Farben und Lichter. Dann lichtete sich der bunte Nebel und ich fand mich in dem lebendigsten Traum wieder, den ich je erlebt hatte. Ich sah ein starkes Licht, wie das, das ich an dem Abend erlebt hatte, als meine Beine unter mir nachgaben und ich rücklings hinfiel. Diesmal wusste ich, dass ich träumte, aber das machte das Geschehen nicht weniger real. Selbst wenn es mir möglich gewesen wäre, die Augen zu öffnen, um nachzuschauen, ob ich nicht das Licht an gelassen hatte, ich hätte es nicht gemacht. Ich wollte nicht heraus aus diesem Traum; dieser Traum, mit seinem Licht, das mich in seinem Schoß zu halten schien, war einzigartig und unvergleichlich.

Ich weiß nicht, wie lange ich in diesem Licht lag, ja badete, aber irgendwann spürte ich, dass etwas anders geworden war. Ich merkte, dass ich nicht allein war, dass da jemand bei mir war. Ich wusste auch, wer das war. Es war Jesus. Ich wusste nicht, woher ich dieses Wissen hatte, aber ich zweifelte keine Sekunde lang daran, dass er es war.

Wo hörte Jesus auf und wo fing das Licht an? Ich wusste es nicht. Es war, als ob er das Licht war und das Licht er, und doch war er von ihm verschieden, eine reale Person, die physisch präsent war in diesem Traum. Wenn ich heute daran zurückdenke, bin ich verwirrt, aber in dieser Nacht und in diesem Augenblick war irgendwie alles klar.

Und dann sprach Jesus. Er sagte: „Hab keine Angst. Ich beschütze dich."

Anders als in dem Saal, wo ich die Worte gespürt, aber nicht gehört hatte, waren diese sieben Worte, die Jesus sprach, lauter als jedes andere Geräusch, das ich je in meinen Träumen gehört hatte. Es war gerade so, als ob jemand sie in mir drinnen ausrief. Dabei klang die Stimme nicht etwa angestrengt oder zornig oder wild. Sie war eher schwer, wie eine Verkörperung der Schwerkraft. Sie war wie die Berge. Oder wie die Wahrheit. „Hab keine Angst. Ich beschütze dich."

Im nächsten Moment war der Traum vorbei und ich wachte abrupt auf. Das Zimmer war dunkel und ich war schweißgebadet.

Ein paar Augenblicke lang konnte ich nur atmen, große Wolken aus Luft in meine Lungen hereinholen. Ich war nicht imstande, auch nur die Hand auszustrecken und die Nachttischlampe einzuschalten. Ich konnte nur atmen, atmen. Ich schaute auf den Wecker. Bestimmt würde bald die Sonne aufgehen und die Nacht wäre vorüber? Aber nein, es war drei Minuten nach drei.

Mit dem Ende des Traumes kam die Angst. Alles, was ich in meiner Religion gelernt hatte, sagte mir, dass ich gleich sterben würde. Was ich gerade erlebt hatte, konnte kein erwachsener Mann überstehen, geschweige denn ein Fünfzehnjähriger wie ich. Aber gegen dieses Gefühl stand ein anderes – eines, das mir sagte, dass ich nicht vor Angst in ein Loch zu kriechen brauchte.

Welches Gefühl war das richtige? Ich stand schließlich leise auf, ging aus dem Zimmer und klopfte leise an Tante Gulshans Tür. Keine Antwort. Aber ich konnte unmöglich bis zum Morgen warten.

Sie wachte sofort auf, als ich ihre Schulter berührte. „Was ist?" Sie knipste die Nachttischlampe an.

„Ich hab einen Traum gehabt. Es war Jesus." Die nächsten Worte lagen wie Blei in meinem Mund, als ob meine Lippen nicht stark genug waren, um sie zu bilden. Schließlich kamen sie doch. „Er hat gesagt, dass ich keine Angst zu haben brauche, aber ich will noch nicht sterben."

Sie begann zu lächeln – erst nur ein bisschen, dann immer breiter. So glücklich hatte ich sie noch nie erlebt. „Ali", sagte sie. „Das ist nichts, wovor du Angst haben müsstest. Ich habe dasselbe erlebt."

Ich war platt. Was ich an dem Abend erlebt hatte und jetzt in diesem Traum, hatte ich keine Sekunde lang mit dem in Verbindung gebracht, was ich in Tante Gulshans Buch gelesen hatte. War ich etwa dabei, auch ein *Kafir* zu werden?

Der Gedanke verschwand wieder, als Tante Gulshan meine Hand nahm. Ich genoss die Wärme ihrer Finger. „Jesus lädt dich ein, ihm nachzufolgen, Ali. Es ist wunderbar, wenn man dazu Ja sagen kann."

Ihre Worte ließen mich ruhiger werden. Meine Angst verschwand und an ihre Stelle trat so etwas wie Friede.

„Du meinst, ich werde nicht sterben?"

Sie lächelte. „Nein."

„Und warum habe ich das erlebt?"

„Manchmal passieren solche Dinge, weil wir Gott gebeten haben, sich uns zu zeigen, aber manchmal einfach, weil Gott Gott ist und sich offenbaren kann, wem er will. Aber egal, jetzt sollten wir beide beten."

Und dann lernte ich, dort im Schlafzimmer meiner Tante mit all den Medizinflaschen und dem Rollator und im Schein der Nachttischlampe, mein erstes Gebet auf Urdu, der Umgangssprache meines Heimatlandes. Es begann mit einem Namen für Gott, den ich noch nie gehört hatte, und endete mit: „Denn dein ist das Reich und die Kraft und die Herrlichkeit in Ewigkeit." Ich verstand es nur teilweise, das Gewicht der Worte, die meine Lippen da bildeten, und ich hatte keinen Schimmer, wie sehr mein Leben sich verändern würde, aber ich wusste, dass ich etwas gefunden hatte, das zutiefst wahr war. Und gut.

Gott war mein Vater.

9. Ein neuer Friede

Ich schmeckte sie noch, die Tränen auf meiner Zunge, spürte noch das Gewicht des aufgestauten Atems in meiner Lunge, sah noch das Licht und hörte die Stimme, die so tief in mir widergehallt hatte. Auch wenn ich in meinen letzten beiden Wochen in England keine Träume von Propheten mehr hatte und keine Stimmen mehr hörte, hatte ich jeden Morgen beim Aufwachen das Gefühl, als hätte ich sie erst gestern erlebt.

Jener Abend hatte alles verändert. Hier in England fühlte ich mich geografisch, geistig und emotional Welten entfernt von Pakistan. Dass ich bald dorthin zurückfliegen würde – der bloße Gedanke war komisch.

Ich freute mich natürlich darauf, Ami und die anderen wiederzusehen, aber gleichzeitig war ich unsicher, wie das Leben zu Hause weitergehen würde nach dem, was mir hier in England passiert war. So ein Licht hatte ich noch nie gesehen, so eine Stimme noch nie gehört. Noch nie hatte ich Gott „Vater" genannt. Es war gewaltig, es war wunderbar. Und unheimlich. Was hatte ich zu Hause zu erwarten? Wie würde mein Leben weitergehen?

Am Abend vor unserer Rückreise war ich in meinem Zimmer und packte meinen Koffer, während ich ein liebes altes Lied summte, das Ami mir immer vorgesungen hatte. Plötzlich stand Tante Gulshan in der Tür und fragte, ob sie einen Moment mit mir sprechen könnte. Ihre Worte und der Ton, in dem sie sie sagte, ließen meine fröhliche Stimmung verfliegen. „Ali, ich muss dir etwas sagen." Ihr Blick war ernst, fast traurig. Was kam jetzt? „Wenn du wieder in Pakistan bist, kann es für dich gefährlich werden."

Ich hätte sie gerne gefragt, was für Gefahren das waren, hatte aber gleichzeitig Angst vor der Antwort, und so nickte ich nur und sagte, dass ich schon aufpassen würde. Im Grunde wusste ich durchaus, was sie meinte, aber ich hatte Angst, genauer darüber nachzudenken.

Sie fuhr fort: „Sag nicht jedem, was du hier erlebt hast. Sprich nur mit solchen Menschen darüber, bei denen du sicher bist, dass sie ebenfalls von ganzem Herzen Jesus Christus folgen."

Ebenfalls? Der Satz kam mir komisch vor. Folgte ich etwa Jesus? Schwer zu sagen. Egal, ich musste weiterpacken, und so nickte ich wieder. Aber Tante Gulshan war noch nicht fertig. „Erinnerst du dich an das Gebet, das ich dir beigebracht habe? Das Vaterunser?"

„Ja, sicher." Nach vielleicht einem Tag hatte ich es auswendig gekonnt und ich betete es jeden Tag. Ich mochte den Klang der Worte. Und den Frieden, den sie ausstrahlten.

„Gut. Es ist wichtig, dass du es oft betest."

War sie jetzt fertig? Ich begann, eines meiner Hemden zu falten, aber meine Tante hatte mir noch mehr zu sagen. „Ali, du bist Jesus begegnet, aber du hast gerade erst angefangen, ihn kennenzulernen. In eurem Haus daheim gibt es eine Bibel in englischer Sprache. Ich habe sie dort bei einem Besuch versteckt. Suche sie und lies sie. Mach dich mit ihr vertraut. Sie ist ein Sprachrohr, durch das Jesus weiter zu dir reden wird, obwohl seine Stimme dort vielleicht etwas anders klingen wird."

„Ist sie im *Bhetak* (Gästezimmer)?"

Tante Gulshan sah mich halb überrascht, halb erfreut an. „Ja. Dort habe ich sie hingetan."

„Diese Bibel kenne ich", sagte ich. Was ich ihr nicht sagte, war, dass ich sie Jahre zuvor gefunden hatte, als Scharib und ich Scharibs armen Chauffeur ärgerten, indem wir den Inhalt sämtlicher Schränke auf den Fußboden entleerten. Scharib hatte das Buch aufgehoben und mich gefragt, was es war. Wir schauten uns den dicken Rücken und die dünnen Seiten an und kamen zu dem Ergebnis, dass das wohl irgendein englischer Roman war. Wir wussten so wenig über den christlichen Glauben, uns war nicht klar, was eine Bibel war. An einem Nachmittag hatten wir diese Bibel als Fußball benutzt; als wir fertig mit dem Spiel waren, war nichts von ihr übrig gewesen.

Ich beschloss, Tante Gulshan nichts von diesem Fußballspiel zu sagen, um sie nicht unnötig zu ärgern, und mir stattdessen eine eigene Bibel zu besorgen, wenn ich wieder zu Hause war. Mein Bedürfnis, mehr über Jesus zu lernen, würde in Lahore nicht ganz ungefährlich sein. Ich konnte wohl nicht gut anfangen, sonntags in die Kirche zu gehen, einmal abgesehen davon, dass ich nicht wusste, wo es in Lahore Kirchen gab.

Am nächsten Morgen, meinem letzten in England, klopfte Tante Gulshan sachte an meine Tür. „Ali, bist du immer noch böse auf mich?"

Was ich ihr gesagt hatte, war mir jetzt, wo ich es in einem neuen Licht sah, richtig peinlich. „Du meinst, weil du dich vom Islam abgewandt hast?"

Sie nickte.

„Nein", sagte ich. „Ich glaube, nicht mehr."

Sie lächelte und ging wieder. Es war komisch – ich konnte mich noch gut erinnern, wie ich ihr böse gewesen war, aber jetzt brachte ich es nicht mehr fertig. Was fühlte ich stattdessen? Am ehesten wohl Verwirrung.

Einerseits fühlte ich mich richtig begeistert und voller Leben, wie jemand, der zum ersten Mal die Welt in Farbe sah. Die Vision, mein Traum und das neue Gebet, das ich immer wieder aufsagte und genoss, schufen in mir einen Appetit nach mehr. Aber ich wusste auch, dass dieses Neue mich etwas kosten würde. Diese Träume waren gefährlich, die Gebete geradezu subversiv. Wenn ich an ihnen festhielt, würde es mir dann auch so ergehen wie Tante Gulshan – dass ich meine Familie verlassen müsste?

Es waren beunruhigende Gedanken. Besser an etwas anderes denken – an all das Schöne zu Hause, das mich bei meiner Rückkehr erwartete. Ich schob die Fragen, die mir da auf den Leib rücken wollten, von mir.

Noch nie war ich so lange von Ami weg gewesen wie bei dieser Reise nach England, und ich vermisste sie. Ich konnte es nicht erwarten, wieder zu Hause zu sein. Wenn ich darüber nachgrübelte, was Ami und Baba-jan denken würden, wenn sie hörten, was mir in England passiert war, und der Knoten in meinem Magen immer fester wurde, flüchtete ich mich in meine Tagträume und stellte mir vor, wie meine Familie mich am Flughafen empfangen würde, vielleicht mit einem Blumenkranz zur Feier von meiner und Zainabs sicherer Rückkehr. Der bloße Gedanke gab mir ein warmes Gefühl.

Als meine Schwester und ich uns von Tante Gulshan und Emily verabschiedeten, konnte ich es kaum noch erwarten, zurück nach Hause zu kommen. Auf der Rolltreppe im Abflugbereich musste Zainab mich am Ärmel zupfen, damit ich mich zu Tante Gulshan umdrehte, die uns aus ihrem Rollstuhl hinterherwinkte, hinter ihr Emily.

Erst als ich dann im Flugzeug neben Zainab saß und darauf wartete, dass die anderen Passagiere einstiegen, dämmerte mir die Wahrheit. Während ich durch das Bordmagazin blätterte, merkte ich, dass Zainab weinte. Ich fragte sie: „Was hast du?"

Sie antwortete: „Das war vielleicht das letzte Mal, dass wir Tante Gulshan gesehen haben."

Ihre Worte öffneten eine Tür tief in meiner Seele, von der ich nichts geahnt hatte. Ich verstummte, plötzlich traurig. Vor lauter Vorfreude auf zu Hause und Nachdenken über meinen verwirrenden Traum und die Vision hatte ich das, was Zainab da ansprach, gar nicht wahrgenommen. Sie hatte ja recht: Tante Gulshan war schwer angeschlagen, und ohne die regelmäßigen Krankenhausbesuche wäre sie schon tot. Wir wussten beide: Die Chance, dass sie noch einmal zu uns nach Pakistan kommen würde, war fast null.

Und würden Zainab oder ich ein zweites Mal nach England kommen? Auch dies war unwahrscheinlich. Unsere Reise war ein einmaliges Ereignis gewesen, eine Traumreise, die keiner unserer Freunde gemacht hatte. Dass sie sich wiederholen würde, war noch unwahrscheinlicher, als dass Tante Gulshan uns noch einmal besuchte.

Ich hatte Tante Gulshan immer sehr gemocht, und die sechs Wochen in ihrem Haus hatten dieses Gefühl nur noch vertieft. Als Kind hatte ich sie als eine geheimnisvolle, starke Frau erlebt, aber erst jetzt verstand ich, was für einen Mut es sie gekostet haben musste, ganz allein in die Fremde zu gehen, um dort zu wohnen. Sie hatte nie geheiratet und sich nie von ihren Krankheiten unterkriegen lassen. In Pakistan hätten andere Frauen ihres Alters sich an ihrer Stelle in den sicheren Schoß der Verwandtschaft fallen lassen; Tante Gulshan hatte es mit Emilys Hilfe geschafft, auf eigenen Füßen durchs Leben zu kommen.

Und jetzt, nachdem ich einen Blick auf den Teil ihres Lebens erhascht hatte, den sie vor ihrer Verwandtschaft verborgen gehalten hatte, wusste ich endlich, woher dieser Mut, zumindest zum Teil, gekommen war. Obwohl ich wusste, dass meine Erlebnisse in der Kirche und danach allein in meinem Zimmer für mich gefährlich werden konnten, hatte ich keine Angst, als ich zurück nach Hause flog. Irgendwie wusste ich, dass in den Worten, die ich in meinem Traum gehört hatte, die gleiche Kraft lag, die Tante Gulshan so einzigartig machte. Jesus hatte mir gesagt, dass er mich beschützen würde, und ich glaubte ihm.

Aber gleichzeitig hatte ich viel mehr Fragen als Antworten. War ich jetzt also ein *Kafir*? Ich glaubte es eigentlich nicht, aber konnte ich da sicher sein? Würde ich sterben, weil ich den Propheten Jesus gesehen hatte? Wohl eher nicht, aber fünfzehn Jahre religiöse Unterweisung im Islam verflüchtigen sich nicht über Nacht. War ich nach wie vor ein guter Schiit? Ich suchte angestrengt nach den richtigen Worten, um das, was ich da erlebt hatte, zu beschreiben und zu verstehen, aber noch hatte ich sie nicht gefunden. Noch wusste ich nicht, was mein neuer Glaube war.

Meinen Gebetsteppich hatte ich kaum benutzt während unseres Besuches, aber die letzten zwei Wochen hatte ich viel gebetet. Zum ersten Mal in meinem Leben war ich gebetshungrig gewesen, richtig begierig nach dem Kontakt mit Gott. Das konnte ja wohl nichts Schlechtes sein, oder?

Trotzdem: Ich beschloss, das, was ich da erlebt hatte, niemandem zu Hause zu sagen.

Wie im Islam üblich, hatte Zainab in England weniger Freiheit genossen als ich, weil sie ein Mädchen war. Sie hatte mich nicht wegen des Vorfalls in der Bibelstunde bei Tante Gulshan zur Rede gestellt und auch nicht gefragt, wo ich am Sonntagmorgen mit Tante Gulshan und Emily gewesen war oder was wir in Birmingham gemacht hatten. Wenn sie neugierig war, zeigte sie es nicht, und als der älteste Sohn der Familie hatte ich keinerlei Verpflichtung, irgendeinem meiner Geschwister Rechenschaft darüber abzulegen, was ich dachte und was mich beschäftigte.

Es zeigte sich, dass es das Einfachste der Welt war, meinen Lieben nichts von meinen religiösen Erlebnissen zu sagen, so groß war das Hallo und die Freude, als wir in Lahore von der versammelten Familie in Empfang genommen wurden. Wir fuhren nicht sofort nach Hause, sondern zunächst für ein paar Tage zu Amis Cousin. Mir war das gerade recht, denn besagter Cousin hatte eine Tochter, Battoul, die zwei Jahre jünger war als ich. Battouls Augen waren so dunkel wie ein Onyx und ihre Haut hell wie die Morgendämmerung. Ich hatte schon vor Jahren beschlossen, sie zu heiraten, und freute mich über jede Gelegenheit, in ihrer Nähe zu sein.

Wen ich einmal heiraten würde, war, wie bei jedem jungen Mann in meinem Alter, nicht meine persönliche Entscheidung, sondern die der Familie. Viele Menschen im Westen sprechen von „Zwangsheiraten", aber der Ausdruck „arrangierte Ehe" passt hier besser. Es geht um ein Arrangement, das die beiden betroffenen Familien nach eingehender Beratung treffen. Als ich vierzehn war, hatte Ami mir eröffnet, dass sie und Baba-jan eine bestimmte Cousine (nicht Battoul) für die richtige Ehefrau für mich hielten. Ich hatte protestiert, worauf Ami einen Rückzieher gemacht hatte, und seitdem wusste ich: Wenn ich Battoul kriegen wollte, musste ich mir zunächst die Unterstützung von Ami und Baba-jan sichern.

Leider vergaß ich das komplett, als wir ein paar Stunden nach der Ankunft in Lahore im Haus unserer Verwandten saßen. Ich trank süßen Tee, aß Gebäck und erzählte der versammelten Verwandtschaft, wie es in England war, vor allem, wie groß die Supermärkte waren und wie man in einer einzigen Straße Menschen aus aller Herren Länder antreffen konnte. Battouls kleine Brüder flitzten durch den Raum und zogen an meiner Hand, damit ich ihnen noch ein paar von den englischen Münzen zeigte, die ich mitgebracht hatte. Battoul, ihre Eltern und Großeltern und Ami hingen förmlich an meinen Lippen. Ich fühlte mich wie ein König. Und ich beschloss, tief Luft zu holen und hier und jetzt das Thema meiner persönlichen Zukunft anzusprechen.

Ich räusperte mich. „Äh, jetzt, wo ich in England war, bin ich bereit, ein Mann zu werden." Lächeln von den Erwachsenen, zwei Köpfe nickten. Meine Kehle zog sich zusammen; ein Schluck Tee ölte sie. „Ich möchte die Schule fertig machen und dann eine Firma gründen." Diesmal nickten mehr

Köpfe. Noch ein kurzer Schluck und ich wagte den Sprung. „Und ich würde gern Battoul heiraten."

Ich schaute von meiner Tasse hoch. Nanu, keiner der Erwachsenen lächelte mehr. Was machte Battoul? Die war aus dem Zimmer hinausgeschlüpft.

„Nun", sagte Ami und ihr Blick wurde undurchdringlich, „darüber werden wir später reden, Ali." Auweia! Dass sie meinen Namen benutzte, war kein gutes Zeichen. Kurz darauf verließen die anderen den Raum und meine Mutter redete Klartext mit mir. „Es steht dir nicht zu, solche Sprüche zu machen. So macht man das nicht!" Sie spuckte die Worte aus, als wären sie sauer gewordene Milch.

Sie marschierte hinaus, aber ich merkte, dass das Thema noch nicht abgeschlossen war. Wir übernachteten in Battouls Haus. Am nächsten Tag hätte ich gerne nach dem Frühstück mit Battoul gesprochen, aber sie war ganz damit beschäftigt, ihrer Großmutter zu helfen.

Als wir wieder zu Hause waren, hatte Ami mir meinen Fauxpas vergeben und ich konnte mit ihr über meine übrigen Zukunftspläne reden. Ich sagte ihr, dass ich keinen Sinn darin sah, nach dem Gymnasium noch weiter zu lernen oder zu studieren. Ich sei jetzt ein Mann und brauche daher dringend ein Motorrad.

„Gut", sagte sie. „Da hast du wohl recht."

„Echt?"

„Bei dem Motorrad. Aber nicht beim Rest. Du bist der älteste Sohn in unserer Familie und Baba-jan ist ein Rechtsanwalt, der einmal Politiker werden wird. Natürlich wirst du studieren, Nomi."

Es war typisch Ami: Sie gab mir das Gefühl, jemand zu sein, und rieb mir gleichzeitig dezent unter die Nase, wer das Sagen hatte. Ich beschloss, mich auf mein Motorrad zu freuen und an das mit dem Studium erst einmal nicht weiter zu denken. Also erwiderte ich Amis Lächeln. „Es ist echt schön, wieder zu Hause zu sein."

Die ersten Tage zu Hause waren noch turbulenter als der Empfang am Flughafen. Diverse Freunde kamen mich besuchen und in Onkel Faisals Laden war ich der Mittelpunkt des Interesses. Alle wollten wissen, wie es wirklich war im fernen England.

„Wie war deine Reise?" – „Kannst du mir helfen, auch nach England zu kommen?" – „Stimmt es, dass du erste Klasse geflogen bist?" Offenbar hatte es die wildesten Gerüchte gegeben.

Es war schön, wieder zu Hause zu sein, und selbst der Anfang des Schuljahrs in der folgenden Woche war nicht die übliche Tortur. Ob in den Fluren oder in der Schlange vor der Essensausgabe in der Mensa, immer noch sprachen andere Jungen mich an und wollten wissen, wie es in England gewesen war. Und als einen Monat später das Interesse allmählich abflaute, bekam meine Beliebtheit den nächsten Schub, als ich eines Morgens aus meinem Zimmer nach unten kam und Baba-jan auf mich wartete, einen silberglänzenden Schlüssel mit ledernem Schlüsselanhänger in der Hand.

„Nomi", sagte er, „der Schlüssel ist für dich; geh mal nach draußen."

Ich war zu aufgeregt, um etwas zu sagen. Aber ich ging nach draußen, die anderen im Haus hinterher, und dort im Hof, neben Baba-jans Range Rover und Amis Honda, stand ein nagelneues, schnittiges Motorrad, das genau wie das von Scharib aussah, mit rotem Tank und verchromten Schutzblechen. Ich schaute vorsichtig zu Ami hin. Die bedeutete mir lächelnd, aufzusteigen und die Maschine zu starten.

Die Fragen, die ich in den Tiefen meiner Seele begraben

hatte – *An wen oder was glaube ich eigentlich? Bin ich jetzt ein Kafir?* – bereiteten mir hin und wieder noch schlaflose Stunden, aber im Großen und Ganzen fand ich das Leben gut.

Jeden Tag düste ich mit meinem 125-ccm-Motorrad durch die Gegend. Morgens nahm ich zwei oder drei Freunde zur Schule mit, und wenn die Schule endlich aus war, fuhr ich zurück nach Hause, duschte, holte die nächsten Freunde ab und machte den Abend mit meiner Maschine unsicher.

Wirklich ruhig war es auf den Straßen erst spät in der Nacht und ich lernte es rasch, mir einen Weg durch den bunt gemischten Verkehr zu bahnen. Rikschas und Esel, Pferdewagen, Radfahrer und Leute, die Karren schoben, boten mir tausend Gelegenheiten, Notbremsungen und rasche Ausweichmanöver zu üben. Ich wurde sogar ein Experte darin, nur auf dem Hinterrad zu fahren, aber damit hörte ich auf, als ich es mit Misim auf dem Gepäckträger versuchte und Baba-jan uns dabei sah. „Das ist nicht das erste Mal, dass ich dich bei diesen Kunststücken gesehen habe!", donnerte er, als ich am Abend nach Hause kam. „Weißt du nicht, wie gefährlich das ist? Wenn ihr beide tot seid, habe ich keine Söhne mehr!"

Das saß. Ohne ihre Söhne wären Baba-jan und Ami erledigt, das wusste ich. Sie wären dann im Alter ohne finanzielle Absicherung, ohne Schutz, ohne jede Hoffnung. Ohne Söhne würde alles, was Baba-jan sich aufgebaut hatte – sein Status in der Gesellschaft, sein Reichtum – sich in Luft auflösen. Mein leiblicher Vater hatte genau gewusst, warum er damals mich entführte und nicht Zainab; ich war der Sohn, ich war seine Zukunft.

Also entschuldige ich mich und versprach Baba-jan, in Zukunft nicht mehr solchen Unfug zu machen. Ich hatte kein Recht, meine Eltern zu ruinieren, das wusste ich genau. Aber ich musste unwillkürlich überlegen, ob ein junger Mann in meinem Alter, der in England wohnte, genauso denken würde. Ob wohl die jungen Burschen vom Basketballplatz, die mich ausgelacht hatten, sich auch so einfach den Wünschen ihrer Eltern fügten? Als Kind hatte ich gelernt, dass die jungen Leute in Europa keinen Respekt vor ihren Eltern hatten und machten, was sie wollten, aber jetzt, wo ich selber dort gewesen war, stellte ich fest, dass ich ein bisschen neidisch auf sie war.

Aber was mich am meisten beschäftigte, als das Jahr voranschritt, waren nicht diese Gedanken über die Unterschiede zwischen dem Orient und dem Westen, sondern der Zwiespalt in mir selbst. Jedes Mal, wenn der Freitag kam und die Männer im Haus sich anschickten, zur Moschee zu gehen, fühlte ich mich nervös und unsicher. Ich erwischte mich dabei, wie ich gegenüber Ami in die Ausredenkiste griff, um zu Hause bleiben zu können. Für Baba-jan war es kein Problem, wenn ich zu Hause blieb; für ihn gehörte es zu den Vorrechten eines *Sayed,* dass man nicht so oft zur Moschee gehen musste wie jemand aus einer niedrigeren sozialen Schicht. Ami war sich da nicht so sicher und es brauchte mehr Überredungskünste von mir, bis sie mir erlaubte, zu Hause zu beten.

„Ich möchte ein einfacher, demütiger Muslim sein", sagte ich, als sie mich fragte, warum ich schon wieder nicht zum Freitagsgebet gegangen war. „Ich möchte nicht so sein wie die Männer, die zur Moschee gehen, um den anderen zu zeigen, wie fromm sie sind. Ich möchte einfach das Rechte tun und ein anständiger Mensch sein, der Allah im Stillen dient."

„Da hast du recht", sagte sie. „Wir haben auch gemerkt, dass du anders geworden bist seit deinem Besuch in England. Du bist irgendwie …"

Ich wurde richtig nervös, als sie das sagte, und als sie sich unterbrach, um nach den richtigen Worten zu suchen, und mich dabei ansah, begann mein Herz zu rasen. Endlich fuhr sie fort: „Ich weiß nicht recht, was da anders geworden ist, ich kann es nicht in Worte fassen, aber Baba-jan und mir gefällt es jedenfalls. Von mir aus brauchst du nicht mehr in die Moschee zu gehen; sieh halt zu, dass du zu Hause betest."

Meine nervöse Reaktion überraschte mich selbst. Wovor hatte ich da gerade Angst gehabt? Ich wusste es nicht, aber ich erinnerte mich daran, dass Tante Gulshan mir eingeschärft hatte, vorsichtig zu sein. Hatte sie *das* gemeint? Ami war ja nicht irgendwer.

Aber ich mied nicht nur die Moscheegottesdienste, sondern auch das persönliche Gebet. Ich mied es wie ein Magenkranker das Essen. Jedes Mal, wenn ich meinen Gebetsteppich ausrollte und mit den einleitenden rituellen Waschungen begann, fühlte ich mich innerlich durcheinander. Schließlich gab ich es auf. Mehrere Wochen lang isolierte ich mich von Allah, tat so, als ob ich von ihm durch eine undurchdringliche, unsichtbare Wand getrennt war.

Es brachte nichts. Statt mich frei und souverän zu fühlen, fühlte ich mich einsam und verlassen. Es war gerade so, als ob jemand einen dicken Nebel in mein Leben gebracht und der Sonne ihre Wärme und ihr Licht gestohlen hatte. Irgendwie war alles grau und ich litt wie ein Hund darunter. Aber das Allerschlimmste war, dass ich mir nicht erklären konnte, warum ich mich so fühlte. Seit meiner Rückkehr aus England hatte ich erklärt, wen ich heiraten wollte, hatte ein schönes Motorrad geschenkt bekommen, machte in der Schule Fortschritte und durfte selbst entscheiden, ob ich zur Moschee ging oder zu Hause blieb. Ich war dabei, ein Mann zu werden; woher kam dann dieses innere Elend?

Ganz tief drinnen wusste ich es. Ich war Jesus begegnet und

damit war mein Leben für immer anders geworden. Ich dachte zurück an jene Nacht in Birmingham, die ich für die letzte meines Lebens gehalten hatte – wie ich da auf dem Fußboden gelegen und in diesem wunderbaren Licht gebadet hatte.

Ich brauchte mehr. Ich musste einen Christen finden, mit dem ich reden konnte. Und eine Bibel, als Ersatz für die, die Scharib und ich damals ruiniert hatten. Ich brauchte Antworten – oder wenigstens jemanden, der mir erklären konnte, ob das, was mir da gerade passierte, das Normale für einen Christen war.

In Pakistan einen Christen zu finden, war nicht einfach, und besonders schwer war es für einen *Sayed*. Das Christentum war die Religion der Straßenfeger und der Kellerkinder der Gesellschaft. Dass ich jemanden von diesen Leuten so gut kannte, dass ich mich offen mit ihm über so ein kitzliges Thema unterhalten konnte, war viel verlangt. Und wenn ich wirklich jemanden gekannt hätte, wären die Chancen, dass er bereit gewesen wäre, sich mit einem *Sayed* über seine Religion zu unterhalten, gleich null gewesen. Kein *Umti,* dem sein Leben lieb war, würde im Ernst das Risiko eingehen, der Missionierung junger Muslime aus bester Familie beschuldigt zu werden.

Aber halt, ich ging ja auf eine katholische Schule! Auch wenn keiner von ihnen es je erwähnt hatte – ich wusste, dass mehrere meiner Lehrer Christen waren. Sie hatten gute Gründe für ihre Zurückhaltung. Wer in Pakistan versucht, einen Muslim zu einer anderen Religion zu bekehren, riskiert die Todesstrafe. Dazu kam, wie gesagt, dass man in meinen Kreisen die Christen mit den niedrigsten Kasten assoziierte. Christen – das waren graue Mäuse; sie waren fast unsichtbar.

Aber das war mir egal. Sie hatten etwas, das ich brauchte. Und so stieg ich eines schönen Tages, eine Woche vor meinem sechzehnten Geburtstag, am Ende des Unterrichts nicht auf mein Motorrad, sondern pilgerte durch die staubigen Flure unseres Schulgebäudes, auf der Suche nach dem einen Lehrer, der eventuell bereit wäre, mir zuzuhören.

Ich fand ihn in einem der Klassenzimmer. Er war dabei, das Durcheinander, das die Schüler beim Hinausstürmen am Ende des Unterrichts hinterlassen hatten, aufzuräumen und die Tische und Stühle wieder richtig hinzustellen. Er war nur wenig größer als ich und der Altersunterschied hielt sich in Grenzen. Wenn ich einem der Lehrer vertrauen konnte, dann ihm.

Er schaute auf, als ich hereinkam. Ich begrüßte ihn mit dem üblichen *„Al-salamu alaykum“*.

„Wa alaykum“, antwortete er.

Ich hatte mir nicht überlegt, wie ich fortfahren würde. Am besten kam ich wohl gleich zur Sache. „Könnten Sie mir erklären, was es bedeutet, ein Christ zu sein?“

Er sah mich an, als ob ich gerade eine Pistole gezogen hatte. „Darüber kann ich nicht mit dir reden.“ Er linste über meine Schulter, wie um sicherzugehen, dass niemand im Flur meinen Satz mitbekommen hatte. „Mit so etwas scherzt man nicht.“

„Ich mache keinen Scherz, das ist mir ernst. Können Sie mir eine Bibel besorgen?“

Seine Augen wurden groß, er hob abwehrend beide Hände. Der Mann hatte Angst, panische Angst. Bevor ich weiterreden konnte, hatte er mich durch die Tür hinausgeschoben. „Bitte“, sagte er, „komm mir nicht noch mal mit so einer Frage.“

Ich fuhr nach Hause, tief enttäuscht, dass der Lehrer nicht mit mir reden wollte. Als etwas später der Strom ausfiel und die Deckenventilatoren stehen blieben und die Luft im Haus muffig-warm wurde, ging ich hinauf auf das Flachdach, in der Hoffnung, dass dort die Luft etwas kühler und die innere Unzufriedenheit, die seit Wochen an mir nagte, geringer wäre.

Aber sie wurde nicht weniger. Ich ärgerte mich über die Angst meines Lehrers und ich ärgerte mich über meine innere Zerrissenheit. Meine Zukunft lag hell vor mir und eigentlich hätte ich mich meines Lebens freuen sollen. Aber irgendwie lief nichts so, wie es sollte, und der Stromausfall war nur die nächste Erinnerung daran.

Ich dachte an meinen Englandbesuch zurück. In England hatten alle meine Probleme begonnen. Seitdem konnte ich nicht mehr beten. Jedes Mal, wenn ich es versuchte, blieb mir die Zunge im Mund kleben. Es war gerade so, als ob ich sie vergessen hatte, die Worte, die mir früher so glatt über die Lippen geflossen waren. Zu wem sollte ich überhaupt beten? Zu Allah? Oder zu Christus, diesem Jesus, der sich mir so mächtig geoffenbart hatte?

Die Sonne knallte auf das Hausdach und es ging fast kein Lüftchen, aber ich hatte keine Lust, gleich wieder nach unten zu gehen, und so ließ ich mich auf ein paar Kissen fallen, die in einer schattigen Ecke lagen. Ich schloss die Augen und dachte an die letzten Tage in England zurück. Ich spürte wieder die Wärme von Tante Gulshans Hand auf meiner, als ich sie mitten in der Nacht weckte, um ihr von meinem Traum zu erzählen. Ich hörte wieder, wie sie mir einschärfte, ja vorsichtig zu sein, wenn ich wieder zu Hause war. Und ich dachte daran, was Jesus mir in jenem Traum gesagt hatte: dass ich keine Angst zu haben brauchte. „Ich werde dich beschützen", flüsterte ich. „Ich werde dich beschützen."

Die Hitze der Sonne biss sich durch die Schatten spendende Plane, die über das Dach gespannt war. Ich musste an das

Licht denken, das ich in dem Traum gespürt hatte und in der Vision, als ich in der Kirche auf dem Fußboden lag. Beide Male war das Licht so hell gewesen, dass ich es mit meinem ganzen Körper gespürt hatte. Aber da war noch mehr gewesen; irgendwie hatte ich gespürt, dass dieses Licht gut war und ich keine Angst vor ihm zu haben brauchte.

Meine Erinnerung war nur ein blasser Widerschein dieses Lichtes, aber selbst dieser Widerschein genügte, um mir Trost zu geben. Mein Frust wurde weniger und ich musste an die Kraft in der Stimme zurückdenken, die da in meinem Traum gedonnert hatte. So wie das Licht mehr als nur hell gewesen war, war die Stimme mehr als nur laut gewesen. Beide waren Wahrheit, Kraft, alles gewesen. Ich hatte gar nicht gewusst, was für einen Hunger ich danach gehabt hatte, bis ich es erlebt hatte.

Ich weiß nicht mehr, wie lange ich dort auf dem Dach blieb, aber als ich aufstand und zurück nach unten ging, war es fast dunkel und die Luft war kühler und weicher auf meiner Haut. Doch die eigentliche Veränderung spürte ich drinnen, in meiner Seele. Wann hatte ich das letzte Mal solch einen Frieden gespürt?

10. Der Mullah mit dem Messer

„Jesus, bist du da? Bitte hilf mir!"

Die Worte, die ich fast nur flüsterte, damit niemand sie zufällig mithörte, kamen mir komisch vor. Und gleichzeitig goldrichtig.

Es dauerte nicht lange und das Dach unserer Villa war

meine Kirche geworden. Wenn ich dort oben war, sprach ich mit Jesus, als ob er körperlich da war und neben mir stand. Ich verbrachte immer mehr von meiner Zeit hier oben, auf der Flucht vor der Unruhe und Verwirrung, die die ganzen islamischen Sitten mit sich brachten, ob es die Besuche der *Mureed* waren, das Freitagsgebet in der Moschee oder der Ramadan.

Als Kind war ich auf das Dach gegangen, um meine Drachen fliegen zu lassen. Jetzt ging ich hinauf, weil ich Frieden suchte, und dort, im Schatten, umgeben von den Kissen, den Kletterranken und dem fantastischen Blick auf das Straßenlabyrinth, das wie ein Spinnennetz vor mir ausgebreitet lag, fand ich ihn.

Ich schuf mir ein richtiges kleines Ritual, das immer damit begann, dass ich mich hinlegte und mir so detailliert wie möglich die Ereignisse jenes Abends und jener Nacht in England wieder in Erinnerung rief. Wenn ich an die Stelle kam, wo Jesus mir im Traum erschienen und zu mir sprach, versuchte ich extra fest, jeden einzelnen Augenblick neu zu spüren. Ich ließ seine Worte in mir widerhallen, badete in dem Licht und hörte, wie seine Stimme in die tiefsten Tiefen meiner Seele hineinrief.

Nach dem Schwelgen in diesen Erinnerungen kam das Beten. Ich betete für Tante Gulshans Gesundheit, für mein Lernen in der Schule, für meine Zukunft und für meine Familie. Und falls in den letzten Tagen einer meiner *Mureed* mich um meine Fürbitte gebeten hatte, betete ich auch für ihn. Nein, jetzt vergaß ich meine *Mureed* nicht mehr, denn ich betete ja jetzt zu Jesus. Obwohl ich nichts über ihn wusste als das, was er mir in meinem Traum gesagt hatte, war mir irgendwie klar, dass er der Einzige war, zu dem ich beten durfte.

Sie wurden mir kostbar, diese Stunden auf dem Dach. Ich

beendete sie, indem ich aufstand und über die Dächer der Stadt schaute. Ich sah dem Tanz der Drachen zu und lauschte dem mal fröhlichen, mal enttäuschten Schreien der Kinder unter ihnen, die die Zweikämpfe am Himmel beobachteten. Ich wusste noch gut, wie ich bei diesen Drachenkämpfen mitgemacht hatte, aber diese Zeiten waren vorbei.

Wie verzweifelt ich mich nach Frieden sehnte, merkte ich erst in diesen Augenblicken, wo ich ihn fand. Und wenn ich dann zurück ins Haus ging, kam mir der Graben zwischen diesem neuen Frieden und der Realität des islamischen Glaubens immer tiefer vor.

In meiner ganzen Kindheit in Pakistan war die schönste Zeit im Jahr für mich das *Eid al-Fitr* gewesen, das Fastenbrechen nach dem Ende des Ramadans. Nach dem harten Fastenmonat, in dem ich, wie alle anderen auch, den ganzen Tag fastete und erst nach Sonnenuntergang essen durfte, kamen mir die Feiertage gerade recht. Das *Eid*-Fest war so etwas wie Weihnachten und Ostern in einem, ein Höhepunkt des Feierns und der Großzügigkeit, der Mildtätigkeit und des Gefühls, zusammenzugehören.

Mein erstes *Eid al-Fitr* nach meiner Rückkehr aus England kam kurz, nachdem ich mein Motorrad bekommen hatte. Ich hatte meinen Spaß und freute mich, dass das Fasten vorbei war, aber ich fing an, die Feierlichkeiten mit anderen Augen zu sehen. Der Ramadan hatte bald nach meiner Rückkehr nach Pakistan begonnen, und als er vorbei war, fühlte ich mich, als ob ich meine Sehnsucht nach Allah, die der Fastenmonat doch eigentlich stärken sollte, verloren hatte. Wenn ich den Koran aufschlug, wurde ich plötzlich müde, und wenn ich die vorgeschriebenen Gebete sprechen wollte, kamen mir die Worte einfach nicht von den Lippen. Das Essen, das in den Nächten vor dem Fest meistens meine Träume ausgefüllt hatte, schmeckte wie Papier, und die Menge der Gläubigen, die in die Moschee ging und die früher immer voller bekannter Gesichter gewesen war, kam mir auf einmal wie eine Ansammlung gesichtsloser Fremder vor.

Aber nicht nur die großen Feiertage hatten mir nichts mehr zu sagen. Es machte mir auch keinen Spaß mehr, jede Woche zusammen mit Ami, Baba-jan und den anderen Kindern Baba-jans Country Club zu besuchen. Es war ein schöner Club und vor meinem Englandbesuch hatte ich nicht genug von ihm bekommen können. Man war dort unter lauter Politikern, Richtern und Anwälten wie Baba-jan und es gab alles, von Reiten über Computerspiele bis zu einem Swimmingpool. Hier traf sich die Crème de la Crème. Früher hatte ich diese Atmosphäre des gelassenen Luxus genossen. Aber als ich den Frieden und die innere Kraft meiner Andachten auf dem Dach entdeckte, verlor der Country Club seinen Reiz. Es bedeutete mir nichts mehr, die Leute damit zu beeindrucken, dass ich dort Mitglied war. Der Club war wie eine Münze, die über Nacht ihren Wert verloren hatte. Jedes Mal, wenn Ami mir den nächsten Clubbesuch ankündigte, ließ ich mir eine Ausrede einfallen, damit ich zu Hause bleiben und stundenlang ungestört auf dem Dach beten konnte, während meine Familie fort war.

Der einzige Sport im Country Club, den ich zunächst vermisste, war Badminton, aber ich entdeckte rasch, dass es mir mehr Spaß machte, mit einer Handvoll armer Kids auf dem unbebauten Land hinter unserem Haus zu spielen, als mit dem Sohn eines künftigen Spitzenpolitikers auf einem richtigen Badmintonplatz. Es wurde mehr gelacht hinter unserem Haus und es war mehr Leben in den Augen der Kinder, die noch nie im Leben Schuhe besessen hatten.

Ich fing an, solchen Kindern und danach auch anderen

Armen Geld zu schenken. Ich begann, meine Schuhe selbst zu putzen und freundlich zu unseren Dienern zu sein. Bald mochte ich es gar nicht mehr, wenn andere mich bedienten. Und als ein zehnjähriges Mädchen, das Ami als Dienerin für Zainab eingestellt hatte, nicht mehr gebraucht wurde, war mir sofort klar, was wir zu tun hatten. „Wir müssen dafür sorgen, dass das Mädchen auf die Schule gehen kann, und das Schulgeld zahlen", sagte ich Ami.

Meine Mutter schien etwas überrascht zu sein, schloss sich aber meinem Vorschlag an. „Nomi", begann sie, als ich wieder gehen wollte, aber als ich mich umdrehte, lächelte sie nur und sagte: „Ach, lass, ich hab's schon wieder vergessen."

Als das nächste Schuljahr seinem Ende zuging und ich anfing, an die langen Sommerferien zu denken, machte ich mit meinem Motorrad einen Ausflug zu Scharibs Haus. Draußen drängte sich eine Menge von wohl über zweihundert *Mureed* seiner Familie, die gekommen waren, um Rat einzuholen und für sich beten zu lassen. Scharib und seine Lieben waren noch nicht im Innenhof und so stellte ich mich am Ende der Schlange an und wartete geduldig, bis ich den Haupteingang erreicht hatte, wo ein Diener die Gäste einließ und nach ihrem Anliegen fragte.

„Kommen Sie auch zum Beten?", fragte er mich, als ich endlich vor ihm stand.

„Nein. Ich bin ein Freund von Scharib."

Der Diener sah skeptisch aus. Da kam aus einem Fenster Scharibs Stimme. „Nomi! Bist du das?" Einen Augenblick später kam er aus der Tür, in der Hand einen Stuhl und eine Wasserflasche. „Warum hast du dich angestellt? Du weißt doch, dass du nicht zu warten brauchst wie die anderen."

„Ich weiß", sagte ich, „aber das macht mir nichts." Ich hatte mich wohlgefühlt unter all den Wartenden draußen. Noch vor einem Jahr wäre ich direkt zum Eingang marschiert und hätte dem Diener befohlen, mich einzulassen. Ja, vor einem Jahr … Das war einmal. Früher war ich stolz auf meine Vorrechte als *Sayed* gewesen, jetzt waren sie mir zunehmend peinlich. Es war so ähnlich wie ein Glas Milch, das gerade anfängt, sauer zu werden; aussehen tut sie ganz normal, aber sobald man den ersten Schluck nimmt, spuckt man ihn angewidert wieder aus.

Der Sommer kroch dahin. Ich merkte, wie ich nach und nach anders wurde, und fand das ganz gut so. Ich war sozusagen dabei, ein besserer Ali Husnain zu werden. Aber gleichzeitig war mir irgendwie klar, dass mein Leben nicht so bleiben konnte, wie es jetzt war – so unbeschwert, so geruhsam. Ich wusste nicht, was als Nächstes passieren würde.

Es war Ami, die mir – freilich ohne es zu wissen – half, dem „neuen" Ali Husnain ins Auge zu sehen. „Du bist anders geworden, Nomi", sagte sie eines Nachmittags, als ich vom Dach herunterkam. „Du streitest dich nicht mehr und bist nicht mehr so viel unterwegs. Du hilfst im Haus und kümmerst dich sogar um Misim. Was ist los mit dir?"

Ich wollte ihr so gerne alles sagen, ihr von Tante Gulshans Buch erzählen, von der Vision in der Kirche in Birmingham und dem Traum in der Nacht und wie ich das Leben seitdem ganz anders sah. Ich wollte ihr erklären, dass die Änderungen, die sie an mir wahrnahm, irgendwo gewollt waren, die logische Folge davon, dass ich auf einmal ganz neue, andere Instinkte und Prioritäten hatte. Und ich wollte ihr sagen, dass mich das alles erschreckte, dass ich anfing, mir „gewöhnlich" vorzukommen, gerade so, als ob ich nicht wichtiger war als irgendein *Umti* auf der Straße, und dass ich Angst davor hatte, wohin das noch führen würde. All das wollte ich ihr sagen, aber ich konnte nicht. Stattdessen spulte ich meine alte Leier ab: „Ich möchte halt ein besserer Muslim werden. Ich möchte Demut lernen. Ich will nicht mehr so stolz sein."

Doch diesmal gab Ami sich nicht so leicht zufrieden. „Es gefällt uns, dass du anders geworden bist, Nomi, aber du solltest ein bisschen mehr an die Moschee denken. Geh doch gleich mit Misim hin, zum Beten. Die Mullahs werden sich freuen, wenn sie dich nach so langer Zeit wieder sehen."

In die Moschee gehen? Jetzt gleich? Meine Hände fingen an zu schwitzen. Meine neuen Instinkte sagten mir, dass ich nicht mehr in die Moschee gehörte, auch wenn ich nicht wirklich wusste, warum. Aber andererseits konnte ich Ami ihren Wunsch schlecht abschlagen.

Ich ging also mit Misim zur Moschee. Ich ging so langsam, dass aus den üblichen zehn Minuten Fußweg zwanzig wurden, während Misim in einem fort von der Schule erzählte und was er so machte und wer sein Lieblingsstar im Kricket war. Wir erreichten die Moschee und da sah ich es: Um die beiden Flügel des Haupttores hing eine dicke, halb verrostete Kette, die mit einem schweren Vorhängeschloss gesichert war. Misim zog an der Kette, aber das Schloss gab nicht nach. Er drehte sich um und zuckte die Achseln.

Es war schon merkwürdig. Es war mitten am Nachmittag und die Moschee war um diese Zeit immer geöffnet. Ich schaute um mich, um zu sehen, ob sich noch mehr Menschen über das Vorhängeschloss wunderten, aber falls dem so war, zeigten sie es nicht. Es war das übliche Kommen und Gehen auf der Straße; niemand würdigte das Schloss eines Blickes.

Was sollten wir machen? Wir gingen zurück nach Hause.

Ami schien meine Erklärung zu glauben, vor allem als Misim sie bestätigte und das Schloss eingehend beschrieb. Ich dachte nichts anderes, als dass die Sache damit erledigt war, aber am folgenden Tag hielt Ami mich an, als ich wieder hoch auf das Dach wollte. „Nomi, ich habe mit einem der Mullahs gesprochen, der gestern den ganzen Tag in der Moschee war, und er hat gesagt, dass das Tor nicht verschlossen war; sie haben es seit Wochen nicht verschlossen."

Sie verschränkte die Arme und schaute mir fest in die Augen, als wolle sie sagen: *Willst du deine Mutter anlügen?* Ich bekam plötzlich ein schlechtes Gewissen. Aber warum eigentlich? Das Tor war doch wirklich verschlossen gewesen. Oder hatte ich Halluzinationen und war dabei, verrückt zu werden? Aber dann war Misim auch dabei, verrückt zu werden.

Wie sollte ich mich verteidigen? Ich brachte kein Wort heraus. Mit jeder Sekunde wurde die Stille zwischen uns peinlicher. Dann breitete Ami ihre Hände aus und schaute zum Himmel hoch und ich wusste: Sie hatte mir vergeben.

In der folgenden Nacht träumte ich von verschlossenen Toren, die sich in dem Augenblick, wo ich sie berührte, mit einem lauten Knall öffneten, und jedes Mal, wenn sie sich öffneten, starrte ich in eine nackte schwarze Finsternis, ein bodenloses Loch, sodass ich furchtbare Angst bekam.

Was sollte das alles heißen? War das Tor wirklich verschlossen gewesen oder hatte ich mir das nur eingebildet? War ich doch dabei, verrückt zu werden? Oder war das Ganze eine Prüfung von Allah gewesen, die ich nicht bestanden hatte? Was würde er jetzt mit mir machen? Oder … hatte vielleicht Jesus das Tor verschlossen, damit ich nicht in die Moschee konnte? Aber warum?

Fragen über Fragen, doch eines war mir klar: Dieses Vorhängeschloss war ein perfektes Bild für meine Gefühle gegenüber dem Islam. Ich fühlte mich ausgeschlossen von dieser Religion, weit, weit weg. Was ich als Kind über sie gelernt hatte, kam mir auf einmal alles absurd und unverständlich vor, genau wie das, was ich darüber gelernt hatte, was es hieß, ein *Sayed* zu sein. Das Leben als privilegierter höherer Sohn, auf das ich noch vor Kurzem so gierig gewesen war, sagte mir nichts mehr.

Ich merkte, wie ich mich immer mehr wie ein *Umti* fühlte, einer von den Rändern der Gesellschaft. Es machte mir Angst. Wenn ich kein *Sayed* war und kein Schiit, was war ich dann?

Aber ich war nicht der Einzige, der eine religiöse Identitätskrise hatte. Mein Heimatland durchlebte seine eigene Krise, die sich oft in Gewalttaten Luft machte. Die Angriffe der Wahhabiten auf die Schiiten wurden so heftig und häufig, wie ich es noch nie erlebt hatte. Jede Woche brachte neue Bilder von Männern, die die blut- und dreckverschmierten Opfer von Bombenanschlägen forttrugen und deren Gesichter aussahen, als hätten die Attentäter ihnen die Seele aus dem Leib gesprengt. In der einen Woche war es eine schiitische Moschee, in der nächsten ein Innenstadthotel. Manchmal schlug ein Selbstmordattentäter in einem Demonstrationszug zu, dann wieder mitten auf dem Wochenmarkt. Und immer war der Grund der gleiche: die uralte Fehde zwischen Wahhabiten und Schiiten.

Die Orte der Anschläge wechselten mit jeder neuen Meldung; die Männer hinter all der Gewalt blieben die gleichen.

„Daran sind die Amerikaner schuld!" Ich wusste schon nicht mehr, wie oft ich diesen Spruch gehört hatte. „Als sie die Taliban aus Afghanistan vertrieben haben, sind sie einfach zu uns gekommen, und jetzt bringen sie *uns* um."

Immer wieder war es dasselbe in den Nachrichten. Eine Horrormeldung jagte die andere, der Berg der Leichen wuchs unerbittlich. Und mit jeder neuen Schlagzeile wurde das Gefühl in mir tiefer, dass ich nicht mehr in diese Welt des religiösen Hasses hineingehörte.

An einem Nachmittag Ende Dezember war ich zusammen mit Scharib unterwegs und besuchte nach längerer Zeit wieder einmal Onkel Faisals Laden, als plötzlich mein Handy klingelte. Es war Ami.

„Komm sofort nach Hause!" Kein Zögern, keine Geduld oder Einleitung. Es war ein Befehl. Sollte ich noch ein paar Minuten bleiben, um herauszufinden, was da passiert war, das meine Mutter so aufgeregt machte? Nein, besser nicht.

Ich zog Scharib am Arm, wir sprinteten zu meinem Motorrad und brausten los. Wir fuhren durch das Tor vor unserer Villa, sprangen vom Motorrad und rannten ins Haus. Dessen sämtliche Bewohner – die Diener, die Kinder, Ami und selbst Baba-jan – waren im Wohnzimmer versammelt und starrten den Fernseher an. Der zeigte die üblichen Bilder: Leichen, Blutlachen und Trümmer, Polizei und Krankenwagen, Reporter, Tränen, Wut und Schock.

„Sie haben Bhutto ermordet", sagte Baba-jan. So wütend hatte ich ihn noch nie erlebt. Er hatte Benazir Bhutto immer als eine Frau mit Prinzipien bezeichnet. Sie hatte die Taliban und die von ihren Anhängern begangenen Terrorakte nicht gebilligt. Sie war ein Symbol dafür gewesen, dass ein besseres Pakistan möglich war. Zwei Mal war sie unsere Premierministerin gewesen, und jetzt war sie nach jahrelangem Exil vor zwei Monaten zurückgekommen, um bei den Parlamentswahlen zu kandidieren.

Mit geballten Fäusten und zusammengebissenen Zähnen starrte Baba-jan auf den Bildschirm. Niemand wusste genau, wie viele Menschen außer Bhutto gestorben waren, aber sie war auf einer Wahlkampfveranstaltung aufgetreten und es sah so aus, als ob unter den Opfern auch einfache Anhänger von ihr waren sowie mehrere Sicherheitsbeamte.

„Sie wird die Belohnung eines *Shahid* bekommen", sagte

Baba-jan leise, als er genug gesehen hatte. Wie der muslimische Soldat, der in der Schlacht stirbt, war Bhutto den Tod eines Märtyrers *(Shahid)* gestorben und würde mithin sofort in den Himmel kommen. Ich murmelte irgendetwas Zustimmendes, aber die Worte schmeckten falsch in meinem Mund.

Ich ging hinauf auf das Dach, um nachzudenken. Was, wenn Tante Gulshan doch noch einmal nach Pakistan kam? Hatte sie dann das gleiche Schicksal zu erwarten? Und würde auch sie als Märtyrerin in den Himmel kommen, obwohl sie dem Islam den Rücken gekehrt hatte? Und wie war das mit Jesus? Er hatte mir versprochen, mich zu beschützen, aber konnte er jemanden wie Tante Gulshan vor einem wahhabitischen Selbstmordattentäter schützen?

Ich musste auch an die Verwandten des Wahhabiten denken, der sich da heute in die Luft gesprengt hatte. Im Haus seiner Familie würde Trauer herrschen an diesem Abend, man würde das Weinen und Klagegeschrei mehrere Straßen weit hören. Und auch diese Menschen würden behaupten, dass hier jemand den Märtyrertod gestorben war.

Mein ganzes Leben lang hatte ich den Islam geliebt. Er hatte mir beigebracht, wie man betete, für was ich mein Geld ausgeben durfte, wie ich mich kleidete und was ich essen durfte. Fast jedes Detail meines Lebens hatte er geregelt. Der Islam war meine Sonne und mein Mond, meine Luft und meine Erde gewesen. Er war mir gerade so selbstverständlich gewesen wie die Schwerkraft. Er gehörte so eng zu mir wie die Haare auf meinem Kopf. Aber jetzt war etwas anders geworden. Am Islam? Oder an mir? Ich liebte Baba-jan und wollte so gerne glauben, was er da über Bhutto und *Shadid* sagte, aber ich konnte es mir nicht zusammenreimen. Wie konnte es sein, dass beide, das Opfer und sein Mörder, im selben Himmel landeten?

144

Nicht, dass mir der Gedanke an den Himmel und die Ewigkeit Angst machte. Hatte ich nicht dieses Licht erlebt, dort in der Kirche und in meinen Träumen? Irgendwo tief drinnen in mir sprossen die ersten Triebe der Hoffnung. Irgendwie glaubte, ja wusste ich, dass das, was Jesus mir da gesagt hatte, wahr war.

Am nächsten Morgen war in der Schule die Spannung mit Händen zu greifen. Es gab nur ein Gesprächsthema: die Ermordung von Benazir Bhutto. Ich wusste: Als Schiit in einer Schule voller Sunniten einschließlich einer Handvoll Wahhabiten behielt ich meine Meinung, dass Bhutto eine gute Frau gewesen war, besser für mich. Das gelang mir auch, obwohl meine Frustration mit jedem Gespräch wuchs, das ich mitbekam und in dem es hieß, dass Bhutto eine Verräterin gewesen sei oder dass der Anschlag Allahs gerechtes Gericht über die Abtrünnigen sei. Es war typisch wahhabitische Propaganda, aber es war nutzlos, sie widerlegen zu wollen.

Ich beherrschte mich bis zum Ende dieses Schultages, aber dann war es vorbei. Nach Schulschluss saß ich noch mit ein paar Freunden auf dem Gras vor dem Haupteingang und wir unterhielten uns. Die anderen sprachen darüber, wie man richtig ein Tier opferte, um seine Sünden vergeben zu bekommen. Ich musste unwillkürlich an meine erste Vision dort in England denken – an das helle Licht und die Stimme, die zu mir gesprochen hatte. Was hatte sie noch gesagt? „Mein Sohn, du wolltest mich sehen. Hier bin ich. Gehorche mir. Ich werde dir deine Sünden vergeben und dir ewiges Leben schenken."

Wie hohl und töricht waren dagegen die Spekulationen meiner Freunde darüber, für welche Sünden welche Opfertiere am besten waren. In diesem Augenblick wusste ich es ohne jeden Zweifel: Vergebung bekam man nicht dadurch, dass man ein Tier tötete; man konnte sie sich nicht erkaufen oder verdienen. Die Vergebung war schon geschehen; man musste nur wissen, wo man sie finden konnte.

Ich sprach, ohne mir meine Worte zu überlegen. Alles, was ich spürte, als ich meinen Mund öffnete, war eine gewisse Gereiztheit und gleichzeitig eine merkwürdige innere Leichtigkeit und Unbeschwertheit.

„Ihr liegt falsch", sagte ich. „Mit Tieropfern kommt man der Sünde nicht bei. Als ich in England war, hatte ich einen Traum, der mir die Wahrheit zeigte. Wenn ihr mit der Sünde fertigwerden wollt, müsst ihr zu Jesus beten."

Schweigen. Ich spürte, wie sie mich anstarrten.

„Du lügst", sagte Yazie, einer der Ältesten von uns. „Wie kannst du sagen, dass Jesus Sünden vergeben kann? Was du da sagst, ist selber eine Sünde!"

„Ich mach keine Witze, Yazie", sagte ich. „Wenn du willst, kannst du es selber versuchen und zu Jesus beten. Probier's aus."

Er stand auf, sichtlich eingeschnappt, und ging, bald gefolgt von den anderen.

Ich versuchte, nicht mehr an den Vorfall zu denken, als ich nach Hause fuhr. Den nächsten Tag – es war wieder ein Schultag – war ich gut gelaunt. Bald, ja bald wäre das Schuljahr zu Ende … Als der Unterricht vorbei war, war ich allein in einem der Klassenzimmer und damit beschäftigt, Stühle wegzuräumen, als Yazie in der Tür erschien. Er war groß und normalerweise ein Klassenclown, doch diesmal sah er ernst aus.

„Komm mit, Nomi", sagte er.

Ich dachte nichts anderes, als dass ich mit ihm und ein paar Kumpeln mitgehen sollte, vielleicht zu Onkel Faisals Laden. Ich folgte ihm durch einen Seiteneingang der Schule nach draußen und sah zwei von seinen Cousins, die in der Nähe standen. Als sie uns sahen, kamen sie direkt auf mich zu. Vielleicht würden wir doch nicht zu Onkel Faisal gehen?

Sie fingen mit Schubsen und Ohrfeigen an. Ich verteidigte mich tapfer. Ich war zwar kleiner als sie, aber dafür schnell. Und voll von dem Frust, der sich in den eineinhalb Jahren, seit ich in England gewesen war, in mir aufgestaut hatte. Ich hatte es gründlich satt, dieses Gefühl, ein Fremder in meinem eigenen Leben zu sein, und obwohl ich nicht wusste, warum sie mich so herumstießen, begrüßte ich die Gelegenheit zurückzuschlagen, meine Fäuste zu ballen gegen all die Dinge, die ich nicht verstand.

Keiner von uns sagte ein Wort – ich nicht, Yazie nicht, der hinter mir stand und mich wiederholt von der Tür wegstieß, die zurück in die Schule führte, auch nicht seine beiden Cousins, die von Ohrfeigen zu Boxhieben übergegangen waren. Es war kein Geräusch zu hören, außer dem nächsten Klatschen von Faust gegen Haut und dem Scharren unserer Schuhe im Sand.

Ich weiß noch, wie ich dachte: *Die wollen mir bestimmt nur zeigen, wer der Boss ist in einem Land, wo die Sunniten das Sagen haben und nicht die Schiiten. Gleich haben sie genug und gehen nach Hause.*

Doch stattdessen gingen sie mit verdoppelter Kraft auf mich los, ein Kreis von Muskeln um mich herum, und zwangen mich zu Boden. Ich spürte, wie ein Stein in meinen Rücken riss. Ich biss die Zähne zusammen gegen den Schmerz. Sie pressten meine Arme und Beine in den Dreck und ich überlegte, ob ich außer Scharib noch jemanden brauchen würde für meine Revanche am nächsten Tag.

Eine Stimme, die ich nicht kannte, brach das Schweigen. *Was* sagte der da? Ich schaute hoch und sah einen Mann, der alt genug schien, um Yazies Vater oder Onkel zu sein. Er trug ein weißes *Salwar kamiz* und einen langen Vollbart und auf dem Kopf einen großen gelbgrünen Turban, der ihm bis über die Schultern ging. Ich hatte ihn noch nie gesehen, aber der Kleidung nach konnte es nur ein Wahhabit sein.

Es dauerte einen Moment, bis ich merkte, dass er Arabisch sprach. „Du hast versucht, unsere Kinder zu *Kafir* zu machen. Der Islam gibt mir das Recht, jeden Ungläubigen, der so etwas tut oder gegen unseren geliebten Propheten spricht, zu töten!"

Kafir. Ungläubiger. Ich spürte, wie die nackte Angst in mir hochstieg.

Ich versuchte, sie niederzukämpfen. So redeten die Wahhabiten eben immer; ständig behaupteten sie, dass der Koran ihnen das Recht gab, diesen Mann oder jene Frau zu töten. Aber dann sah ich, wie der Fremde in die Tasche seines Gewandes griff und ein Klappmesser hervorzog. Die Angst schlug wie eine Welle über mir zusammen.

Wieder Schweigen. Er trat näher. Die einzigen Geräusche, die ich hörte, waren das Ankämpfen meiner Arme und Beine gegen die Schraubklammerhände von Yazie und seinen Cousins und das Aufklappen des Messers.

Der Mann mit dem Turban beugte sich zu mir herunter, eine Fußlänge von meinem Gesicht. Ich sah, wie Yazie, der meine Schultern auf den Boden gepresst hielt, auf das Messer herunterschaute, dessen Klinge etwas länger als meine Hand war. „Haltet ihn fester", sagte der Mann. Ich sah, wie seine Augen meine Brust maßen und seine freie Hand auf sie zukam, um sie zu fixieren. Die Hand mit dem Messer schwebte über meinem Herzen.

Ich konnte nur eines denken in diesem Augenblick: dass ich noch nicht bereit war zu sterben. Ich musste fliehen! Ich wusste, dass das nicht ging, aber ich nahm die ganze Kraft, die ich noch hatte, zusammen und ruckte und riss mit meinen Schultern, um der herabschießenden Klinge auszuweichen. Ich spürte, wie ein weißes Feuer in meine Brust riss, heiß und grausam. Ich sah, wie der Fremde seine rechte Hand wieder zurückzog und wie das Blut vom Messer troff.

Ich wollte schreien. Es ging nicht, der Schmerz machte mich stumm und nahm mir den Atem. Ich rang nach Luft. Da kam die nächste Schmerzflamme in meiner Brust. „Und noch mal", sagte der Mann, während er ein zweites Mal zustieß. Diesmal gelang es mir, den einen Arm frei zu bekommen und schützend hochzuhalten, ein brüchiger Schild gegen die Klinge.

Ich sah nur meine Hand und ein Stückchen von dem blitzenden Stahl. Ich konnte nicht mehr kämpfen, die Kraft war weg. Plötzlich spürte ich wieder ihre Hände und die Welt kippte, die Gebäude über mir waren nicht mehr zu sehen. Sie schleiften mich über den Boden und ließen mich unter einem Strauch fallen. Dann das Geräusch von Schritten, die sich entfernten.

Ich versuchte, mich aufzusetzen. Der Schmerz war wie ein schwarzer Nebel um meine Gedanken und Glieder. Ich fiel wieder zurück. Erst jetzt sah ich, dass meine Brust blutverschmiert war. Ich schaute ein letztes Mal zu dem Strauch über mir hoch und sah den Himmel über ihm. Dann schloss ich die Augen.

Keine Zeit nachzudenken. Schlafen, einfach schlafen …

11. Mein Name auf ihrer Liste

Als ich Jesus das zweite Mal sah, war dies ganz anders als beim ersten Mal. Das erste Mal, in England, wusste ich: *Du schläfst, und wenn du gleich nicht in den Himmel kommst, wirst du wieder aufwachen und in deinem kleinen Zimmer in Tante Gulshans Haus sein.*

Jetzt, beim zweiten Mal, wusste ich nicht, ob ich tot oder lebendig war.

Es begann mit dem Licht. Wieder umgab es mich von allen Seiten, wieder schwebte ich in seiner gleißenden Tiefe. Meine Angst verflog. Es gab nur noch das Licht und mich. Keine Angst, keine Panik, nichts als ein unbeschreiblicher, tiefer, satter Friede.

Ich erkannte Jesus sofort. Es fällt mir schwer, ihn zu beschreiben, denn obwohl er äußerlich wie ein Mensch aussah, mit einem Gesicht, Haar, Händen und allem anderen, waren es nicht diese Dinge, die mir zeigten, dass er es war. So wie ich instinktiv wusste, dass das Licht gut war, so wusste ich mit jeder Faser, dass der, der hier vor mir stand, Jesus war. Ich wusste es. Einfach so.

Er sah mich an.

In diesem einen Augenblick hätten Berge sich auffalten und Ozeane trocken werden können. Ich weiß nicht, ob er tausend Jahre dauerte oder nur den Flügelschlag eines Vogels. Ich wusste nicht, an welchem Ort oder in welcher Zeit ich war. Ich wusste nur, dass er alles an und in mir sehen konnte.

Und immer noch dieses Licht. Und der Friede.

Ich hatte die Schmerzen nicht mehr gespürt. Jetzt kamen sie wieder. Aber sie waren nichts im Vergleich zu dem Licht und zu dem Wissen, dass Jesus bei mir war. Ich wusste, dass ich schwer verletzt war, aber irgendwie schien das nicht wichtig zu sein.

„Du bist verletzt worden, weil du mich verteidigt hast", sagte Jesus. „Ich lasse nicht zu, dass du stirbst."

Er streckte seine rechte Hand aus und legte sie auf die Wunde an der linken Seite meiner Brust. „Ich beschütze dich."

Ich schlug die Augen auf. Grün gestrichene Wände. Abblätternde Farbe. Abgestandene Luft, die nach Chemikalien roch. Meine Beine klebten auf etwas, das sich wie Plastik anfühlte. Mein Kopf lag zu tief. Dann Stimmen, die zu weit entfernt waren, um die Worte zu verstehen. Und der Schmerz in meiner Brust, der sich anfühlte, als ob er sich noch tiefer gegraben hatte, hinein in meine Knochen und auf der anderen Seite wieder hinaus.

Und dann Ami, die über mir stand, die Wangen tränenüberströmt, in ihren weit aufgerissenen Augen ein Blick, in dem – ja, was geschrieben stand? Angst? Schock? Freude?

Dann erschien ein zweites Gesicht. Ein männliches Gesicht, es kam mir vage bekannt vor. Ein Arzt vielleicht? Ja, ein Arzt. Er sah mir in die Augen, seine Hände betasteten mich. Er schien etwas zu suchen, aber nicht recht zu wissen, was. So hatte Jesus mich nicht angesehen. Wenn Jesus einen anschaute, sah er alles, aber dieser Mann hier schien völlig verwirrt zu sein.

Dann merkte ich, wie mein Körper schwerer wurde. Ich sank tiefer in die Kunststoffmatratze, auf der ich lag. Ich ließ mich fallen, die Erschöpfung war zu viel.

Als ich wieder aufwachte, war Ami neben mir. Sie japste, legte die Hand auf ihren Mund und beugte sich über mich, um mir einen Kuss zu geben. Diesmal war kein Schock in ihren Augen, sondern nichts als Freude.

„Nomi", sagte sie, „du lebst!"

Sie sagte es wieder und wieder, hielt meine Hand fest, weinte und lächelte wieder. Dann hörte ich eine andere Stimme, spürte eine andere Hand an meiner Seite. Ich schaute hin. Scharib. Auch er lächelte, aber das Lächeln ging nicht bis zu seinen Augen.

„Der Wachmann hat dich gefunden", sagte er, „und hierher gebracht." Er schaute kurz Ami an, dann schnell wieder mich und verstummte. War das eine Pistole in seinem Hosenbund? Schwer zu sagen.

„Der Arzt sagt, du hast viel Blut verloren", sagte Ami. „Er hat gesagt, dass das Messer dein Herz verfehlt hat, aber dafür in die Lunge gegangen ist." Ihre Tränen wurden wieder stärker, sie musste sich kurz unterbrechen. „Er hat gesagt, dass sie nichts machen konnten und dass sie nicht genügend Zeit hatten, um dich in ein Krankenhaus zu fahren, wo man dich hätte operieren können. Er sagte, dass du im Sterben lagst."

Ich musste an Jesus denken – an seine Hand auf meiner Brust und an seine Worte. Und dann wusste ich es: Er war es, der mich gerettet hatte. Er war es, der mich beschützt hatte, gerade so, wie er es mir in dem Traum versprochen hatte. Er hatte mir das Leben zurückgegeben.

Als der Arzt mich später untersuchte, sagte er mir, dass er sich nicht erklären konnte, wo all das Blut, das meinen linken Lungenflügel gefüllt hatte, hin war. Es war einfach verschwunden. Ich hätte ihm die Erklärung geben können, aber ich sagte nichts. Ich tat so, als ob ich wieder müde wäre, und bald ging der Arzt wieder.

Erst am folgenden Tag begann ich zu begreifen, was überhaupt geschehen war. Und was für mich jetzt auf dem Spiel stand. Scharib kam mich besuchen, und als wir allein waren, beugte er sich tiefer zu mir und sagte leise: „Draußen sind 'ne Menge Leute. Erst waren sie ganz aufgebracht, dass jemand es gewagt hat, Baba-jans Sohn so was anzutun. Aber dann fingen die Gerüchte an." Er brach ab. Als er weitersprach, flüsterte er fast nur noch: „Stimmt das, was Yazie behauptet? Hast du ihm gesagt, er soll zu Jesus beten?"

Meine Kehle zog sich zusammen und ein brennender Durst kratzte meine Speiseröhre hinunter bis in meinen Magen. Ich hatte keine Lust, Scharib zu antworten, aber was brachte es, wenn ich log? Ich nickte.

Scharibs Augenbrauen hoben sich. Er blies die Wangen auf und atmete lange und schwer aus. „Du musst zu den Zeitungen gehen und ihnen sagen, dass du nur 'nen Witz gemacht hast."

Ich wusste genau, warum er das sagte. Und dass ich seinen Rat unmöglich befolgen konnte. In den Stunden, die ich wach in diesem Bett gelegen hatte, war etwas in mir anders geworden. Aus jemandem, der lediglich an Jesus interessiert gewesen war, war jemand geworden, der ihm das Leben verdankte.

„Nein", sagte ich, „das kann ich nicht."

Seine Augen blitzten mich an, seine Stimme wurde rau und ärgerlich. „Dann sag wenigstens deiner Mutter, dass das ein Witz war. Die soll's dann weitersagen; vielleicht reicht das, damit die Leute sich 'ne Weile beruhigen."

„Nein." Ich lächelte. „Ist mir egal, ob die wütend sind oder nicht."

„Das ist dir egal? Nachdem ich dich gestern hier besucht hab, bin ich los, um die Täter zu stellen. Hatte 'ne Knarre dabei; ich war bereit, sie persönlich zu erschießen. Aber die Polizei hatte sie schon verhaftet."

„Sind sie im Gefängnis?" Der Gedanke machte mir Mut.

„Nein! Die Polizei hat sie nur ein, zwei Stunden festgehalten. Als sie rausfand, dass sie dich angegriffen hatten, weil du ein Abtrünniger warst, hat sie sie wieder freigelassen. Danach haben dann die Gerüchte angefangen."

Schweigen. Ich spürte, wie meine Angst zurückkam.

Es war Scharib, der das Schweigen brach. „Was du gemacht hast, wird uns allen Ärger bringen. Wenn du deine Worte nicht in aller Form zurücknimmst und dich entschuldigst und klarstellst, dass du keinen von den Burschen vor Gericht ziehen wirst, wird deine ganze Verwandtschaft Scherereien kriegen. Und keiner von uns kann dich beschützen."

Ich erinnerte mich an das, was Jesus mir gesagt hatte. Es war das Einzige, woran ich denken konnte.

Nach diesem Besuch von Scharib war ich die meiste Zeit allein. Bis auf die Besuche von Ami, die manchmal auch Misim und Zainab mitbrachte, lag ich die nächsten zehn Tage allein in meinem Bett in dem Krankenhaus – allein mit meinen Gedanken. Scharib kam nicht wieder und die beiden Male, als Baba-jan kam, blieb er am Rand des Zimmers stehen und schwieg.

Ich nahm es hin. Das Zimmer war ruhig und ich hatte viel Zeit zum Nachdenken. Scharibs Worte beschäftigten mich. Mit dem, was ich da gemacht hatte, tat ich also vielen in meiner Verwandtschaft weh. Das war mir gar nicht recht und ich hätte es gerne geändert. Aber ich wusste: Was geschehen war, war geschehen, und ich konnte es nicht ungeschehen machen.

In vieler Hinsicht waren diese Tage im Krankenhaus eine Fortsetzung meiner Meditationen auf dem Dach unserer Villa, nur dass ich jetzt nicht mehr nur *eine* Jesusvision hatte, an die ich mich erinnern konnte, sondern zwei. Ich ließ sie beide innerlich Revue passieren, spürte wieder das Licht, genoss den Klang der Stimme von Jesus und die Berührung seiner Hände.

Aber dann kam der Tag, an dem ich aus der Klinik entlassen wurde. Zu Hause wartete ein Donnerwetter auf mich.

Baba-jan holte mich ab. Während der Fahrt nach Hause – sie dauerte vielleicht zehn Minuten – sagte keiner von uns beiden ein Wort. Erst als Baba-jan den Range Rover durch das Tor unserer Villa lenkte, brach er das Schweigen: „Warum hast du mir nie was gesagt?"

Ich fragte: „Wie meinst du das?"

Er funkelte mich an, als ob er überlegte, ob er mich ohrfeigen sollte. Ja, wie meinte er das? Wusste er von meinem Traum und den Visionen? Oder meinte er meine Gebetsstunden mit Jesus oben auf dem Dach?

„Ich habe dir alles gegeben", fuhr er fort. „Warum tust du mir das an?"

Er hatte natürlich recht. Baba-jan war eine Säule in unserer Stadt – ein Mann, der reich an Geld und Einfluss war und allgemein geachtet. Und weil er mich als seinen Sohn angenommen hatte, obwohl ich nur sein Stiefsohn war, war ich sein Erbe.

Ich wusste nicht, was ich ihm auf die Schnelle antworten sollte, und als ich aus dem Auto ausgestiegen war, war er schon im Haus verschwunden. Ami kam heraus, um mich hineinzuführen.

Drinnen erwartete Baba-jan mich. Er war noch nicht fertig. „Du musst das zurücknehmen und die Sache in Ordnung bringen!" Er sprach nicht mehr, sondern brüllte. Er drehte sich zu Ami hin und machte eine genervte Geste mit der Hand. „Sag deinem Sohn, dass er nicht so dumm sein soll!" Er ging zurück nach draußen, die Haustür hinter sich zuknallend.

So wütend hatte ich Baba-jan noch nie erlebt und es machte mich nervös. Meine Mutter war auch aufgewühlt, aber sie brüllte nicht, sondern ihre Stimme war leise und sanft. „Er hat recht", sagte sie. „Die Leute reden über die Geschichte und sie sind alle böse auf dich. Sag ihnen, dass du das nicht ernst gemeint hast, dass das ein Witz war, dann kann Baba-jan den Rest erledigen."

Wie bei Scharib wusste ich auch jetzt, dass ich diesen Wunsch nicht erfüllen konnte, aber diesmal war mir klarer, warum das nicht ging. Jetzt wusste ich, dass es einen Grund dafür gab, dass Jesus mir in meinem Traum versprochen hatte, mich zu beschützen. Mein Leben war in Gefahr und Jesus wusste das nicht nur, er war auch der Einzige, der in der Lage war, mich zu schützen. Ohne ihn wäre ich jetzt tot gewesen. Er war der Eine, dem ich vertrauen konnte; ihn zu verlassen, wäre Selbstmord.

Ich sah Ami an. Wie sollte ich ihr das erklären? „Das war kein Witz, Ami. Ich war wirklich tot und jetzt bin ich wieder lebendig."

„Nomi …", begann sie.

Ich unterbrach sie. „Das ist mir ernst. Als sie mir das Messer in die Brust gestochen hatten, hab ich, bevor ich wieder zu mir gekommen bin, Jesus gesehen. Er hat mich berührt, hier …" Ich hob meinen linken Arm – der Schmerz ließ mich kurz zusammenzucken – und zeigte mit der rechten Hand auf die Stelle. „Der Arzt hatte recht und du auch. Ich war wirklich kurz vor dem Tod. Aber Jesus hat mich geheilt; er hat mir das Leben gerettet."

Ich beobachtete Amis Gesicht. Es sah verwirrt aus, dann wurde es streng. Sie starrte mich an.

Ich nahm einen neuen Anlauf. „Wenn mir ein anderer Prophet erschienen wäre, wärt ihr jetzt alle happy. Die Leute würden kommen, um mich zu besuchen, und in der Familie wäre alles Friede, Freude, Eierkuchen. Aber weil mir Jesus erschienen ist, regt ihr euch alle auf. Ich versteh das nicht. Jesus kommt doch im Koran vor, wo ist denn da das Problem?"

Ami starrte mich weiter an. Ich konnte ihre Miene nicht deuten und versuchte noch einmal, mich zu erklären. „Hör mir zu. Jesus hat mir versprochen, dass er mich beschützen wird. Er wusste, dass ich in Gefahr kommen würde. Er war der Einzige, der das, was mir da passiert ist, vorhergesehen hat, und er ist der Einzige, der mir geholfen hat. Wie kann ich ihm da nicht vertrauen?"

Ami atmete tief aus. Sie sah müde aus und ihre Worte fielen so schwer aus ihrem Mund wie Sterne, die vom Himmel stürzen. „Nomi, wenn du den Leuten das sagst, bringen sie dich um."

Die Frustration stieg in mir hoch. „Verstehst du mich immer noch nicht? Er wird mich beschützen. Er wird es nicht zulassen, dass die Leute mich umbringen; er hat mir das doch gesagt, als ich in England war. Ich hab eine Vision gehabt und danach einen Traum, und Gott und Jesus haben mir gesagt, dass alles gut werden wird!"

Sie schaute mich irritiert an. „Und was ist mit *uns?* Wird er uns auch beschützen?"

Ich antwortete nicht, denn ich wusste die Antwort nicht.

So ging das die nächsten Tage weiter. Die meisten unserer Gespräche endeten damit, dass Baba-jan die Tür hinter sich zuknallte oder Ami tief Luft holte und mir befahl, mich hinzulegen und auszuruhen. Scharib verschwand aus meinem Leben und keiner meiner Freunde meldete sich. Meine Tage schrumpften. Ich schlief und aß, besuchte die Schule und ging auf unser Dach, wo ich Jesus in kurzen, dringenden Gebeten bestürmte, mir zu helfen.

Den Schulunterricht wieder aufgenommen hatte ich eine Woche nach meiner Entlassung aus dem Krankenhaus –

gerade rechtzeitig, um das Schuljahr beenden zu können. Baba-jan hatte mir klargemacht, dass ich nicht mehr auf die katholische Schule gehen würde. Ich protestierte, aber es half nichts: Er meldete mich unter einem anderen Namen an einer islamischen Schule am anderen Ende der Stadt an. Ich fügte mich schließlich und ging dort in den Unterricht. Ami hatte mir gesagt, dass mein Fall in der Zeitung gekommen war, aber entweder gab es in dem Artikel kein Bild von mir oder meine neuen Schulkameraden hatten ihn nicht gelesen. Wie auch immer, ich war für alle der stille Neue. Es war, als ob ich unsichtbar war, was mir gerade recht war.

Ich fühlte mich nie allein, wenn ich auf meinem Motorrad zu der neuen Schule oder nach Hause fuhr oder durch überfüllte Gänge oder leere Höfe ging. Die Worte, die Jesus mir gesagt hatte, besaßen eine merkwürdige Kraft und ich erinnerte mich oft an sie. Ich trug sie bei mir wie einen Talisman oder wie eine wichtige Medizin. Ich brauchte mich bloß an sie zu erinnern und fühlte mich sofort stärker. Stärker und zuversichtlicher.

Eines Tages war ich nach der Schule unterwegs nach Hause, als ich Lust bekam, Onkel Faisals Laden zu besuchen. Ami wie Baba-jan hatten mir eingeschärft, mich dort nicht mehr blicken zu lassen, aber ich fand, dass sie es übertrieben. Dass meine neuen Schulkameraden mich in Ruhe ließen, hatte mir Auftrieb gegeben; offenbar hatte keiner den Zeitungsartikel über mich wirklich durchgelesen. Mein Fall hatte etwas Staub aufgewirbelt, sicher, aber der würde sich auch wieder legen. Ich bog nach links in eine ruhige Seitenstraße ein. Heute würde ich einen kleinen Sieg erringen in meinem Kampf um mein Leben. Wenn ich meinen Freunden zeigen konnte, dass ich nicht verrückt geworden war und dass sie nichts von mir zu befürchten hatten, würden die Missverständnisse sich vielleicht in Luft auflösen und das Leben wieder normal werden.

Während mir dieser Tagtraum noch durch den Sinn ging, kam vor mir eine Autoschlange in Sicht, an einer belebten Kreuzung ein paar Straßen von Onkel Faisals Laden entfernt. Ich bremste und hielt an. Plötzlich hörte ich, wie jemand schrie: *„Kafir!"*

Ich drehte meinen Kopf in die Richtung. Dann sah ich sie, auf der anderen Straßenseite, vor einem Café. Yazie und mehrere andere aus meiner alten Schule.

Sie fingen an, in meine Richtung zu rennen.

Plötzliche Angst. Ich zog am Gashebel. Das zornige Aufheulen meines Motors schnitt durch die übrigen Verkehrsgeräusche. Ich versuchte, mein Motorrad nach vorne zu bewegen, aber die Autos waren wie eine Mauer um mich herum. Ich drehte den Motor noch lauter auf. *Kommt, bewegt euch, macht Platz!* Keine Chance, es ging nur zentimeterweise vorwärts. Ich drehte mich wieder um. Yazie und seine Kumpel waren jetzt nur noch ein paar Autos von mir entfernt. Ich schrie die Autofahrer an, Platz zu machen. Ich sah, wie sich eine schmale Lücke öffnete, und schoss wie ein Pfeil hindurch. Da war die Kreuzung, aber es war zu spät. Sie hatten mich gepackt, ihre Hände rissen an meiner Jacke, versuchten mich von dem Motorrad herunterzuziehen. Ich nahm die Hand vom Gashebel, um sie wegzustoßen, und der Lärm meines Motors ging in dem ihrer Schreie unter.

Schon bildete sich eine kleine Menschentraube um uns. Obwohl Yazie und seine Freunde weiter ihr *Kafir!* schrien, kamen mehrere ältere Männer mir zu Hilfe und stießen sie zurück.

Nichts wie weg! Ich schoss mit aufheulendem Motor davon und fuhr nach Hause, so schnell ich konnte. Auf dem ganzen

Weg traute ich mich nicht, über meine Schulter zurückzuschauen. Als ich genügend wieder zu Atem gekommen war, um Ami die Geschichte zu erzählen (allerdings ohne ihr zu sagen, dass ich auf dem Weg nach Onkel Faisals Laden gewesen war), drückte sie mich an sich und versuchte, mich zu beruhigen. Ich spürte, wie ihr Herz in ihrer Brust hämmerte.

Baba-jan machte aus seinem Herzen keine Mördergrube. „Du bist dumm", sagte er mir an diesem Abend. „Du lebst hier nicht in einem christlichen Land. Die werden dich umbringen!"

Seine Worte rissen die Wunde der Angst in mir wieder auf, die ich so verzweifelt zuzupflastern versuchte.

Ich hätte so gerne wieder ein normales Leben geführt – mit meinen Hunden gespielt, in Onkel Faisals Laden Spiele gewonnen, Drachen fliegen gelassen und von meiner Zukunft als Autohändler geträumt, der schnelle, schöne Autos verkaufte. Ich hatte versucht, sie abzuschütteln, die Wahrheit, dass ich diese Dinge nicht mehr haben konnte – jetzt, wo ich etwas Besseres gewählt hatte.

Ich versuchte, Baba-jans Warnungen wegzuwischen, so wie ich versuchte, meine eigenen Ängste zu ignorieren, aber meine Stimme klang kraftlos, als ich antwortete: „Wen meinst du mit ‚die'? Das sind doch bloß Yazie und seine Cousins. Irgendwann lassen die mich auch wieder in Ruhe."

Baba-jan lachte tonlos. „Der Mann, der dich fast erstochen hat, war ein Wahhabit."

„Das weiß ich", sagte ich.

„Er ist nicht irgendein Wahhabit, er gehört zu den Terroristen. Und Yazies Vater auch. Erinnerst du dich noch an die Bombenanschläge? Er ist einer von *denen*."

Meine Verteidigungsmauern brachen zusammen. Mir war, als ob ein Kabel sich unerbittlich um meine Brust legte und sie zusammendrückte, bis ich laut aufschreien wollte. Die Terroristen. Ich wusste Bescheid über sie, wie jeder in meinem Land. Sie waren brutal, sie waren furchtbar, ein wahr gewordener Albtraum aus Fleisch, Blut und Stahl.

„Ich dachte, die sind eher im Norden", sagte ich leise.

„Nein, die sind auch hier unten."

Es dauerte Stunden, bis meine Brust sich wieder normal anfühlte, und selbst dann konnte ich nicht schlafen. Ich hatte Angst, dass meine Stichwunde sich wieder öffnen würde, und inspizierte wiederholt die dünnen Verbände nach frischem Blut. Aber obwohl mein Herz sich wie ein Vulkan anfühlte, blutete ich nicht. Am nächsten Morgen graute mir davor, zur Schule zu fahren. Ami protestierte nicht, als ich ihr sagte, dass ich mich nicht wohlfühlte, und ich blieb den ganzen Tag zu Hause. Ich versuchte, an Jesus zu denken, aber es wollte mir kaum gelingen. Die neuen Gedanken – furchtbare, angsteinflößende Gedanken – drängten sich in den Vordergrund, schoben alles andere beiseite. Ich hatte gesehen, in den Nachrichten und im Internet, wozu die Terroristen fähig waren. Ich hatte sie gesehen, die Bilder von Männern mit durchgeschnittener Kehle, von ausgebrannten Autowracks, von Gefangenen, die auf ihre Hinrichtung warteten.

Am Abend ging ich in Misims Zimmer. Vielleicht könnte ich einschlafen, wenn ich seinem tiefen Atmen lauschte. Ich lag still da, hörte den gedämpften Lärm der Autos, die hin und wieder vorbeifuhren, und die Geräusche der Ziegen und Kühe auf der Wiese hinter dem Haus.

Ich war gerade dabei einzuschlafen, als ich es hörte.

„Kafir!"

Es war eine einzelne Stimme, aber laut. Also nicht weit entfernt. Mein Herz begann zu hämmern. Der Rest des Hauses war still und ich schaute durch die offene Tür nach draußen in den Flur. Dort war alles dunkel, was bedeutete, dass Ami und Baba-jan ins Bett gegangen waren. Ich ging leise zum Fenster. Hatte ich mir das vielleicht gerade nur eingebildet? Aber noch bevor ich das Fenster erreichte, kam es wieder: *„Kafir!"*

Plötzlich stand Baba-jan neben mir, nur halb angezogen, aber hellwach. „Geh weg vom Fenster", sagte er. Er schloss die Tür hinter mir.

Ich setzte mich neben Misims Bett. Mehr Schreie, jetzt aus vielen Kehlen. Sie kamen immer näher. Jetzt hämmerte es an das Eisentor vor unserer Villa. Schreie, Flüche, hämmernde Fäuste.

Ich konnte sie jetzt deutlich hören. Es klang wie mindestens zehn Personen, wenn nicht noch mehr. „Schickt ihn raus oder wir zünden das Haus an!" Irgendwo im Haus schrie eine der Dienerinnen. Dann öffnete sich die Tür von Misims Zimmer wieder und Zainab und Ami kamen herein. Hinter ihnen kam Baba-jan, der die Tür hinter ihnen verschloss. Jemand hatte das Licht im Zimmer angeknipst.

Misim war noch schlaftrunken. „Was ist los?", fragte er.

Ami hielt ihn fest und wiegte ihn in ihren Armen.

Dann ein neues Geräusch. Schüsse.

Misim fing an zu weinen und Zainab vergrub sich in der Decke, die Ami um ihre Schultern gelegt hatte.

Ich dachte erst, dass die Schützen auf unser Haus zielten, hörte aber kein Klirren zerspringender Fensterscheiben. Schossen sie in die Luft? Was auch immer sie machten, es war nichts Gutes. *Jesus,* betete ich leise. Jesus, was? Ich wusste nicht, wie ich fortfahren sollte.

Baba-jan kam wieder ins Zimmer, diesmal mit den Dienern. Sie sahen verschreckt aus. „Komm!", sagte er zu mir. Er streckte die Hand aus. Sein Blick ließ keine Widerrede zu. Er zog mich am Arm aus dem Zimmer und schloss wieder die Tür hinter sich.

„Was ist los?", fragte ich.

Er antwortete nicht, sondern marschierte los, die Treppe hinunter. Meine Angst schaltete einen Gang höher, als ob jemand den Gashebel meines Motorrads durchgedrückt hätte. „Nein!", rief ich unwillkürlich. Wollte der mich dem Mob da draußen vorwerfen? „Wo bringst du mich hin?"

Er zog mich an beiden Armen die Treppe hinter sich hinunter. Ich hatte keine Wahl, ich musste mitlaufen. Als wir unten waren, presste ich meine Füße auf die kühlen Bodenfliesen und versuchte, ihn zu stoppen. Er drehte sich kurz um und sah mich an. „Ich bring dich hinten raus."

Wir gingen durch die Hintertür nach draußen. Jetzt hörte ich die Schreie noch deutlicher. „Schickt ihn raus", brüllten sie nach wie vor. „Raus mit ihm oder wir zünden das Haus an!" Ich folgte Baba-jan über den Hinterhof zu dem kleinen hinteren Tor und dem Parkplatz von Amis Auto. Hier hatte ich vor wenigen Jahren Baba-jans Munition vergraben und einen Moment dachte ich, er habe mich hierher gebracht, um sie wieder auszugraben, damit wir uns verteidigen konnten. Aber stattdessen öffnete er die Tür von Amis Honda. „Steig ein."

Er fuhr leise los und ließ die Scheinwerfer ausgeschaltet, bis wir über die Wiese waren und auf die Straße einbogen, die von unserem Haus wegführte. Ich versuchte, mich umzudrehen, um zu sehen, ob jemand uns folgte. Es waren keine anderen Autos zu sehen.

Baba-jan fixierte die Straße, als ob sie voller Minen wäre, und kaum eine Sekunde verging, ohne dass er prüfend in den Rückspiegel schaute. Nach ein paar Minuten schien er sich etwas zu entspannen.

„Wo fahren wir hin?", fragte ich.

„Das weiß ich noch nicht. Vielleicht bringe ich dich in ein Hotel."

Wir fuhren weiter. Wir schwiegen wieder. Ich schaute die ganze Zeit nach vorne, sah bekannte Straßen vorbeiziehen und fragte mich, ob das nächste Scheinwerferpaar, an dem wir vorbeikamen, abrupt wenden und anfangen würde, uns zu folgen.

Plötzlich bog Baba-jan mit quietschenden Reifen auf die Ausfallstraße aus Lahore ein. Ich sah ihn fragend an. Er sagte: „Hotel geht nicht, dort kriegen sie dich. Ich fahr dich statt-dessen zu einem Freund von mir."

„Wo ist das?"

Er sagte, in Multan, einer Stadt zwei Autostunden entfernt. Erst fand ich es gut, aus Lahore wegzukommen, aber dann, als die Minuten und die Kilometer mehr wurden, fragte ich mich, wer dieser „Freund" war. Was für ein Mann war er? Wie lange würde ich bei ihm bleiben? Ich war sechzehn Jahre alt, aber ich fühlte mich, als ob es sechs wären.

Ich wusste, dass ich Baba-jan nicht noch mehr fragen konn-te, und so versuchte ich, mich mit meinen Erinnerungen an meinen Englandaufenthalt abzulenken. Irgendwann muss ich wohl eingeschlafen sein, denn ich wachte davon auf, dass Ba-ba-jan mein Bein schüttelte. „Wir sind da. Komm."

Es war vier Uhr morgens und noch dunkel, aber es gab mehrere Straßenlaternen. In deren Schein sah ich, dass wir vor einem niedrigen Haus standen, in einer von Bäumen ge-säumten Straße. Es sah schön, aber fremd aus. Hier war ich im Leben noch nicht gewesen. Baba-jan klopfte an die Tür. Sie öffnete sich sofort, und in ihr erschien ein Mann, der mir ebenfalls vollkommen fremd war. Er hielt die Tür offen und bedeutete uns einzutreten.

„Was sind das für Sachen, Manzoor? Ich hab mir Sorgen gemacht nach deinem Anruf."

„Es ist nichts weiter Schlimmes, Hassan", sagte Baba-jan, der plötzlich entspannter und besser gelaunt aussah, als ich ihn seit Wochen erlebt hatte. „Ali" – er zeigte auf mich – „hat halt Probleme mit ein paar Wahhabiten bekommen. Wäre gut, wenn er für ein paar Wochen bei dir bleiben könnte, bis ich eine andere Lösung für ihn gefunden habe."

„Okay", sagte der Mann. „Kein Problem."

Und damit war das Gespräch auch schon beendet. Baba-jan stand wieder auf, um zu gehen. Er schaute mich an. „Ich muss jetzt zurückfahren und nach den anderen schauen."

Ich nickte. „Wiedersehn", sagte ich. Was sollte ich sonst sagen?

Jetzt wusste ich es endgültig: Es gab kein Zurück mehr.

12. Blutspur

„So kommt das Ende der Welt ... kein großer Knall, nur ein Wimmern." Jahre später las ich diese Worte in einem Gedicht von T. S. Eliot, aber hätte ich sie schon während meiner Wochen bei Hassan gelesen, ich hätte mich auf den Boden gelegt und geweint. Hilflos sah ich zu, wie mein Lebenshaus Steinchen um Steinchen wegbröckelte.

Jeden Morgen verließ Hassan das Haus, um zur Arbeit zu gehen (er war Koch in einem Hotelrestaurant), und erst spätabends kam er wieder. Er hatte keine Verwandten im Haus und auch, soweit ich sehen konnte, keine in der Nähe. Er hatte keine Diener und bekam keinen Besuch. Den größten Teil des Tages verbrachte ich mutterseelenallein, und anstatt mich sicher zu fühlen, weil mich in diesem Versteck niemand finden würde, fühlte ich mich immer hoffnungsloser.

Allein mit mir selbst und meinen Ängsten, suchte ich Trost und Abwechslung am Bildschirm. Ganz der Junggeselle, besaß Hassan eine beeindruckende Videospielesammlung. Aber dass ich in den Spielen immer mehr Punkte einheimste, half mir nur vorübergehend. Die meiste Zeit musste ich an zu Hause denken. Immer wieder versuchte ich, meine Familie anzurufen, aber niemand nahm ab. Ich machte mir deswegen Sorgen, ja bekam Angst, bis Hassan mir eines Tages verriet, dass er mit Baba-jan gesprochen hatte und dass dieser und der Rest der Familie unsere große Villa verlassen hatte, um einen längeren Besuch bei Verwandten von Baba-jan auf dem Land zu machen.

„Das war bestimmt nicht leicht für deine Verwandten, so plötzlich wegzumüssen", sagte Hassan. Ich wusste, er wollte, dass ich ihm mehr erzählte, aber ich erinnerte mich daran, was Baba-jan mir auf der Fahrt hierher gesagt hatte, und so antwortete ich: „Das war halt wegen dieser Wahhabiten. Nichts wirklich Ernstes."

Ich musste wohl glauben, dass Ami und meine Lieben in Sicherheit waren, aber dass ich nicht mit ihnen reden konnte, war ein komisches Gefühl, so ähnlich, als ob ich einen Stein verschluckt hätte. Dieses Gefühl vergessen konnte ich nur, wenn ich meine Videospiele spielte, aber nach einer Weile wirkten selbst sie nicht mehr richtig.

Manchmal, wenn ich mich besonders langweilte oder ich mich besonders mutig fühlte, verließ ich das Haus, um spazieren zu gehen. Zunächst begnügte ich mich mit den von Bäumen gesäumten Straßen um Hassans Haus, aber nach drei Wochen traute ich mich das erste Mal, mit dem Bus in die Stadtmitte zu fahren.

Multan war eine große Stadt, fast so groß wie Lahore und voll von quirlendem Leben. Ich verbrachte so viel Zeit damit, einfach herumzustehen und Geschäftsleute und Touristen, Bettler und Schulkinder anzustarren, dass ich mir bald unsichtbar vorkam. Das Gleiche hatte ich in England gemacht, und manchmal fühlte ich mich in Multan genauso wie ein Mensch von einem anderen Stern wie damals in den Straßen von Oxford.

Ich mochte dieses Gefühl, unsichtbar zu sein, weil ich das, was in der letzten Zeit passiert war, hinter mir lassen wollte. Seit der Nacht, wo der Mob zu unserem Haus gekommen war und nach mir, dem Ungläubigen und Verräter, geschrien hatte, hatte ich gehofft, dass die Lage sich wieder beruhigen würde. Ich wollte endlich wieder ein normales Leben führen können und war noch nicht bereit, die Hoffnung darauf aufzugeben.

Aber was mir da in England passiert war sowie zu Hause nach der Messerattacke, ging mir einfach nicht aus dem Sinn. Mein Traum und meine Visionen, sie waren echt gewesen. Und ich konnte jetzt noch die Gänsehaut spüren, die ich bekommen hatte, als ich Jesus sah.

Das Problem war: Jedes Mal, wenn ich an meine Begegnung mit Jesus zurückdachte, spürte ich, wie die Kluft zwischen mir und meinen Verwandten tiefer wurde. Und so waren meine Gebete kurz. Jedes Mal, wenn ich Gott um Hilfe bat, bat ich ihn darum, alles wieder so zu machen, wie es früher gewesen war. Ich wusste, dass dies ein törichtes Gebet war, aber ich sprach es dennoch.

Dort in Multan fragte ich mich manchmal, warum ich zu Yazie und den anderen so geredet hatte. War ich denn überhaupt ein Christ? Ich hatte immer noch keine Bibel, war in Pakistan noch nie in einem christlichen Gottesdienst gewesen und kannte praktisch keine anderen Christen. Warum hatte ich da meinen Kopf hingehalten, um Jesus zu verteidigen? War er das wirklich wert?

Aber andererseits: Jedes Mal, wenn ich mich an die Szene zurückerinnerte, wie ich dort mit meinen Freunden vor der Schule auf dem Gras gesessen und ihnen plötzlich von Jesus erzählt hatte, erinnerte ich mich auch daran, wie ich mich dabei plötzlich innerlich so leicht und unbeschwert gefühlt hatte. So ähnlich war es gewesen, als Tante Gulshan für mich und mein Bein gebetet hatte. Und als ich Jesus sah und den Traum von ihm hatte.

Das Allerkomischste war, dass die bloße Erinnerung an diese Szenen mir das Gefühl gab, stärker zu sein, weniger Angst zu haben, ja fast schon ein Stückchen Macht zu haben. Und wenn ich dieses Gefühl hatte, wollte ich das, was mir da passiert war, nicht mehr vergessen oder am liebsten ungeschehen machen. Immer wieder ließ ich es Revue passieren und immer wieder erinnerte ich mich daran, wie Jesus das, was er mir versprochen hatte, voll gehalten hatte: Jawohl, er hatte mich beschützt! Dass ich meinen Freunden plötzlich von ihm erzählt hatte – war das am Ende *sein* Werk gewesen?

Baba-jan hatte mir nicht gesagt, wie lange ich bei Hassan wohnen würde, aber nach vier Wochen kannte ich die Stadt allmählich so gut, dass ich mich in ihr zurechtfand, ohne jemanden nach dem Weg fragen zu müssen. Eines Spätnachmittags war ich wieder einmal unterwegs. Ich ging gerade an einer großen Moschee vorbei. Sie lag auf dem Weg zu dem schönen Café, das vielleicht noch 800 Meter entfernt war und das ich vor ein paar Tagen entdeckt hatte. Ich schob mich durch die Menge der Passanten und dachte an den Granatapfelsaft, den ich mir gleich bestellen würde, als ich auf der gekiesten Straße hinter mir das Knirschen von Reifen hörte. Ich drehte mich um. Es war ein großer weißer SUV mit getönten Fenstern, durch die man nicht nach innen sehen konnte.

Ich überquerte vorsichtig die belebte Hauptstraße. Das Motorengeräusch des SUV blieb in meinen Ohren. Folgte der mir?

Mein Gehirn schaltete auf Alarm. Sollte ich losrennen? Nein, besser nicht. Was für Chancen hatte ich, einem Auto davonzulaufen? Besser weitergehen zu dem Café und dort etwas warten. Vielleicht könnte ich Hassan anrufen und bitten, mich abzuholen. Und ich befahl meinen Beinen, nicht weich zu werden, und ging weiter.

Die Straße war belebt und der Bürgersteig ebenfalls, aber ich hörte gut das Aufbrummen des Motors und das Quietschen der Bremse, als das weiße Ding ein paar Schritte vor mir direkt neben dem Bürgersteig anhielt. Bevor ich reagieren konnte, sprangen drei Männer heraus und packten meine Arme. Sie waren alle größer als ich und mindestens zehn Jahre älter. Sie trugen dunkle *Salwar kamiz,* alle drei hatten Bärte und der eine trug einen schwarzen Turban. Kein Zweifel: Wahhabiten.

„Dschaldi, dschaldi!", sagten sie auf Punjabi („Schnell!"). Ich schrie um Hilfe, aber diesmal eilten keine besorgten Passanten herbei. Die vielen Menschen, die noch vor zwei Sekunden die Straße entlanggegangen waren, schienen auf einmal nicht mehr da zu sein. Sie waren Gespenster geworden, die keinen Finger rühren konnten oder wollten, um meine Entführer zu stoppen.

Meine Entführer schoben mich auf die Rückbank, wo ich zwischen zweien von ihnen eingequetscht sitzen musste. Der

Mann mit dem Turban setzte sich auf den Beifahrersitz, ein vierter Mann ans Steuer. Ich kannte keinen der vier. Der Wagen stank so nach Rauch, dass ich würgen musste, und die Kidnapper neben mir waren so korpulent, dass sie mir die Luft abdrückten. Der Mann mit dem Turban war schlanker und etwas jünger, aber er schien der Boss zu sein. Als er sich kurz zu mir umdrehte, spürte ich die gleiche lähmende Angst wie damals beim Anblick des Klappmessers.

Kaum war ich drinnen, schoss der Wagen los. Der Fahrer fuhr wie der Teufel, dass wir in den Kurven hin und her geworfen wurden. Von draußen kam das Geräusch kreischender Bremsen und protestierender Hupen.

„Wo bringen wir ihn hin?", fragte der mit dem Turban. Die Frage entfachte eine hitzige Diskussion unter allen vieren. Die meisten wollten mich zurück nach Lahore bringen, während der Fahrer meinen Fall in Multan erledigen wollte.

Mir war schlecht von der Geschwindigkeit und dem Rauch und der Angst. Plötzlich sah ich, wie an einer Kreuzung ein Lkw aus einer Seitenstraße kam, ohne die Vorfahrt zu beachten. Der Fahrer des SUV stieg auf die Bremsen und wir schlitterten auf den Laster zu. Zentimeter vor ihm kamen wir zum Stehen. Der Fahrer des Lkw öffnete heftig die Tür und begann, unseren Fahrer anzuschreien. Dann sprang er heraus und kam mit erhobener Faust auf uns zu. Seine Wut ließ in meinen Kidnappern eine Sicherung durchbrennen und alle außer dem Fahrer sprangen hinaus, um den Lkw-Fahrer brüllend zur Rede zu stellen. Plötzlich waren rechts und links von mir leere Sitze und offene Türen. Ich überlegte nicht lange, sondern sprang aus dem Wagen und begann zu rennen.

Ich wusste, dass ich schneller wäre als die beiden Dicken, die neben mir gesessen hatten; bei dem Mann mit dem Turban war ich mir nicht so sicher. Ich sprintete die Straße zurück, in Richtung auf die Moschee; wo der Bürgersteig zu voll war, wich ich auf die Fahrbahn aus. Ich hörte, wie hinter mir die Türen des SUV zuknallten und der Motor aufheulte. Ich bog abrupt auf eine noch belebtere Straße ein. Da – ein Bus an einer Haltestelle, in den gerade eine Traube von Menschen einstieg. Ich sprang in den Bus, bezahlte meinen Fahrschein und flehte den Fahrer innerlich an, sofort loszufahren und nie mehr anzuhalten.

Ich fand einen leeren Platz am Gang. Allmählich wurde mein Atem wieder normal und mein Herzschlag beruhigte sich. Die Messerwunde war jetzt fast verheilt, aber sie war noch druckempfindlich. Ich wusste, dass das Unsinn war, aber wenn ich außer Atem kam und mein Herz schneller schlug, bekam ich oft Angst, dass die Narbe wieder aufgehen würde.

Als der Bus die Endstation erreichte und die letzten Fahrgäste ausstiegen, stieg auch ich aus. Ich stand vor einem Bahnhof, dessen Namen ich nicht kannte. Ich musste zurück zu Hassans Haus, aber die zwei Rupien in meiner Tasche würden nicht reichen für die Fahrt. Ich sprach einen Bahnbediensteten an und bat ihn um Hilfe.

„Ich bin Einkaufen gewesen und hab mein Geld verloren. Ich muss zurück nach Hause. Könnten Sie mir bitte ein Taxi rufen?"

„Warum machst du das nicht selber?"

„Es hält keines an."

„Wo kommst du her? Dein Akzent ist komisch."

Der Mann nervte mich, aber ich hatte keine Wahl. „Ich bin aus Lahore und auf Besuch bei einem Freund von meinem Vater. Ich hab den falschen Bus erwischt und bin hier gelandet. Können Sie mir bitte helfen?"

Der Beamte dachte nach, sein Gesicht verriet nichts. Schließlich lenkte er ein und bat mich, ihm zu einem Taxistand zu folgen. Er trat zu dem ersten Wagen in der Schlange, legte seine Hand auf meine Schulter und sagte zu dem Fahrer: „Dies ist mein Neffe. Können Sie ihn eben mitnehmen? Er bezahlt Sie, wenn er aussteigt."

Der Taxifahrer bedeutete mir achselzuckend einzusteigen.

„Danke", sagte ich zu dem Bahnbeamten.

„Pass gut auf dich auf", sagte er, „dass dir nichts passiert." Er unterbrach sich kurz. „Und mach keine Drogengeschichten."

Als wir vor Hassans Haus anhielten, sah ich sofort, dass die Haustür kaputt war. Drinnen erwartete mich ein Schlachtfeld. Der Kühlschrank lag auf dem Boden, der Fernseher ebenso. Die Spielkonsolen sahen aus, als ob jemand sie gegen die Wand geschleudert hatte. Ich stand stumm da und betrachtete die Szene. Dann kam Hassan durch die Hintertür herein, in der Hand einen Besen und einen verschlissenen Plastiksack. Als er mich sah, verfinsterte sich seine Miene.

„Du und dein Vater, ihr habt mich belogen! Ihr habt gesagt, dass das bei euch nur 'ne Kleinigkeit war, und jetzt schau dir das an! Das soll 'ne Kleinigkeit sein? Die haben mich angerufen, als sie hier waren, und haben mir 24 Stunden gegeben, um dich auszuliefern oder rauszuschmeißen. Wenn ich dich hier lass, sind wir beide tot. Kapierst du das?"

Ich nickte. „Aber erst muss ich das Taxi bezahlen", murmelte ich.

Hassan breitete seine Hände aus. „Okay, okay."

Drei Stunden später fuhr Baba-jan vor dem Café vor, das Hassan ihm als Treffpunkt genannt hatte. „Ich würde ja gerne helfen, aber das ist zu viel", sagte Hassan, als er sich beim Abschiednehmen durch das offene Fenster des Autos beugte. „Ich hab meinen Beruf hier und kann Ali nicht vor denen beschützen."

„Ich verstehe", sagte Baba-jan. „Danke."

Ich winkte Hassan zum Abschied zu und murmelte ein Dankeschön.

Die Fahrt heraus aus Multan war mühsam. Der Verkehr war zäh und ich konnte meine Ungeduld kaum verbergen. Ich wollte möglichst schnell in Sicherheit sein, aber Baba-jan war entschlossen, vorsichtig zu fahren. „Beruhige dich", sagte er, als ich auf dem Beifahrersitz herumzappelte und alle paar Sekunden nach hinten schaute, ob jemand uns folgte. Ich musste an mich halten, ihn nicht anzuschreien. Ich versuchte, mich abzulenken, indem ich mir die Leute in den Autos um uns herum ansah, aber jedes Mal, wenn ich ein weißes Auto sah, machte ich mich erschrocken so klein wie möglich. Ich wusste natürlich, dass es nicht das Auto meiner Entführer war, aber meine Nerven lagen blank.

Endlich lag die Stadt hinter uns und wir fuhren auf einer breiten, schnellen Straße. „Wo fahren wir hin?", fragte ich Baba-jan.

„Gujranwala."

Gujranwala. Ich war schon lange nicht mehr dort gewesen, aber dort wohnte eine Tante. Ich erinnerte mich gerne an die Sommer, die sie mich verwöhnt hatte, bevor Ami und Baba-jan geheiratet hatten. Tante Nazia war immer nett zu mir gewesen und ich hoffte, dass Baba-jan mich zu ihr brachte. Aber ich fragte ihn wohl besser nicht; ich konnte nicht noch mehr Enttäuschungen gebrauchen.

Die Fahrt war lang; wir fuhren die ganze Nacht hindurch. Baba-jan war nicht nach Reden zumute und ich versuchte, so oft es ging, zu schlafen. Als der Morgen kam und wir zum Tanken und Frühstücken anhielten, stellte er sie endlich, die Frage: „Was ist passiert?"

Ich hatte ihm schon von den Männern in dem SUV erzählt, als er sich mit Hassan und mir in dem Café traf, und erzählte ihm noch einmal alles haarklein. Er wollte genau wissen, wie das Auto ausgesehen hatte. Und die Männer.

„Und du bist sicher, dass du sie noch nie gesehen hattest?"

„Ja, ganz sicher. Ihren Akzent hab ich auch nicht erkannt."

Baba-jan sah nachdenklich aus, als ob er versuchte, ein Rätsel zu lösen. Hatte er vielleicht eine Idee? Einen Augenblick witterte ich Morgenluft: Vielleicht sah er eine Möglichkeit, mich wieder zurück nach Hause zu holen? Aber seine nächsten Worte holten mich zurück auf den Teppich der Realität.

„Weißt du, die werden nicht aufgeben." Ich wusste, wen er meinte, aber sah ihn trotzdem fragend an. „Sie werden erst zufrieden sein, wenn du tot bist. Es geht nicht mehr nur um Yazies Familie oder Leute aus unserem Viertel. Was du da gemacht hast, scheint sich herumgesprochen zu haben. Sie werden noch mehr Leute mobilisieren, um dich zu jagen. Wir können nur eines machen: dich verstecken und hoffen, dass sie dich nicht finden, bevor wir dich in das nächste Versteck bringen."

Wir fuhren bald wieder weiter. Ich fühlte mich, als ob ich meinen Magen am Straßenrand zurückgelassen hatte und nie wieder etwas würde essen können. Dass diese Terroristen hinter mir her waren, war zu viel. Ich hatte einmal eine Fernsehdokumentation gesehen, die zeigte, wie sie einen Bus mit schiitischen Pilgern stoppten, die Pilger zwangen, sich am Straßenrand hinzuknien, und sie dann einen nach dem anderen erschossen. Ich sah die Bilder der leblosen Gesichter, auf denen das Blut und der Staub der Straße sich mischten, noch vor mir. Und ich war ja auch ein Schiit, und falls das noch nicht reichte, war ich jetzt auch ein Ungläubiger, ein *Kafir*, jemand, der den Islam verraten hatte. Noch mehr Gründe, mich umzubringen, konnte ich den Wahhabiten nicht liefern. Wie lange würde ich noch leben?

„Und wie geht's Ami und den anderen zu Hause?", fragte ich. „Warum geht keiner von euch ans Telefon?"

„Wir mussten unser Haus verlassen."

„Und werdet ihr wieder zurückkommen?"

„Inshallah."

Inshallah. „Wenn Gott will." Wollte Gott, dass meine Familie wieder nach Hause konnte? Würde er sie beschützen, auch wenn sie ihrem Sohn nicht erlaubten, über *seinen* Sohn, Jesus, zu reden? Und was für einen Gott meinte Baba-jan da? War der Gott des Islam derselbe Gott wie der der Bibel? Fragen über Fragen, die mich nur müde machten. Es waren zu viele und ich sah keine Antworten.

Als wir die Außenbezirke von Gujranwala erreichten, stand die Sonne schon so hoch, dass die Luft warm und klebrig war. Baba-jan fuhr durch die belebten Straßen zu einem kleinen Haus in der Nähe eines Bahnhofs. „Erinnerst du dich noch an Tante Nazia?", fragte er.

„Ja", sagte ich. *Gott sei Dank ...*

Tante Nazia war gerade so, wie ich sie in Erinnerung hatte. Große Edelsteinaugen und ein Lächeln, das mich meine nach der langen Nachtfahrt zerschlagenen Knochen vergessen ließ. Sie hatte die Grazie einer Tänzerin, ihre Glieder bewegten sich geschmeidig, als sie ein Kleinkind auf die Arme nahm und uns willkommen hieß. Sie bot uns Tee und zwei gemütliche Stühle an und ich spürte, wie mein Körper sich immer mehr entspannte. Tante Nazia war die jüngste von Amis Cousinen und nicht viel mehr als zehn Jahre älter als ich. Sie hatte Zwillinge – einen kleinen Jungen und ein Mädchen –, die sich scheu hinter ihr versteckten. Die Art, wie sie ihnen mit sanfter Stimme zuredete, doch nach vorne zu kommen und die Besucher zu begrüßen, erinnerte mich an Ami und Misim, als er klein gewesen war.

Ich nahm an, dass Baba-jan sie schon aufgeklärt hatte, warum er mich gebracht hatte. Sie stellte keine Fragen, sondern bot uns mehr Tee an, fragte, wie die Fahrt gewesen war und wie es unseren Lieben zu Hause ging, und schlug den Zwillingen vor, uns ihre Lieblingsspielzeuge zu zeigen.

Bald danach kam Nazias Mann und begrüßte uns. Saaed war nicht viel größer als ich und hatte dasselbe Lächeln wie Nazia. Ich fühlte mich auf der Stelle zu Hause bei ihnen, und als ein paar Stunden später Baba-jan ging, bat ich ihn, Ami auszurichten, dass es mir bei Tante Nazia und Onkel Saaed gut gefiel. Ich hatte natürlich Angst vor den Terroristen, die hinter mir her waren, und es gefiel mir nicht, dass Baba-jan mir nicht sagen wollte, wie lange ich hier bleiben würde, aber ich wollte nicht, dass Ami sich Sorgen machte.

Saaed besaß mehrere kleine Läden und jeden Tag besuchte er einen anderen. Die Läden mit Videospielen mochte ich am liebsten; in einem gab es sogar, ganz hinten, eine Playstation mit Tekken. Saaed ließ mich spielen, während er die Kassen leerte, sich mit den Angestellten unterhielt und dafür sorgte, dass alles funktionierte.

Zu Hause bei Tante Nazia spielte ich mit den Zwillingen, Iqbal und Umar. Ich erklärte Umar, wie man einen Kricketball fing, und half Iqbal bei ihren ersten Leseversuchen. In diesen Stunden merkte ich so richtig, wie ich Misim vermisste, aber andererseits war es schön, wieder in einer richtigen Familie zu sein.

Auf unseren Fahrten zu Saaeds Läden unterhielten wir uns oft. Saaed fragte mich nicht weiter danach aus, warum ich von zu Hause weggegangen war; die Gespräche drehten sich meistens um meine Zukunft. Ich sagte ihm, dass ich selber einmal ein Geschäft führen wollte – vielleicht als Bauunternehmer.

„Keine schlechte Idee", sagte Saeed, „aber dafür müsstest du natürlich erst mal die Schule abschließen."

„Ja, ich weiß." Ich war in meinem Abschlussjahr in der Oberschule gewesen, als die Messerattacke kam, und während ich bei Hassan wohnte, war ich in keine Schule gegangen. Wenn Gujranwala für die nächsten Monate mein Zuhause war, musste ich zusehen, dass ich meine Schulausbildung abschloss. Ich sagte Saeed: „Aber am liebsten wäre mir, wenn ich direkt bei dir lernen kann, als dein Assistent. Dann kannst du mir zeigen, wie man eine Firma führt."

Saaed lächelte und fand das eine gute Idee. „Aber nicht so gut wie ein richtiger Schulabschluss. Such dir eine Schule, dann kannst du mir immer noch abends und am Wochenende helfen. Du bist mir herzlich willkommen."

Ich folgte seinem Rat und fand eine Schule. Sie lag in der Nähe von einem seiner Läden, sodass ich nachmittags, wenn der Unterricht vorbei war, gleich weiter dorthin gehen und Saaed zu den letzten Terminen des Tages begleiten konnte. Die Schule gefiel mir, auch wenn ich natürlich der Stille in der Klasse war. Nach einem Monat bei Hassan und einem weiteren Monat in Gujranwala war es ein schönes Gefühl, wieder einen normalen Alltag zu haben; so musste ich auch nicht so viel daran denken, wovor ich auf der Flucht war. Mein größter Wunsch war, wieder ein normaler Sechzehnjähriger zu sein.

Doch dann platzte die nächste Bombe.

Ich war drei Wochen in meiner neuen Schule gewesen, als Saaed und ich am Abend nach Hause fuhren. Wir waren in den üblichen Läden gewesen und unterwegs im Auto hatten wir uns über alles Mögliche unterhalten: Aktien, den Umgang mit unehrlichen Angestellten und warum die Motorräder von Honda die besten der Welt waren. Wir parkten in der Auffahrt zu Saaeds Haus und gingen zur Haustür. Ich weiß nicht, ob Saaed sah, dass die Haustür einen Spalt offen stand, aber ich sah es. Eine eiserne Hand der Angst, die ich nur zu gut kannte, legte sich um meine Brust. Ich blieb stehen und schaute zu, wie Saaed ins Haus ging.

Sein Schrei war so laut, dass man es noch auf der Straße hörte. Meine Erstarrung löste sich und ich rannte durch die Haustür. Überall lagen Glasscherben; weitere Splitter steckten in den Türrahmen. Saaeds Schreie hörten nicht auf. Ich folgte ihnen nach oben, in eines der Schlafzimmer.

Saaed kniete auf dem Boden, umgeben von zertrümmerten Möbeln und verstreuten Kleidern, in seinem Schoß Nazias Kopf. Sie war bei Bewusstsein, aber nur knapp, und lag komisch auf der Seite. Auf ihrem Gesicht und an ihrer Taille war Blut.

Iqbal und Umar waren auch da; sie klammerten sich an ihren weinenden Vater. Sie weinten auch, aber es war ein anderes Weinen. Während Saaed voller Zorn war, zitterten die Kinder vor Angst. Und ich? Stand daneben und wusste nicht, was ich machen sollte. Es war, als ob ich gerade erst in meinem Körper angekommen war, und alles in dieser Welt war fremd und machte mir Angst.

Saaed hob Nazia hoch und trug sie vorsichtig die Treppe hinab und in sein Auto. Er wies mich an, die Kinder zu bringen, und ich setzte mich mit ihnen auf die Rückbank. Vor mir, auf dem so weit wie möglich zurückgeklappten Beifahrersitz, lag Nazia; ich traute mich nicht, hinzusehen.

Ich musste denken: *Eigentlich müsstest du da liegen.* Die Täter waren natürlich hinter mir her gewesen.

Im Krankenhaus angekommen, kümmerte ich mich, so gut es ging, um die Kinder, aber sie wollten bei ihrem Vater bleiben. Und so wartete ich draußen. Und betete. Ich flehte Jesus an, Nazia zu bewahren und zu heilen, so wie er mich geheilt hatte. Ganz allein saß ich draußen vor dem Eingang, mein Körper schaukelte hin und her. Ich versprach Gott alles Mögliche und bestürmte ihn, meine Tante zu retten. Ich betete und betete, bis mir die Worte ausgingen.

Es war schon dunkel, als Saaed zu mir kam. Sein Gesicht war das eines alten Mannes, an seinem Hemd war Blut. Er stand vor mir und ich wusste nicht, ob ich auch aufstehen oder sitzen bleiben sollte. Als er endlich sprach, war seine Stimme unnatürlich ruhig, als ob er mit aller Gewalt versuchte, sich zu beherrschen.

„Sie hat gesagt, dass die Männer hinter dir her waren. Sie hat ihnen nicht gesagt, wo du warst, und dann haben sie sie geschlagen."

Ich versuchte aufzustehen. „Geht es ihr – gut?"

In seinen Augen las ich die ganze Wucht seiner Wut. „Das ist alles deine Schuld." Und er drehte sich um und ging zurück in die grellen Lichter der Klinik.

Sobald ich wieder zu Hause war, rief ich Baba-jans Handy-Nummer an und sprach auf den Anrufbeantworter: „Hol mich ab. Es ist wieder passiert."

Ich versuchte, das Haus so gut aufzuräumen, wie es ging, teils um mein schlechtes Gewissen gegenüber Saaed zu beruhigen, teils weil mich dies ablenkte. Doch auch so fing jedes Mal, wenn draußen ein Auto vorbeifuhr, mein Herz zu rasen an, und als ich am Morgen einen Schlüssel im Haustürschloss hörte, versteckte ich mich hinter einer Zimmertür, bis ich Saaeds Stimme hörte, der den Kindern befahl, zur Toilette zu gehen Seine Stimme war merkwürdig leise, als ob es ihn seine ganze Kraft kostete, überhaupt ein Wort zu sagen.

Ich kam aus meinem Versteck heraus und wartete, bis er

in das Zimmer kam und mich sah. Er starrte mich an. Ich brachte es nicht fertig, ihm ins Gesicht zu sehen, und schaute zu Boden, wo immer noch Glassplitter lagen.

„Sie ist gestorben", sagte Saaed. „Heute muss ich sie beerdigen."

Und er drehte sich um und ging aus dem Zimmer. Ich hörte, wie er den Telefonhörer nahm und den ersten von vielen Anrufen machte: dass Nazia tot war und dass die Beerdigung vor Sonnenuntergang stattfinden würde. Er benutzte jedes Mal die gleichen Worte, aber der Schmerz in seiner Stimme wurde mit jedem Anruf stärker.

Es dauerte zwei Tage, bis Baba-jan kam. Ich hielt Abstand zu Saaed, den Kindern und den Trauergästen, die das Haus füllten. Ich machte mich nützlich, so gut es ging, und hoffte, dass Saaed niemandem sagen würde, was ich mit dieser Sache zu tun hatte. Ich glaube, er tat es nicht, aber seine Trauer war unermesslich groß. Als ich ging, war er kaum noch in der Lage zu sprechen.

Ich hielt immer wieder Ausschau nach Baba-jans Auto. Als es endlich draußen vorfuhr, ging ich still hinaus. Baba-jan ging hinein, um Saaed zu kondolieren. Ich blieb so lange im Auto sitzen; ich hatte genug Elend über dieses Haus gebracht.

Wir fuhren schweigend davon. Die Stunden vergingen und mit jedem Kilometer, der hinter uns lag, fragte ich mich, ob meine Entscheidung für Jesus das hier wert war.

13. Im Wald der Angst

Die Fahrt war lang. Diesmal war ich an der Reihe, still zu sein, während Baba-jans Zorn sich in Anschuldigungen entlud, dass ich selbst an dem ganzen Elend schuld war.

„Haben wir dir nicht genug gegeben? Schon bevor du von England zurückkamst, haben wir dir alles gegeben, was du wolltest! Du hattest Kleidung und Geld und Tiere – alles. Sogar ein Motorrad haben wir dir gekauft. Wir haben dich auf die beste Schule geschickt und in den besten Country Club mitgenommen. Du hast alles von uns bekommen, mehr als jeder andere Junge in deinem Alter. Warum hat dir das nicht gereicht? Warum müssen wir jetzt wegen dir unser Haus verlassen? Sollen wir etwa noch unser Leben hingeben, um dich zu beschützen?"

Ich schloss die Augen und versuchte, mich auf das Gefühl der Autoscheibe an meinem Kopf zu konzentrieren. Wie kalt sie war und wie die Vibrationen des Wagens von meinem Kopf den Rücken herabliefen. Eine Weile war ich taub für alles andere. Aber das hielt nur ein paar Meilen an, dann kamen sie zurück, die Reue- und Schuldgefühle.

Es stimmte ja, was Baba-jan da sagte. Schon bevor ich Hassans Haus verlassen musste, hatte ich gewusst, dass meine Worte und Taten meiner Familie sehr wehgetan hatten und dass ich viel – zu viel – von ihnen verlangte. Und jetzt, wo erst Hassan den Zorn der Wahhabiten gespürt und dann Saaed seine Frau und seine Kinder ihre Mutter verloren hatten, brauchte mich erst recht niemand daran zu erinnern, wie schuldig ich mich zu fühlen hatte.

Solange ich konnte, saß ich schweigend da und wog innerlich die Worte ab, die seit Wochen in mir rumorten. Schließlich ließ ich sie nach draußen: „Fahr mich nach Hause, damit ich den Leuten sagen kann, dass das alles nur ein Witz war."

Ich hatte lange über diese Worte nachgedacht und wünschte mir, ich hätte sie früher gesagt. Schon vor einem Monat, auf der Fahrt von Multan nach Gujranwala, hatten sie mir auf der Zunge gelegen, aber die Aussicht, bei Tante Nazia in Sicherheit zu sein, war zu verlockend gewesen. Damals war meine Hoffnung noch intakt gewesen. Hätte ich nur damals den Mund aufgemacht, wäre alles ganz anders gekommen. Hätte ich damals meine Worte an Yazie und die anderen in aller Form zurückgenommen, Tante Nazia wäre noch am Leben …

Ich wollte so gerne Jesus vertrauen. Ich wollte glauben, dass er mich beschützen würde. Aber jetzt, nach all diesem Elend, war ich nicht mehr so sicher. Mein Glaube an ihn hatte mich zu viel gekostet. Ich wollte den Uhrzeiger zurückdrehen, Tante Nazia zurück ins Leben holen, wieder mit meiner Familie zusammen sein.

Baba-jan starrte geradeaus, die Hände um das Lenkrad gepresst. Hatte er mich gerade nicht verstanden? Ich wiederholte: „Wenn du mich nach Hause fährst, tu ich das, was ihr wollt, und sag den Leuten, dass das nur ein Witz war."

Er lachte bitter. „Dafür ist es zu spät. Seit der Nacht, wo sie sich vor unserem Haus zusammengerottet haben, ist es zu spät, um dich zu entschuldigen und zu behaupten, dass das nicht dein Ernst war. Jetzt wollen sie deinen Tod. Und die Schande unserer Familie. Mit weniger sind sie nicht zufrieden."

Ich schaute zurück auf die Straße, legte wieder den Kopf an die Glasscheibe und presste meine Fingernägel so fest in meine Handteller, dass ich hoffte, sie würden die Haut durchstoßen. Aber nichts konnte mich ablenken von dem Chaos, das in meiner Seele tobte. All die Angst, die Trauer und der Schmerz, die ich all die Wochen gespürt hatte, kamen mit einem Mal zurück. Ich ließ den Kopf auf die Brust fallen und weinte.

Wir fuhren weiter durch die Nacht. Irgendwann hörten meine Tränen auf und das Toben in mir ließ etwas nach, aber ich fand keinen Frieden während dieser Fahrt, und Baba-jan hatte nichts, womit er mich trösten konnte.

Wir passierten ein Straßenschild, auf dem „Indien" stand. „Wo fahren wir hin?", fragte ich. Die Antwort war mir ziemlich egal; ich fragte eher, um das Schweigen zu brechen, als um zu erfahren, was unser Ziel war. Baba-jan murmelte irgendetwas. Ich bat ihn nicht, es zu wiederholen. Es wäre ja doch nur eine Frage der Zeit, bis meine Verfolger mich fanden, und dann – würde ich entweder wieder entkommen oder sie würden mich diesmal kriegen.

Am Spätnachmittag bogen wir von der schnellen Straße ab auf eine schmalere Straße, die in einen Wald hineinführte. Wir fuhren jetzt langsamer, aber unser Ziel hatten wir noch lange nicht erreicht. Meile um Meile fuhren wir weiter, durch Wald und noch einmal Wald, in dem hin und wieder ein Fußgänger auftauchte. Ich machte mir nicht die Mühe, Baba-jan zu fragen, wo wir waren oder was als Nächstes kommen würde.

Jetzt verließen wir auch diese Straße und bogen auf einen unbefestigten Weg ein, der sich, den größeren Bäumen ausweichend, durch den Wald schlängelte. Bald fuhren wir fast nur noch Schritttempo und je weiter wir kamen, umso dichter wurde der Wald und umso dämmriger das Licht. Bald gab ich es auf, durch das Fenster zu schauen, und schloss die Augen.

Als wir endlich anhielten, schaute ich auf. Wir standen vor

einer kleinen Hütte. Die Sonne wollte gerade untergehen, aber es gab noch genug Licht, um zu sehen, dass die Wände aus einfachen Lehmziegeln gemauert waren und das Dach aus Wellblech war. Das Gebäude war in einem erbärmlichen Zustand, mit mehr als einem Loch in Dach und Wänden. In einer Wand war ein Fenster. Die Holztür musste früher einmal grün gestrichen gewesen sein. Das Vorhängeschloss an ihr kam mir überflüssig vor; für was sollte man diese Bruchbude abschließen?

Ich folgte Baba-jan nach drinnen. Das Zimmer war kleiner als manche unserer Badezimmer zu Hause. Von der Decke hing eine einsame Glühbirne, deren grelles Licht den trostlosen Zustand des Raumes enthüllte. Auf dem Fußboden gab es ein ramponiertes altes *Charpai* zum Schlafen; die Schnüre in seinem Rahmen waren verfilzt und ausgefranst. In einer Ecke sah ich einen Wasserhahn an der Wand, über einem schmutzigen Plastikeimer. Baba-jan durchquerte den Raum und versuchte, den von einer dicken Staubschicht bedeckten Fernseher einzuschalten, aber der blieb beharrlich stumm. Ich entdeckte einen Teller, eine Tasse und eine Waschschüssel.

„Das Klo ist draußen, hinter der Wand", sagte Baba-jan. Der Geruch aus abgestandener Luft und feuchten Ziegeln, der in der Luft hing, ließ ihn das Gesicht verziehen. Ich schaute auf den Lehmfußboden und musste an die weißen Fliesen denken, die wir zu Hause hatten, und an die Korridore, die so lang waren, dass Misim und ich stundenlang in ihnen Rollschuh fahren konnten.

Baba-jan ging zurück nach draußen und zum Auto. Er öffnete den Kofferraum und reichte mir einen Karton. In dem Karton waren ein paar Konservendosen, Zahnpasta, eine Zahnbürste und ein altes *Salwar kamiz,* das ich immer gehasst hatte. „Wenn du den Weg zurückgehst, kommst du nach zwanzig Minuten zu einem Laden. Geh dorthin, wenn du nichts mehr zu essen hast, aber lass dich auf keine Gespräche ein. Trag das *Salwar kamiz* und sprich nur Punjabi. Und wenn jemand dich fragt, was du hier machst, sag einfach, dass du auf den Feldern arbeitest. Hast du mich verstanden?"

Ich nickte. Es war ein bisschen viel auf einmal.

„Geh nur bis zu dem Laden, Nomi, auf keinen Fall weiter. Wenn die Leute Verdacht schöpfen, denken sie womöglich, dass du entführt worden bist oder vor irgendwas auf der Flucht bist, und das willst du doch vermeiden, oder?"

„Klar."

Er ging zurück zu dem Auto. „Nächste Woche komme ich wieder."

„Fährst du jetzt?", sagte ich. Plötzliche Panik. Er sah mich nicht an.

„In dem Karton ist auch etwas Geld." Er schloss die Fahrertür und startete den Motor.

Ich sah ihm hinterher, wie er wegfuhr. Schon verschluckten die Bäume das Auto, dann hörte man auch kein Motorengeräusch mehr. Ich stand da und wartete. Nach und nach kamen anstelle des Motors andere Geräusche. Zikaden. Vögel, deren Namen ich nicht kannte. Ich ging in die Hütte und schloss die Tür hinter mir.

Das Licht war hell und jetzt, wo ich allein war, sah der Raum noch schlimmer aus. Ich versuchte, mich zu beschäftigen, indem ich den Inhalt des Kartons durchging, aber es war nichts Besonderes darin, nur ein paar Pfirsichkonserven und einige Datteln, ein paar Tüten mit Nüssen und etwas Reis, dazu die Kleider, die Zahnbürste und Zahnpasta sowie ein Umschlag mit 50 Rupien. Das war alles. Keine Bücher, nichts zum Schreiben, kein Telefon.

Plötzlich ein Geräusch, das ich nicht kannte. Es klang wie

ein Monsterlachen aus einem Kinderalbtraum, dass ich auf die Füße sprang. Ich öffnete die Tür. Da kam es wieder, dann ein drittes Mal. Sicher nur irgendein Vogel, aber mein hämmerndes Herz weigerte sich, das zu glauben. Ich trat zurück in die Hütte. Aha, das Vorhängeschloss ließ sich auch von innen abschließen. Das beruhigte mich etwas. Dann, ein paar Minuten später, ging plötzlich das Licht aus und meine Panik kam schlagartig zurück.

Ich kauerte mich in die Ecke, die Knie bis zur Brust hochgezogen, neben mir die Konservendosen; vielleicht konnte ich die als Waffe benutzen, wenn es zum Äußersten kam. Mein Atem ging rasch und flach. Ich versuchte, ihn zu beruhigen, aber jedes neue Geräusch von draußen – ein eigenartiges Grunzen oder Bellen oder das Geräusch von irgendetwas, das an den Zweigen der Bäume riss – ließ mich von Neuem schier durchdrehen.

Die ganze Nacht saß ich so da, und als endlich das Grau der Morgendämmerung in den Himmel kroch, war ich fix und fertig. Irgendwann gelang es mir zu schlafen, aber meine Ängste verfolgten mich in meine Träume: Ich sah Männer, die Türen eintraten, hörte Kinder kreischen und Motoren hinter mir aufheulen.

Sie war Schwerarbeit, meine Angst.

Als ich aufwachte, war es drinnen stickig-warm und draußen hell. Der Strom war wieder da und das Licht der Glühbirne füllte die Lücken zwischen dem Sonnenlicht, das durch das Fenster und die Löcher in Tür, Decke und Wänden kam. Mein Mund war trocken, meine Haut und Kleidung klebrig vom Schweiß und dem Dreck auf dem Fußboden.

Von meinem Platz aus sah ich, dass unter dem *Charpai* eine alte Aktentasche lag. Ich zog sie hervor, in der Hoffnung, dass in ihr ein Messer, eine Pistole oder Ähnliches war, aber alles, was ich fand, waren ein paar alte Kleidungsstücke, die noch schlimmer stanken als der Raum selbst.

Ich ging hinaus, setzte mich auf den Boden und schaute in die Gegend. In der Ferne konnte ich ein paar Kühe ausmachen und näher bei mir einige Ziegen. In den Bäumen zankten Krähen und Raben. Täuschte ich mich oder bellte in der Ferne ein Hund? Soweit ich mich zurückerinnern konnte, hatte Baba-jan nie von dieser Hütte gesprochen; sie gehörte wohl einem Freund oder Geschäftsfreund von ihm. Ich versuchte, mir den Mann vorzustellen, der vor mir hier gehaust hatte, und schob die Aktentasche wieder weg. In so einer gottverlassenen Gegend nach dem Land und den Tieren zu schauen, war etwas für jemanden, der im Kastensystem ganz unten war, noch unter den *Umti*. Und jetzt saß ich hier und hoffte, diese Bruchbude wäre so weit vom Rest der Welt entfernt, dass ich am Leben blieb.

Ich zog das *Salwar kamiz* an und aß etwas von dem Dörrobst, das Baba-jan dagelassen hatte. Hinter der Hütte entdeckte ich die Toilettengrube, von der er gesprochen hatte. Dann ging ich etwas in den Wald hinein, wobei ich, wie ein neugeborenes Kalb, das nie weit von seiner Mutter weggeht, sorgfältig darauf achtete, dass ich die Hütte noch sehen konnte.

Nach der Angst der Nacht, die mich stundenlang wach gehalten hatte, fühlte ich mich jetzt ruhiger. Aber wo war der Laden, von dem Baba-jan gesprochen hatte? Ich konnte mich nicht erinnern, dass wir an ihm vorbeigefahren waren. Ich versuchte mir vorzustellen, was für ein Laden das war – vielleicht so einer wie der von Onkel Faisal? Aber direkt hinter dieser Hoffnung lauerten die Bilder von einer finsteren Spelunke, in der grimmige Mordgesellen saßen und Alkohol tranken.

Ich schaute den Kühen zu. Es waren sieben. Ich versuchte,

eine zu mir zu locken. Sie war schwarzbraun und man konnte fast ihre Rippen sehen. Wie die anderen war sie langsam und alt, obwohl die lang gezogenen Hörner ihr ein gewisses majestätisches Aussehen gaben. Es war beruhigend, den Tieren einfach zuzusehen, wie sie zwischen den Bäumen standen und grasten. Ich musste daran zurückdenken, wie einer meiner *Mureed* mir meine eigene Kuh geschenkt hatte. Würde diese Kuh hier mich ihre Milch trinken lassen? Aber sie sah so aus, als habe sie seit Jahren kein Kalb mehr gesäugt.

Ich kam schließlich zu dem Schluss, dass es schlimmer war, nicht zu wissen, was das für ein „Laden" war, den Baba-jan da erwähnt hatte, als mit irgendwelchen Betrunkenen dort zusammenzustoßen, und so nahm ich, als die Sonne nicht mehr ganz so hoch am Himmel stand, meinen Umschlag mit den Rupien, verschloss die Hütte mit dem Vorhängeschloss und ging los, in die Richtung, in der Baba-jan am Abend weggefahren war.

Es war weiter, als ich gedacht hatte, und der Waldweg hatte bald so viele Windungen und Biegungen gemacht, dass ich nicht mehr wusste, in welcher Richtung die Hütte lag. Ich versuchte, mir auffallende Bäume einzuprägen, und schaute nach einem Lebenszeichen des Ladens aus. Erst als der Weg in einen anderen, breiteren Weg mündete, an den ich mich nicht erinnerte, sah ich das Haus.

Der Laden war nicht sehr beeindruckend. Er war vielleicht doppelt so groß wie meine Hütte. Vor der Tür standen zwei niedrige Tische; vier *Charpais* an ihren Seiten dienten als Sitzgelegenheiten. Auf ein paar Ziegelsteinen war eine kleine Pyramide aus Orangen aufgebaut und auf einer Strohmatte saß ein Mann, der dabei war, Fleisch klein zu hacken und in einen Topf zu werfen. Das war alles. Drinnen stand ein Fernseher, der im Gegensatz zu meinem funktionierte.

Ich setzte mich auf eines der *Charpais* und bat um eine Mahlzeit und einen Tee. Der Tee war süß und die Mahlzeit aus Reis und Fleisch gut. Durch die offene Tür schaute ich mir die Sendung in dem Fernseher an. Allmählich fühlte ich mich etwas besser. Sollte ich ein Gespräch mit dem Mann anfangen, der das Fleisch hackte? Aber Baba-jans warnende Worte hallten laut durch meinen Kopf. Als die Sonne untergehen wollte, stand ich auf und ging.

Meine zweite Nacht in der Hütte war noch schlimmer als die erste. Mein Gang zu dem Laden hatte meine Gedanken den ganzen Nachmittag beschäftigt gehalten und auf dem Rückweg war ich dadurch abgelenkt, dass ich versuchte, die Bäume wiederzufinden, die ich mir auf dem Hinweg eingeprägt hatte. Aber als ich dann zurück in meiner Bleibe war, kam die Angst vor den Schrecken der Nacht unerbittlich zurück. Ich saß draußen vor der Tür, schaute zu, wie der Himmel immer dunkler wurde, und kämpfte gegen das immer stärker werdende Gefühl an, dass die abgestandene Luft um mich herum mich gleich ersticken würde. Als es dann richtig dunkel war, stürzte ich in die Hütte, schloss die Tür ab und kauerte mich wieder auf meinen Platz in der Ecke. Ich befahl dem Strom in der Glühbirne, diesmal nicht auszugehen, aber dann erlosch sie doch, wie in der ersten Nacht, sodass ich wieder allein in der Finsternis saß.

Die ganze Nacht saß ich dort, am ganzen Leib zitternd, und versuchte zu atmen. Manchmal schloss ich die Augen – nicht weil ich hoffte einzuschlafen, sondern um die bizarren Schatten nicht sehen zu müssen, die das Mondlicht auf die Wand warf. Von draußen drangen alle möglichen Geräusche herein. Das Bellen, Kreischen und Heulen der Füchse und Eulen und aller möglichen anderen mir unbekannten Tiere wurden in meinem Kopf so laut, dass ich die Augen wieder öffnen musste.

Eine Stunde nach der anderen saß ich so da, jede Sekunde damit rechnend, dass gleich jemand die Tür eintreten und mich packen und entführen würde. Ich suchte den Himmel nach Anzeichen ab, dass die Sonne bald wieder aufgehen würde. Ich fand keine. Hatte die Zeit mich am Ende auch verlassen?

„Jesus, ich brauche deine Hilfe! Bist du da, bist du wirklich da, hörst du mir zu? Ich brauche dich!" Ich versuchte zu beten. Ich erinnerte mich an die Worte, die Jesus gesagt hatte, versuchte, die Gefühle wieder hochzuholen, die ich während meiner Begegnungen mit ihm gehabt hatte. Aber kaum war mir dies für einen Augenblick gelungen, riss das nächste Geräusch draußen mich wieder aus der Erinnerung hoch und die Angst kam zurück. Alles, was mir blieb, waren die Gebete eines verängstigten kleinen Jungen: „Bitte hilf mir! Bitte gib, dass das alles weggeht!"

Dann endlich, als ich erschöpfter war, als ich je für möglich gehalten hatte, sah ich am Himmel die ersten Zeichen der Morgendämmerung. Ich kroch zu dem *Charpai,* zog meine Knie zu meiner Brust hoch und überließ mich dem Schlaf.

Damit war mein Tagesrhythmus in meinem Waldexil festgelegt. Jeder Tag begann damit, dass ich die Augen aufschlug, das Tageslicht sah und die Erinnerungen an die Albträume wegzuschieben versuchte, in denen Männer mich jagten und Kinder nach ihrer toten Mutter weinten. Dann wusch ich mich, wobei ich mir jedes Mal wünschte, dass der Wasserhahn und die Schüssel wie die Dusche zu Hause wären. Der Vormittag war meine Lieblingszeit; dann saß ich draußen und schaute den Tieren zu, die es nie eilig hatten. Ihr Verhalten war jeden Tag gleich. Irgendwann ging ich zu dem Laden, bestellte mir das, was der Mann für diesen Tag gekocht hatte, und aß es hastig. Darauf saß ich da und sah fern, solange es ging, bevor ich einen zweiten Teller bestellte. Diesen aß ich langsam und mit Genuss; jeden Bissen kaute ich bedächtig, befühlte ihn mit meiner Zunge, analysierte den Geschmack. Nicht dass es ein Feinschmeckergericht war, aber ich brauchte etwas, irgendetwas, um nicht an die nächste Nacht denken zu müssen.

Wenn die Sonne tiefer sank, bezahlte ich und ging zurück zu der Hütte. Unterwegs zählte ich die Bäume und hielt Ausschau nach Schlangen. Danach blieb ich so lange vor der Tür der Hütte sitzen, wie ich konnte, und sah den Vögeln und ihren letzten Kämpfen des Tages zu. Wenn dann das letzte Tageslicht erlosch und mein Herz schneller als eine Dampflokomotive hämmerte, stürzte ich in die Hütte und hoffte, dass diesmal die Stunden der Dunkelheit ein wenig schneller vergehen würden. Die Hoffnung war jedes Mal umsonst.

Gelegentlich versuchte der Mann, der das Fleisch hackte, ein Gespräch mit mir zu beginnen. Er fragte mich, wo ich her war und was ich hier machte. Ich hatte die Antwort, die die Baba-jan mir eingeschärft hatte, auswendig gelernt. „Ich heiße Khan", antwortete ich, „und ich arbeite hier auf den Feldern."

Eines Morgens, vielleicht eine Woche nach meiner Ankunft in dem Wald, hörte ich, als ich dasaß und den Kühen zuschaute, ein ungewöhnliches Geräusch. Es klang nach einem Automotor und das Auto schien den Weg entlangzufahren, der zu meiner Hütte führte. Ich sprang auf, zog die Tür zu, rannte um die Hütte herum und versteckte mich hinter einem großen Baum. Das Motorengeräusch wurde immer lauter. Der Wagen konnte nicht mehr weit entfernt sein, aber die Bäume standen zu dicht, um etwas zu sehen. Sollte ich wegrennen? Nein, besser noch etwas bleiben und abwarten. Wenn das Leute waren, die hinter mir her waren, könnte ich sie in dem dichten Wald wahrscheinlich schnell abhängen.

Und wenn sie wussten, dass ich hier war, wollte ich wenigstens wissen, wer sie waren.

Jetzt tauchte der Wagen aus dem Wald auf. Ich atmete erleichtert aus. Es war Baba-jan.

„Nomi", sagte er, als er sah, dass ich auf ihn zukam. *„Al-salamu alaykum."*

„Wa alaykum", erwiderte ich.

„Wie geht's dir?"

„Gut", log ich. „Und wie ist es bei euch?"

„Auch gut."

„Wollten die anderen nicht mitkommen?"

„Die Fahrt war zu weit für sie", log er.

Baba-jan blieb nur ein paar Minuten. Er überreichte mir einen Umschlag mit mehr Geld und frischen Proviant. „Nächste Woche komm ich wieder."

Und schon fuhr er wieder weg. Als ich seinem Auto hinterhersah, merkte ich, dass ich vergessen hatte, ihn zu bitten, mir nächstes Mal eine Taschenlampe und ein Telefon mitzubringen. Ich setzte mich auf den Boden. Ich merkte, dass ich schon jetzt Angst vor der nächsten Nacht hatte.

Nach einer Woche kam er tatsächlich wieder. Diesmal blieb er etwas länger. Wir begrüßten uns und ich fragte wieder, wie es meinen Lieben zu Hause ging. Dann, nach einer kurzen Pause, holte Baba-jan tief Luft und sagte: „Nach der Scharia kann man einen Abtrünnigen drei Tage und Nächte festhalten. Während dieser Zeit kann jeder versuchen, ihn zurück zum Islam zu bringen. Weigert er sich, wird er daraufhin getötet."

Warum sagte er mir das? Er schien das Fragezeichen auf meinem Gesicht zu sehen und fuhr rasch fort: „Keine Angst, ich werde es nicht zulassen, dass sie dich umbringen, aber ich muss wissen, ob du weißt, was du tust. Willst du dich tatsächlich vom Islam abwenden?"

Noch hatte ich keine Antwort auf diese Frage.

Noch vor zwei Wochen hätte ich ihm mit „Nein" geantwortet. Aber inzwischen hatte die Lage sich geändert. Ich wusste, dass es nicht möglich war, die Wahhabiten zu besänftigen und sie dazu zu bringen, meinen Namen von ihrer schwarzen Liste zu streichen. Es gab kein Zurück mehr. Mein Leben würde nie mehr so sein wie früher.

Doch in den folgenden Tagen fühlte ich mich zum Beten hingezogen auf eine Art, wie ich es nicht mehr erlebt hatte seit meinen heimlichen Andachten auf dem Dach der Villa meiner Eltern. Mein Atem wurde fester; es war, als ob die Zeit langsamer verging. Ich erinnerte mich wieder daran, wie es war, sich Jesus nahe zu fühlen, und von irgendwoher hörte ich jedes Mal das Echo seiner Worte: *Hab keine Angst! Denke dran, ich beschütze dich!*

Ich hatte sogar schönere Träume, wenn ich in der frühen Morgensonne lag und schlief. Ich träumte davon, dass ich glücklich und in Frieden war, frei von der lähmenden Furcht. Wenn ich dann aufwachte, fühlte ich mich richtig befreit. Noch nie zuvor in meinem Leben hatte ich so viel Angst erlebt – aber auch nicht solch einen Frieden. Ich hatte immer noch keine Bibel und wusste sehr wenig über Jesus, aber ich erinnerte mich noch an den Text des Vaterunsers, das Tante Gulshan mir beigebracht hatte, in der Nacht, als ich in ihrem Haus in Oxford zu ihr gekommen war. So oft ich konnte, holte ich mir die Worte ins Gedächtnis zurück, oft auf meinem Rückweg von dem kleinen Laden, und schleuderte sie der Angst entgegen, die hinter jedem Baum versteckt lag. Ich wusste, dass eine Macht in diesen Worten lag, und mit jedem Rückweg von dem Laden zu meiner Hütte verstärkte sich in mir der Eindruck, dass ich mich umso sicherer fühlte, je mehr ich betete.

Bestimmte Worte und Formulierungen hatten es mir besonders angetan. Dass ich Gott als „Vater" anrufen durfte, war nach wie vor eine Revolution nach all den Jahren im Islam, wo Allah der zu Fürchtende und zu Verehrende war, aber nicht ein liebender Vater. Ich mochte es auch zu beten: „Dein Reich komme." Ich hatte den Eindruck: Dadurch, dass ich diese Worte aussprach, half ich irgendwie, dass das Ende der Welt und die Heilung aller Dinge schneller kam. Ich hatte mir das Ende der Welt früher ganz anders vorgestellt – als Katastrophe, bei der die Erde bebte und der Himmel sich verdunkelte und in der bis auf ein paar der allerfrömmsten Menschen alle umkamen. Ich hatte ein viel klareres Bild von der Hölle gehabt als vom Himmel.

In der Nacht rückten mir die Schrecken der Hölle immer auf den Leib. Egal wie gut ich im Morgengrauen schlief und welch einen Frieden mir das Gebet am Tag gab, abends hatten sie mich wieder, die Dunkelheit und ihre unheimlichen Geräusche.

Als ich meine dritte Woche in der Hütte begann, musste ich immer häufiger daran denken, was Ami, Zainab, Misim und Baba-jan wohl gerade machten. Ich versuchte mir vorzustellen, in was für einem Haus sie jetzt waren, was für Bäume den Innenhof beschatteten und wie es Misim auf seiner neuen Schule erging. Manchmal musste ich dabei so furchtbar weinen, dass ich nicht wusste, woher ich die Kraft für den nächsten Atemzug holen sollte.

Als Baba-jan das dritte Mal kam, war ich bereit, es ihm zu sagen. Ich war nervös, aber ich war bereit. „Ich bin kein Muslim mehr", sagte ich. „Ich kann das nicht mehr." Ich wusste, dass dieses Kapitel meines Lebens abgeschlossen war. Vor mir lag ein neuer Weg, ein Weg ins Unbekannte, voller Geheimnisse, aber ich wusste felsenfest: Nie mehr könnte ich versuchen, als Muslim vor Gott zu treten.

Baba-jan sah mich schweigend an, als überlegte er, ob ich die Wahrheit sagte. Dann, in einem Ton, als rede er über das Wetter, sagte er: „Ich habe dein Motorrad verkauft. Ich musste das. Wir versuchen, die Leute davon zu überzeugen, dass du verschwunden bist und dass wir nicht wissen, wo du bist, und dass dein Motorrad noch da war, sah allmählich verdächtig aus. Ich hab's also verkauft. Ich habe 25.000 Rupien dafür gekriegt."

„Ich will das Geld nicht", sagte ich. „Behalte es nur."

„Schön", sagte er. Er schien überhaupt nicht wütend zu sein über meine Entscheidung. Er war ganz ruhig und diese Ruhe tat mir weh. Ich war dabei, aus dem Leben meiner Familie gestrichen zu werden, und es schien Baba-jan nicht zu jucken.

„Wirst du das Haus auch verkaufen?", fragte ich. „Tut ihr also so, als ob ich verschwunden wäre, und verscherbelt mein ganzes Erbe?"

Er zuckte die Achseln. Der Schmerz über die Trennung von meinen Lieben stieg wieder in mir hoch, aber diesmal veränderte er seine Gestalt und wurde zur Wut. Wie ich das hasste, was sie da machten! Ich hatte Lust, Baba-jan anzuschreien, obwohl ich doch genau wusste, dass er der Einzige war, der mir half.

„Ich will nicht mit dir reden!" Und ich drehte mich um und rannte in den Wald.

Während ich abgebrochene Äste zur Seite trat und hörte, wie Baba-jan wegfuhr, kamen mir die Worte des Vaterunsers in den Sinn. Vor allem ein Satz: „Und vergib uns unsere Schuld, wie auch wir vergeben unseren Schuldigern." Ich kannte die Worte, ich konnte sie nachsprechen und ich wusste, dass sie wichtig waren, aber wann hatte ich je einem Menschen vergeben müssen? Die bloße Vorstellung war etwas Neues für mich. Wie konnte ich Baba-jan vergeben?

In der nächsten Woche – meiner vierten – war Baba-jans Besuch weniger kurz. Er brachte mir mehr Lebensmittel als sonst und reichte mir einen Umschlag mit einem Teil des Erlöses für mein Motorrad. Seine Freundlichkeit überzeugte mich nicht. Irgendetwas stimmte nicht.

Ich sagte: „Wenn du möchtest, dass ich mit dir rede, lass mich erst mit Ami telefonieren."

Ich glaubte nicht ernsthaft, dass er mich mit meiner Mutter reden lassen würde, aber er wählte tatsächlich ihre Nummer und reichte mir sein Handy.

„Ami?", sagte ich, als sie abnahm. Sie weinte das ganze Gespräch hindurch. Ich weinte auch. Zwischen dem Luftholen versuchte ich, ihr zu erzählen, wie ich mich fühlte. Aber was gab es da zu sagen? Die Dinge, die wirklich wichtig waren: dass ich sie liebte, dass ich sie so vermisste und mir wünschte, dass sie mich besuchen kommen konnte.

„Bleib stark, Nomi", sagte sie. „Wir kommen bald alle und besuchen dich."

Als wir das Gespräch beendet hatten und ich Baba-jan das Telefon zurückgab, hatte er ein paar Blätter in der Hand. „Unterschreib mir das hier, bitte", sagte er.

„Warum?"

„Ich muss den Leuten plausibel machen, dass du fortgegangen bist und nicht wiederkommen wirst."

Ich hatte keinen Schimmer, was ich da unterschrieb, aber das war mir egal. Ich setzte meinen Namen auf das Blatt.

Nur ein paar Tage später war Baba-jan wieder da. Er sah aufgekratzt aus, als er aus dem Auto stieg. „Wir versuchen, dich nach England zu kriegen", sagte er, während er mir mehrere Formulare und meinen Pass hinhielt. „Unterschreib das hier, dann beantragen wir ein Visum für dich."

Ich hatte noch nicht an diese Möglichkeit gedacht, aber

sie machte Sinn, und das wusste auch Baba-jan. „Du kannst wieder bei Tante Gulshan wohnen. Du kannst dort studieren und was aus dir machen. Und dann, nach ein, zwei Jahren, kannst du vielleicht wieder zurück."

Ich mochte diese Idee, allerdings nicht die Vorstellung, so lange von Ami, Misim und Zainab getrennt zu sein. Selbst Baba-jan zwei Jahre lang nicht zu sehen, wäre schwer für mich; trotz all meiner Wut war ich tief drinnen dankbar dafür, dass er sich so viel Zeit genommen hatte, um mich vor meinen Verfolgern zu retten.

Ich sagte: „Ich geh nach England, aber ich will zusammen mit meiner Familie dorthin."

„Natürlich", antwortete er. „Was sonst?"

Er ging zurück zu dem Auto, in der Hand die Papiere, die ich unterschrieben hatte. „Das nächste Mal, wenn ich komme, bring ich die anderen mit und fahre dich zum Flughafen. Na, wie klingt das?"

Ich lächelte und schaute ihm hinterher, als er wegfuhr. Wenn er mir gerade die Wahrheit gesagt hatte, dann war sein Plan womöglich die beste Lösung für uns alle.

14. Mut zum Vergeben

Als die Schiebetüren im Flughafen sich hinter mir geschlossen hatten und ich mich zu meinem tränenbedeckten Spiegelbild umdrehte, wusste ich, dass es nur noch eines gab: weitergehen und in das Flugzeug steigen. Meine Freude darüber, Pakistan zu verlassen, war fort und mit ihr das letzte bisschen von meiner Kraft. Jetzt, wo ich von Ami, Misim und Zainab getrennt war, stand ich da wie ein Kämpfer, der seine Waffen verloren hat.

Während ich darauf wartete, dass mein Flug aufgerufen wurde, saß ich neben einer Nonne, die in ihrer Bibel las. Es war jetzt eineinhalb Jahre her, dass ich in einem Flugzeug gewesen war, und genauso lange, seit ich das letzte Mal eine Bibel gesehen hatte. Die dünnen Seiten und der dicke, dunkle Einband faszinierten mich, aber ich brachte es nicht fertig, ein Gespräch mit der Nonne anzuknüpfen. Was, wenn sie dachte, dass das ein Trick war? Oder wenn jemand mich beobachtete? Oder wenn sie mich der Polizei meldete?

Ich hatte auch keinerlei Lust, in das Flugzeug zu steigen. Es war mir unmöglich, den Knoten in meiner Seele zu entwirren, aber so viel wusste ich: Irgendwo zwischen der Angst davor, dass die Wahhabiten mich kriegten, der Angst, mein Heimatland zu verlassen, und der Ungewissheit, wie ich mir in England ein neues Leben aufbauen sollte, war auch die Angst, dass ich den Flug gar nicht erst überleben würde.

Während der ganzen Zeit im Flugzeug starrte ich den schwarzen Bildschirm vor mir an. Als wir endlich gelandet waren, schloss ich mich der Schlange vor der Passkontrolle an, die sich im Schneckentempo vorwärtsbewegte. Ich war vor Angst und Erschöpfung so fertig, dass ich kaum noch einen klaren Gedanken fassen konnte. Als ich an der Reihe war, gab ich dem Beamten meinen Pass und meine Einreisekarte. Er sagte etwas, das ich nicht verstand, und rief dann einen Mann herbei, der die gleiche Hautfarbe hatte wie ich.

Der übersetzte für mich in Urdu, mit starkem indischen Akzent: „Mein Kollege sagt, Sie haben die Karte nicht richtig ausgefüllt. Was machen Sie hier? Wo sind Ihre Verwandten? Oder reisen Sie alleine?"

Ich hatte keine Lust, ihm zu antworten. Wenn ich das Falsche sagte, würden sie mich womöglich gleich zurück nach Pakistan schicken. Ich murmelte ein paar Worte, die hoffentlich unverfänglich klangen.

„Wie lange bleiben Sie hier?"

„Nicht lange", sagte ich. „Ich möchte zurück nach Pakistan."

„Ist das ein Ferienaufenthalt?"

Ich zog mein Rückflugticket aus meiner Jackentasche und reichte es ihm. „Ja. Nur Ferien."

Der Beamte schaute ein paar Mal von dem Ticket zu mir und wieder zurück, dann stempelte er meinen Pass, reichte ihn mir zurück und wünschte mir einen schönen Aufenthalt.

Das Wort „Asylantrag" war ein Fremdwort für mich, das nie jemand mir gegenüber erwähnt hatte. Ich wusste gar nicht, was „Asyl" war und dass ich aufgrund dessen, was mir zu Hause passiert war, womöglich ein Recht darauf hatte, in England zu bleiben. Ich dachte nur an eines: dass sich, solange ich noch nicht durch die Tür vor mir gegangen war und vor Tante Gulshan stand, jederzeit zwei schwere Hände auf meine Schultern legen und eine kalte Stimme mir befehlen konnte, mit der nächsten Maschine zurück nach Hause zu fliegen.

Tante Gulshan erwartete mich an exakt derselben Stelle wie damals, als ich mit Zainab gekommen war. Sie sah älter aus, mit Sorgenfalten im Gesicht, aber als sie mich erblickte, war gleich ihr altes Lächeln wieder da. Emily fuhr uns wieder nach Oxford. Ich schaute zu den vorbeifahrenden Autos hin, erkannte hier ein Gebäude, dort einen Hügel wieder und merkte, wie etwas von meinem Optimismus zurückkehrte. Vielleicht war das hier ja ein Neuanfang. Vielleicht würde ich hier endlich in Sicherheit sein. Vielleicht konnte ich ja – ob es nun ein paar Monate wären oder zwei, drei Jahre – das

Beste aus der Sache machen, indem ich meine Ausbildung zu Ende brachte. Dann würde ich eines Tages als gebildeter junger Mann, der etwas von der Welt gesehen hatte, nach Hause zurückkehren – die Art Rückkehrer, die die Menschen ernst nahmen und achteten.

Ich wusste, dass das ein Hirngespinst war, aber ich brauchte irgendetwas, um mich abzulenken. Es brauchte Tante Gulshan, um mich auf den Boden der Realität zu stellen. Während der Fahrt sprachen wir nicht viel, aber als wir angekommen waren, fragte Tante Gulshan mich, ob ich ihr die Narbe von dem Messerstich zeigen könnte. Die Wunde war längst verheilt, aber Tante Gulshan holte tief Luft, als ich ihr die dunkle Narbe zeigte, die seitlich an meiner Brust entlanglief. Ich erzählte ihr alles – von den Wahhabiten, von meiner erneuten Jesusvision und von dem Furchtbaren, was Tante Nazia passiert war. Als ich fertig war, schwieg sie eine Weile.

Dann sagte sie: „Das hatte ich ja gar nicht gewusst. Ich dachte, du wärst bei einer Schulhofprügelei verletzt worden. Ich wusste nicht, dass sie dir ans Leben wollten, weil du Jesus nachfolgst." Sie schwieg wieder; dachte sie gerade an Tante Nazia, die eine ihrer Nichten gewesen war?

Als ich am nächsten Morgen aufwachte, hörte ich unten im Haus eine fremde Stimme. Ich brauchte eine halbe Stunde, bis ich meinen Mut zusammennahm und nach unten ging, um Hallo zu sagen, aber als ich dann unten war, war ich froh.

„Dies ist Natasha", sagte Emily, während sie auf die Besucherin zeigte. Das Mädchen war ein paar Jahre älter als ich und auch größer. Obwohl sie pakistanisch aussah, hatte sie mehr die Kleidung und Haltung eines europäischen Mädchens. Sie machte einen lockeren, selbstbewussten Eindruck. Ich mochte sie sofort.

„Möchtest du mit mir in die Kirche gehen?", fragte sie auf Urdu.

„Gerne", antwortete ich.

Wir gingen zu dem Gottesdienst im Stadtzentrum und unterwegs erzählte Natasha mir einiges über sich. Sie war vom Islam zum Christentum konvertiert und nach Oxford gezogen, wo sie auch eine Arbeitsstelle gefunden hatte. Wenn es eine Person gab, mit der ich an diesem Tag ein Gespräch brauchte, dann war es Natasha.

Ich war noch nie in ihrer Kirche gewesen. Sie war groß und ich bekam nicht alles mit, was gesagt wurde, aber ich hatte den Eindruck, dass dies hier mein Zuhause werden könnte. Als der Gottesdienst vorbei war und wir wieder gehen wollten, sagte Natasha mir, dass sie mir noch jemanden vorstellen wollte. Einer der Männer, die den Gottesdienst geleitet hatten, kam zu uns; er lächelte über das ganze Gesicht und streckte mir die Hand entgegen. Er war schlank und gut gekleidet; sein graues Haar war perfekt zurückgekämmt. Ich mochte ihn sofort.

„*Al-salamu alaykum*", sagte er.

„*Wa alaykum*", erwiderte ich, etwas überrascht, an diesem Ort meine eigene Sprache zu hören.

„Mein Name ist Gordon", fuhr er fort. „Willkommen in der Familie."

Familie – ich wusste schon nicht mehr, was das Wort bedeutete, aber ich wusste, dass ich so gerne dazugehören wollte.

Den Rest des Tages träumte ich glücklich vor mich hin. Allmählich fand ich, dass die Wegstrecke, die jetzt vor mir lag, vielleicht doch nicht so schlecht wäre. Wenn ich Natashas Fußtapfen folgen und meinen Platz in dieser Kirchengemeinde finden könnte, dann würde vielleicht noch alles gut.

Der Tagtraum verschwand, als die Nacht kam. Kaum war ich eingeschlafen, hörte ich Mullahs gegen meine Tür hämmern, sah sie, wie sie ihre Messer schwenkten, hörte, wie sie nach meinem Blut riefen. Ich wachte abrupt auf. Die Dunkelheit verwirrte mich. Wo war ich überhaupt? Ich hielt den Atem an. War da gerade ein Geräusch gewesen unten im Haus? Ich stand auf, schob einen Stuhl vor die Tür und hoffte auf bessere Träume, wenn ich wieder eingeschlafen war. Die Hoffnung erfüllte sich nicht.

Es war Natasha, die mir vorschlug, einen Asylantrag zu stellen. Tante Gulshans Leben war in Pakistan nicht gefährdet gewesen. Natashas Fall war meinem ähnlicher und sie wusste, dass ich ohne eine Aufenthaltsgenehmigung vom britischen Home Office (Innenministerium) nach sechs Monaten, wenn mein Touristenvisum abgelaufen war, nach Pakistan zurückkehren müsste.

Deshalb saß ich plötzlich in der Kanzlei eines Rechtsanwalts in London. Der Mann hinter dem leeren Schreibtisch war ein Inder, ein Hindu, der Urdu sprach. Neben mir saßen Tante Gulshan und Emily. Ich lächelte erwartungsvoll; gleich würde der Anwalt mir erklären, was er alles unternehmen würde, damit Großbritannien und seine freundlichen Menschen mir Asyl gewährten.

Gleich seine erste Frage brachte mich ins Stolpern. „Was wissen Sie über Jesus?"

Was sollte diese Frage? Ich lächelte immer noch, aber als ich seine strenge Miene sah, merkte ich, wie meine schöne Vorfreude verflog. „Ich … ich weiß, dass er der Sohn Gottes ist", stotterte ich.

Der Anwalt verzog keine Miene.

Ich fuhr fort: „Und … und ich folge ihm und, äh, bete ihn an."

Der Mann blinzelte kurz. „Was wissen Sie über seine Jünger?"

Ich sah zu Tante Gulshan hin. „Hat er *Mureed* gehabt?" Sie nickte. „Das wusste ich nicht", sagte ich leise. Mein ganzer Glaube bestand bis jetzt aus zwei Visionen, einem Traum und einem Mann, der mir erschienen war und versprochen hatte, mich zu beschützen. Ich wusste rein nichts über die Bibel oder über Jesus oder darüber, was ein guter Christ wissen und sagen musste, wenn er nach seinem Glauben gefragt wurde und es um alles oder nichts ging. Plötzlich fühlte ich mich so müde, als ob ich die ganze Woche seit meiner Ankunft nicht geschlafen hätte.

„Vielleicht sollten Sie mehr in Ihrer Bibel lesen, bevor Sie zu dem Interview im Home Office gehen", sagte der Rechtsanwalt.

Und so brauchte es einen indischen Hindu, um mir, einem ehemaligen Muslim aus Pakistan, zu zeigen, wie wichtig die Bibel war. Sobald wir wieder zu Hause waren, befahl Tante Gulshan mir, sich neben sie ins Wohnzimmer zu setzen. Sie griff nach einer Bibel in Urdu. „Wir fangen am besten gleich jetzt an", sagte sie. „Und zwar ganz vorne."

Ich wollte, ich könnte vermelden, dass es mir an diesem Abend wie Schuppen von den Augen fiel. Oder dass ich mich in die Bibel verliebte. Die Wahrheit ist komplizierter. Als Tante Gulshan die Geschichte von Adam und dem Garten vorlas, musste ich an das denken, was mir der Mullah zu Hause über Adam und seine Frau gesagt hatte und darüber, wie Allah Adam die Namen der Tiere beibrachte. Was stand da noch im Koran? Richtig: Allah befahl den Engeln, sich vor Adam zu verneigen, aber einer der Engel – der *Dschinn,* der das erste Menschenpaar verführte und als *Schaitan* bekannt wurde, Satan – weigerte sich, sich zu verneigen, und wurde darauf aus dem Paradies ausgestoßen. Auch Adam und seine Frau mussten das Paradies verlassen, aber Allah versprach, sie zu leiten.

Die Geschichte, die Tante Gulshan da erzählte, war anders. Adams Frau, die im Koran keinen Namen hatte, hieß in der Bibel Eva, und Adam erfuhr die Namen der Tiere nicht von Gott, sondern ersann sie selbst. Es gab keine Engel, die sich vor Adam verneigten, und anstatt Adam und seiner Frau zu vergeben, verfluchte Gott sie.

Ich verstand das alles nicht. Die Geschichte war so ähnlich und doch so anders.

„Gut", sagte Tante Gulshan, nachdem ich sie wohl mit hundert Fragen bombardiert hatte, „dann fangen wir woanders an."

Wir fingen an, die Berichte über Jesus zu lesen, und jetzt war alles anders. Jesus kannte ich ja schon etwas. Als Tante Gulshan mir von seiner Geburt vorlas und von seinen ersten Gesprächen mit seinen ersten Jüngern, konnte ich seine Stimme förmlich hören und spüren, wie in meinen Visionen und dem Traum. Wenn ich die Augen schloss, wusste ich genau, wie Simon und Andreas, Jakobus und Johannes sich gefühlt hatten, als Jesus zu ihnen trat und sagte: „Folge mir nach." Dann las ich, wie Jesus die *Dschinn* ausgetrieben hatte, und auch das konnte ich nachfühlen. Und als ich hörte, wie er Kranke geheilt hatte, erinnerte ich mich daran, wie ich sterbend auf dem Krankenhausbett gelegen hatte.

Diese Geschichten von Jesus ließen den Frust, den ich bei der Versuchungsgeschichte gespürt hatte, verfliegen. Dies waren Geschichten, die ich verstehen konnte! Aber da war noch mehr. Je mehr Tante Gulshan und ich im Neuen Testament lasen, umso deutlicher merkte ich, dass dies ja *meine* Geschichte war. Wenn ich an den Allah des Korans zurückdachte, kam mir nichts als Angst in den Sinn – Angst vor den Wahhabiten, Angst davor, in der Moschee das Falsche zu sagen oder zu tun, Angst vor den Mullahs und ihren verdrehten Ansichten über die Welt. Ich musste an Rohrbomben denken und an Hinrichtungen auf offener Straße, an blutverschmierte Leichen und einen rasenden Mob. Aber wenn ich an den Gott der Bibel dachte, spürte ich nichts als einen tiefen Frieden.

Und dann wusste ich es endlich: Ich hatte mir doch nichts vorgemacht. Ich war ein Jünger von Jesus und niemand konnte mir etwas anderes weismachen.

Als mich Emily eine Woche später mit Natasha und Tante Gulshan nach London fuhr, zu meinem Termin im Home Office, war ich der Optimismus in Person. Selbst dass ich drei Stunden warten musste, dämpfte meine Hoffnungen nicht, und als ich endlich von einer jungen Frau mit einem freundlichen Gesicht in den kleinen Raum geführt wurde, wo das Gespräch stattfinden sollte, war ich auf Wolke sieben.

„Möchten Sie gerne, dass Ihre Tante auch dabei ist?" Was waren die alle höflich in England – nicht so wie zu Hause in Pakistan, wo selbst ein *Sayed* wie ich damit rechnen musste, dass die Beamten ihn unwirsch herumkommandierten und ihm das Leben so schwer wie möglich machten.

„Ja, doch, gerne", sagte ich. „Und was machen Sie gleich mit mir?" Sogar ein Dolmetscher war mit in dem Raum. Ich war richtig dankbar.

„Ich werde Ihnen einfach ein paar Fragen stellen", erwiderte die Frau. „Ich werde mir dazu Notizen machen, aber die Entscheidung trifft jemand anderes. Sie hören aber bald von uns, innerhalb von zwei, drei Wochen."

Ich drehte mich zu Tante Gulshan hin, die sie gerade in

ihrem Rollstuhl neben mich schoben. „Das ist nicht lange, oder? Das ist gut."

Die Beamtin zeigte auf ein Diktiergerät, das auf dem Tisch stand. „Ich werde unser Gespräch aufnehmen."

„Kann ich die Aufnahme bekommen?"

„Da müsste Ihr Anwalt einen Antrag stellen. Warum wollen Sie sie?"

„Es hat mich halt noch nie jemand auf Band aufgenommen."

Ich freute mich richtig, in diesem Raum sein zu können. Hier hatten sie wirklich für alles gesorgt. Ich hatte den Eindruck, dass ich der Dame, die mich da befragte, vertrauen konnte, dass sie auf meiner Seite war und mir helfen wollte. Drei Stunden lang beantwortete ich ihre Fragen. Sie fragte mich nach meiner Familie und wie mein Leben bisher verlaufen war. Sie wollte die genauen Details der Messerattacke wissen. Die Narbe sehen wollte sie nicht, aber sie fragte mich, ob ich Bilder davon hatte, die ich ihr zeigen konnte.

„Nein", sagte ich, „Bilder habe ich keine."

„Das macht nichts", sagte sie. „Gut, dann sind wir fertig."

Und sie bat Tante Gulshan, sich zurück in den Wartebereich zu begeben, und führte mich in einen anderen, wesentlich größeren Raum. An dessen Wänden standen wohl zehn Schreibtische, hinter denen jeweils ein Beamter saß. In der Mitte des Raumes waren Stühle; die Dame wies mich an, mich zu setzen und zu warten. Die Luft in diesem Raum war nicht kälter und die Beleuchtung nicht greller als in dem kleinen Zimmer, aber ich fühlte mich, als hätte ich gerade eine andere Welt betreten. Hier war es nicht mehr ruhig und höflich. Ich schaute schockiert zu, wie ein älterer Mann erst zu weinen und dann zu schreien anfing, bevor zwei stämmige Sicherheitsbeamte ihn aus dem Raum zerrten.

Da saß ich, ohne Tante Gulshan, Emily, Natasha oder auch nur den Dolmetscher, den ich während des ersten Gespräches gehabt hatte, und spürte, wie mein Mund trocken wurde vom bitteren Geschmack der plötzlichen Erkenntnis, die mich durchfuhr. Bisher hatte ich geglaubt, dass ich es hier mit Menschen zu tun hatte, die mir helfen wollten, in England zu bleiben. Jetzt merkte ich zum ersten Mal, dass sie ja auch die Macht hatten, mich zurück nach Hause zu schicken.

Und ich spürte, wie sie zurückkommen wollte, die Angst, die ich in der Hütte im Wald gespürt hatte – diese überwältigende, alles verschlingende Urangst.

Ich saß wohl eine halbe Stunde da, bis wieder jemand meinen Namen rief, und mit jeder Minute, die verging, jeder plötzlich laut werdenden Stimme, die ich hörte, und jedem ängstlichen Blick der anderen Antragsteller wurde die Angst in mir größer, bis ich fest davon überzeugt war, dass sie mich gleich hinauswerfen und ich in ein paar Stunden im Flugzeug sitzen würde. Es würde mich zurück nach Hause bringen, wo der sichere Tod auf mich wartete. Ich betete natürlich, aber meine Worte waren zu leise und schwach, um die Angst zu besiegen.

Aber dann rief jemand meinen Namen und bedeutete mir, zu einem der Tische zu kommen. Dieser Beamte versuchte gar nicht erst, höflich oder sanft zu klingen. Er wies mich mit knappen Worten an, still zu sitzen, während er mich fotografierte und mir zeigte, wie ich meine Finger auf eine Art Stempelkissen zu legen hatte, für die Fingerabdrücke. Ich kam mir vor wie ein Gauner bei der Polizei, aber irgendwie fand ich den Mut, den Mann zu fragen, warum er das alles machte.

„Für unsere Unterlagen", sagte er, ohne mich anzusehen. Und er schob seinen Stuhl zurück, nahm ein paar Formulare in die Hand und verschwand durch eine Seitentür.

Ich wartete und versuchte, mit dem dünnen Papiertaschentuch, das er mir gegeben hatte, die Farbe von meinen Fingerspitzen zu bekommen. Würden sie mir erlauben, mich von Tante Gulshan zu verabschieden, oder würden sie mich aus dem Raum zerren wie den anderen Mann vorhin?

Nach zehn Minuten kam der Beamte zurück, setzte sich wieder an den Tisch und sagte: „Wenn Sie mir bitte Ihren Pass geben."

Ich hatte nicht den Mut, ihn zu fragen, wozu er ihn brauchte, sondern zog ihn aus dem zerknitterten Umschlag, in dem die paar Papiere waren, die ich aus Pakistan mitgebracht hatte.

Er nahm den Pass an sich und reichte mir eine kleine Karte. „Dies ist Ihr provisorischer Ausweis. Verlieren Sie ihn nicht."

Hieß das, dass ich in England bleiben durfte? Das hätte ich so gerne gewusst. Ich sah den Beamten fragend an und er sagte – langsam und deutlich, als ob er mit einem kleinen Kind sprach: „Sobald über Ihren Fall entschieden worden ist, werden wir uns bei Ihnen melden. Bis dahin dürfen Sie keine Arbeit aufnehmen und kein Bankkonto eröffnen."

Das war alles. Eine Minute später war ich wieder bei Tante Gulshan, Emily und Natasha. Sie fragten mich, wie es gegangen war. Ich zeigte ihnen meinen neuen Ausweis und sagte, ich hätte den Eindruck, dass es wohl okay war.

Mein Anwalt sagte mir, dass es mehrere Wochen dauern würde, bevor das Home Office über meinen Fall entschied, und so versuchte ich, an andere Dinge zu denken und mich auf das Leben in Oxford zu konzentrieren. Ich war kurz nach Ostern in England angekommen, und sobald das College in der Nachbarschaft seinen Betrieb wieder aufnahm, befolgte ich Natashas Rat und ging dorthin, um mich zu informieren, an welchen Kursen ich teilnehmen konnte. Die Sekretärin erklärte mir, dass es zu spät im Jahr war, um Kurse zu beginnen, aber dass ich gerne im September wiederkommen konnte. Ich war nicht allzu enttäuscht, denn so konnte ich erst einmal fünf Monate damit verbringen, meiner neuen Leidenschaft, dem Basketball, zu frönen. Und bis die nächsten Kurse am College begannen, war mein Asylantrag bestimmt durchgegangen und ich hatte meine Aufenthaltsgenehmigung bekommen.

Oft nahm ich Tante Gulshan mit zum Basketballplatz; dann parkte ich ihren Rollstuhl am Rand des Platzes. Die Jungen, die sich im vorletzten Sommer über mich amüsiert hatten, sah ich nicht wieder, aber es gelang mir, meinen Sprungwurf zu verbessern. Und als eines Nachmittags zwei Mädchen, die beide zehn Jahre älter aussahen als ich, auf den Platz kamen und mich fragten, ob sie mitspielen durften, schaute ich zu Tante Gulshan hin, die mir lächelnd ihr Okay zuwinkte.

Aber besser als der Basketball, ja schöner noch als die Vorfreude auf mein Asyl in England war die Kirchengemeinde. Ostern lag hinter uns, aber die Auferstehung von Jesus war immer noch ein großes Thema. Hier eröffnete sich mir ein völlig neues Kapitel der Geschichte von Jesus, das ich bisher nur vage gekannt hatte. Gordon – der Mann, der sich mir am ersten Sonntag vorgestellt hatte – nahm sich jeden Sonntag Zeit, um mit mir zu reden, und bald besuchte ich ihn auch während der Woche in seinem Büro. Wir unterhielten uns über Gott und die Bibel und Jesus und was es hieß, ein Christ zu sein. Wir beteten auch zusammen und ich merkte, wie mit jedem Besuch mein Glaube ein bisschen stärker wurde. Ich begriff: Als ich Pakistan verlassen hatte, war ich wie ein Baum gewesen, der sehr schnell gewachsen war, aber nur flache Wurzeln hatte. Nach einem Monat in Oxford hatte ich tiefere Wurzeln und den Eindruck, dass mich nichts mehr umwerfen konnte.

Dass ich mich so viel stabiler fühlte, hatte noch mit einer anderen Veränderung zu tun. Vor meinem ersten Besuch in England war ich fest davon überzeugt gewesen, dass mir meine Zukunft – eine schöne, strahlende Zukunft – sozusagen in den Schoß fallen würde. Die folgenden Monate in Pakistan hatten mich fast völlig von dieser Illusion kuriert, und als mein dritter Monat in England begann, hielt ich mich allmählich für den geborenen Pechvogel. Aber das stürzte mich nicht in die große Depression, sondern in meinen Gesprächen mit Gordon begann ich zu sehen, dass es ja sein Gutes hatte, dass ich nicht mehr auf meine Beziehungen, meinen Status in der Gesellschaft und mein „Das schaff ich schon" bauen konnte. Zum ersten Mal in meinem Leben war ich von Gott abhängig.

Ich begann, mehr zu beten. Und anders. Wo meine Gebete früher Fragen gewesen waren („Herr Jesus, bist du wirklich da?"), wurden sie jetzt zu Gewissheiten, die von Tag zu Tag stärker wurden. Wenn ich jetzt betete, erwartete ich allen Ernstes, dass Gott mich hörte und handelte. „Jesus, jetzt weiß ich, dass du da bist", betete ich. „Jetzt weiß ich, dass du mich hörst und mir helfen kannst. Und ich brauche dich, mehr als je zuvor."

„Willkommen in der Familie" – in den ersten Wochen in dieser Gemeinde musste ich immer wieder daran denken, wie Gordon mich willkommen geheißen hatte. Er machte mich mit anderen Gemeindegliedern bekannt. Tim (ein freundlicher Mann, der fließend Urdu sprach) war mir auf Anhieb sympathisch. Wie auch Eddie, ein jüngerer Mann, der mir sagte, wenn ich so weit sei, dürfte ich gerne mitgehen, wenn er im Viertel an der Cowley Road mit Muslimen über Jesus redete. Dort war das Herz der großen pakistanischen Gemeinde in Oxford. Er lächelte, als er das sagte, und ich fragte mich, ob er nur einen Witz machte, aber tief drinnen spürte ich, dass ich eines Tages mit ihm gehen würde.

Eines Morgens, als ich mich auf meinen Stuhl setzte, bevor der Gottesdienst begann, spürte ich, wie mir jemand auf die Schulter tippte. Ich drehte mich um und sah ein Mädchen. Wo hatte ich dieses Gesicht schon einmal gesehen?

Sie half mir auf die Sprünge. „Basketball?"

„Ja", sagte ich. Natürlich! Der Basketballplatz in dem Park, zu dem ich mit Tante Gulshan ging. „Was machst du hier?", fragte ich.

„Na, das ist meine Kirche."

„Meine auch."

Wir unterhielten uns über Basketball und über die Gemeinde. Sie stellte mir ihren Verlobten vor und sagte, dass ich gerne dienstags dazukommen durfte, wenn sie und noch ein paar andere aus der Gemeinde sich zum Basketball trafen.

„Ja, das wär nicht schlecht", sagte ich. Ich hoffte, dass Tante Gulshan nichts dagegen hätte.

Ich fühlte mich rundum wohl in dieser Kirche, und als Gordon mich eines Tages fragte, ob ich mich nicht taufen lassen wollte, sagte ich ohne Zögern Ja. Bevor ich angefangen hatte, die Bibel zu lesen, hatte ich nichts über die Taufe gewusst, aber sobald ich die Stelle gelesen hatte, wo Johannes Jesus taufte, wusste ich: *Das willst du auch.* Es war – ja, so heilig. Und ich wollte auch endlich ganz dazugehören in dieser Gemeinde.

Meine Treffen mit Gordon, der mir Taufunterricht erteilte, wurden jetzt noch häufiger. Ich freute mich jedes Mal darauf, mehr darüber zu erfahren, was es hieß, ein Christ zu sein, auch wenn Gordon mir manchmal Dinge sagte, die für mich zunächst einmal schwer verdaulich waren.

Einmal sagte er: „Du musst deinem leiblichen Vater vergeben, dass er dich verlassen und deine Mutter geschlagen hat."

Die Worte überraschten mich nicht. Seit ich in dem Wald gewesen war, dachte ich darüber nach, ob ich nicht Baba-jan vergeben musste, und das hatte meine Gedanken weiterwandern lassen, zu meinem leiblichen Vater. Ich wusste, dass Gordon recht hatte, obwohl seine Aufforderung mehr Fragen als Antworten in mir auslöste. Ich sagte: „Wenn du willst, dass ich ihm sage, dass ich ihm vergebe – schön, aber ich werde meinen Vater vielleicht mein ganzes Leben lang nicht mehr sehen, und wie soll ich ihm dann vergeben können?" Ich hielt inne. „Gordon, was ist das eigentlich – Vergebung?"

„Nun, zunächst einmal ist sie nicht billig", erwiderte Gordon. „Sie kostet mehr, als du vielleicht meinst, dir leisten zu können. Aber mit Gottes Hilfe wirst du es schaffen. Und Vergebung ist auch nichts Einmaliges. Wahrscheinlich wirst du diesen Menschen in deinem Leben mehrmals vergeben müssen. Vergeben, das heißt loslassen, immer wieder. Du gibst deine Wut, deine Bitterkeit und dein Recht zu verurteilen, an Gott ab, der seinen eigenen Zeitplan hat und immer gerecht ist. Irgendwann wirst du merken, dass du keine Bitterkeit oder Rachegefühle mehr spürst, wenn du diese Menschen siehst oder an sie denkst, und dann wirst du wissen, dass du ihnen echt vergeben hast."

Wir schwiegen eine Weile, während ich versuchte, Gordons Worte zu verdauen. Dann sagte ich: „Dass ich nicht mehr wütend auf meinen Vater sein muss – doch, das hat was." Ich wusste immer noch nicht, was es genau bedeutete, aber ich war bereit, es auszuprobieren.

Mehr Klarheit bekam ich ein paar Tage danach, als Gordon

und ich uns wieder trafen und er mich fragte, ob ich wusste, wer der Heilige Geist war.

„Nein", sagte ich. Er fing an, mir zu erklären, dass Gott in drei Personen existiert, und ich merkte, wie ich immer verwirrter wurde. „Ich dachte, Jesus gibt's nur einmal", sagte ich. „Wie meinst du das alles? Ich komm da nicht mit."

Es ging mir besser, als wir anschließend beteten und Gordon den Heiligen Geist bat, persönlich zu mir zu kommen. Ich spürte den gleichen Frieden und die gleiche innere Leichtigkeit wie bei meiner ersten Vision und dem Traum. Dann merkte ich plötzlich, dass komische Worte aus meinem Mund kamen, in einer Sprache, die ich nicht kannte. Als es vorbei war, wusste ich, dass ich bereit war, meinem Vater zu vergeben, dass er mich damals verlassen hatte.

„Und was ist mit den Leuten, die dich fast erstochen haben?", sagte Gordon. „Wirst du ihnen auch vergeben?"

Yazie und seinen Cousins zu vergeben war schwerer, aber ich wusste: Es musste sein. Und ich betete für jeden Einzelnen von ihnen, selbst für den Mullah, der mir das Messer in die Brust gestoßen hatte. Ich sprach Worte der Vergebung in den Raum hinein. Ich hatte gar nicht gewusst, was für eine Zentnerlast ich da mit mir herumgeschleppt hatte, bis ich sie losließ.

Dann war es Zeit, nach Hause zu gehen. Gordons Angebot, mich mit dem Auto hinzufahren, lehnte ich ab. Ich wollte zu Fuß gehen, allein mit mir sein, weiter in dieser Freiheit und Erleichterung baden, die mich plötzlich durchströmten.

Doch diese Gefühle hielten nicht lange an. Ein paar Minuten, nachdem ich gegangen war, hatte ich plötzlich den Eindruck, als ob mein Kopf auseinandergerissen wurde. Der Schmerz war so stark, dass mir schwindlig wurde und ich Angst hatte zu stürzen. Es gelang mir, von meinem Handy

Tante Gulshan anzurufen und sie zu bitten, Emily zu schicken, damit sie mich abholte. Das Nächste, an das ich mich erinnere, war, dass ich auf eine der Themse-Brücken in der Stadt zuging. Ich spürte, wie eine starke, dunkle Kraft mich immer näher zu der steinernen Brüstung der Brücke schob. Ich wusste, dass es gefährlich war, was ich da machte, aber ich konnte mich nicht bremsen.

Und ich konnte nicht schwimmen.

Ich wollte gerade auf die Brüstung klettern, als ich spürte, wie zwei kräftige Hände meine Schultern packten. „Pass auf, wo du hingehst", sagte eine Stimme; sie war tief und fest und genauso stark wie die Hände, die mich mühelos hochhoben, zum Gras an der Seite der Brücke trugen und dort absetzten. Ich drehte mich um, um zu sehen, wer mein Retter war, aber da war niemand.

Halb betäubt saß ich dort im Gras, bis Emily kam, die Tante Gulshans leeren Rollstuhl schob. Auf dem kurzen Weg nach Hause versuchte ich ihr zu erklären, was mir passiert war, aber ich merkte, dass meine Worte keinen Sinn ergaben.

Etwas später rief Gordon an, um zu fragen, ob ich gut angekommen war. Als Tante Gulshan ihm von meinem merkwürdigen Anruf und der noch merkwürdigeren Geschichte von der Brücke und den Händen erzählte, kam er sofort und fing an, zusammen mit Emily und Tante Gulshan für mich zu beten.

Ich fing an zu weinen, dann zu schreien. „Jesus Christus, rette mich!", schrie ich, als ich hinter meinen fest geschlossenen Augen eine Dämonengestalt sah, die eine schwarze Maske trug und mich verhöhnte und verspottete.

„Ich werde dich töten, dein Jesus Christus kann dich nicht retten", zischte die Maske. Die Worte weckten meine tiefsten Ängste wieder auf. Ich konnte auch Jesus sehen, aber der sagte nichts. Ich versuchte tapfer, den Dämon abzuwehren, aber er packte meine Hand und zog mich zu sich, in eine bodenlose Finsternis hinein. Fast hätte sie mich völlig verschluckt, nur meine linke Hand war noch frei. „Siehst du, dass er dir nicht helfen kann? Er ist machtlos", gluckste die Schwärze. „Sag, dass Jesus Christus nicht der Sohn Gottes ist."

Dann merkte ich, wie meine linke Hand warm wurde und diese Wärme in meinen ganzen Körper floss, und ich wusste: Jesus hatte die Hand gepackt. Dann hörte ich seine Stimme, die sagte: „Er gehört jetzt mir." Im gleichen Augenblick sah ich, wie der Dämon vor meinen Augen sich drehte und wand und zusammenschrumpelte, bis er verschwunden war.

Noch nie hatte ich so etwas erlebt und ich habe es seitdem kein zweites Mal erlebt. An diesem Abend wurde etwas anders; etwas, das mich die ganze Zeit zurückgehalten hatte, zerbrach.

Dass ich den Menschen, die mir am meisten wehgetan hatten, vergab, war ein Wendepunkt für mich. Offenbar wussten das auch gewisse finstere Geistesmächte und sie machten einen letzten, verzweifelten Versuch, mich zu sich zurückzuholen. Wahrscheinlich wussten sie auch, dass ich dabei war, die Schwelle zu einem reiferen und tieferen Glauben zu überschreiten.

Jetzt wusste ich endgültig, dass Jesus es ernst gemeint hatte, als er sagte, dass er mich beschützen würde.

Als Gordon mich ein paar Wochen danach im Gottesdienst nach vorne in das Taufbecken bat und mit der einen Hand meinen Rücken stützte und mit der anderen meine beiden Hände packte, die ich über der Brust gekreuzt hatte, wusste ich ohne jeden Zweifel, dass ich dabei war, die beste Entscheidung meines ganzen Lebens zu treffen. Als ich wieder aus dem Wasser hochkam, war mir, als ob der ganze Staub von Pakistan und das Blut und die Angst von mir abgewaschen waren.

In der folgenden Nacht hatte ich einen Traum, der mich zurück in mein Heimatland führte. Doch anders als die anderen Träume, die mich keuchend und schweißgebadet aufwachen und nach dem Lichtschalter tasten ließen, ging es in diesem Traum nicht um Angst und Tod. In diesem Traum herrschte das gleiche Licht, das ich gesehen und gespürt hatte, als Jesus mir erschien.

Ich stand wieder in der Nebenstraße vor meiner alten Schule, wo sie mich fast erstochen hatten. Doch diesmal gab es keine Mullahs und keine Messer, keine Wutschreie und Fäuste. Ich stand da und spürte den Staub der Straße zwischen meinen Zehen. Ich war dabei, von Jesus zu reden, und vor mir stand eine kleine Menschenmenge, die mir ruhig zuhörte. Das Licht war überall; es erfüllte die Luft mit Frieden. Als ich aufwachte, wusste ich sofort, dass dieser Traum ein Blick in die Zukunft gewesen war: Was ich da gerade gesehen hatte, würde eines Tages wirklich passieren. Ich würde nach Pakistan zurückkehren und den Menschen von Jesus erzählen, dem Sohn Gottes, der mich erlöst hatte und beschützte und der dieselbe Liebe und Annahme, die er mir erwiesen hatte, genauso den anderen Muslimen anbot. Ich wollte, dass meine Familie diesen Gott kennenlernte. Und meine Kindheitsfreunde, meine Nachbarn, ja sogar Yazie und die Wahhabiten. Wenn sie Jesus kennenlernten, würde alles anders werden!

In meiner Gegenwart war so viel so schnell anders geworden, dass ich nicht mehr gewusst hatte, was die Zukunft bringen würde. Jetzt wusste ich es.

Dieser Traum fesselte mich und gab mir neue Zukunftshoffnung. Doch zunächst einmal fing Gott an, in anderen

Bereichen meines Lebens zu arbeiten – Bereiche, die vielleicht weniger spannend waren, aber nicht weniger wichtig.

Gott arbeitete an meinem Charakter. Er wollte, dass ich weniger ichbezogen wurde. Wie jeder andere Siebzehnjährige genoss ich das Abenteuer der Freiheit in einem anderen Land und vergaß ganz, dass es ja auch Pflichten gab. Tante Gulshan war eine großzügige Gastgeberin und Emily übertrug ihre Liebe zu meiner Tante bereitwillig auf mich, aber die beiden hatten wahrlich keinen Dauergast verdient, der sich immer nur bedienen ließ. Ich brachte kein Geld nach Hause, kostete dafür aber umso mehr; die Erwartung der beiden, dass ich bei der Hausarbeit half, war also das Normalste von der Welt.

„*Was* soll ich machen?" Ich war perplex, als Emily eines Morgens vor meinem Zimmer stand und mir den Staubsauger entgegenhielt. Ich war noch gar nicht richtig wach und nicht in der Verfassung für Verhandlungen dieser Art. „So was hab ich noch nie gemacht."

Emily schien diese Feststellung nicht zu beeindrucken.

Sollte ich ihr erklären, was es bedeutete, ein *Sayed* zu sein? Zu Hause war ich nie aufgefordert worden, irgendetwas sauber zu machen. Wenn ich morgens aus meinem Zimmer ging, ließ ich Kleidung, Hefte und alles Mögliche andere herumliegen, und wenn ich zurück ins Zimmer kam, war alles säuberlich aufgeräumt. Ich hatte nie im Leben gekocht oder Geschirr gespült, nie im Garten gearbeitet, nie ein Auto gewaschen oder eine Wand neu gestrichen. Ich war ein *Sayed,* und die *Sayeds* gaben sich mit nichts ab, was eindeutig in die Zuständigkeit der unteren Kasten fiel.

All das lag mir auf der Zunge – aber nein, hier in England würde das niemand verstehen. Dieser Teil meines Lebens war vorbei und ich glaube, ich wusste genau, dass er nie wiederkommen würde. So nahm ich widerstrebend den Staubsauger und begann, ihn durch das Haus zu schieben. Der Erfolg war mäßig. Dass Emily mir bald sagte, ihr zehnjähriger Neffe könne besser staubsaugen als ich, baute mich auch nicht gerade auf. Es war eine richtige Demütigung – nicht so sehr Emilys Worte, sondern das Staubsaugen an sich. Musste ich wirklich aufhören, ein *Sayed* zu sein, um ein Christ sein zu können?

Der Sommer ging vorüber, der Herbst kam und mein Leben nahm einen neuen, ungewohnten Rhythmus an. Manchmal fühlte ich mich selbstbewusst und zuversichtlich auf diesem neuen Weg. Ich schrieb mich auf dem College ein, lernte dort Gleichaltrige kennen und merkte, dass ich, abgesehen von ein paar Schwierigkeiten mit der Sprache, das Zeug dazu hatte, ein fleißiger Student zu sein. An den Collegetagen wusste ich wieder, wie es war, Pläne für die Zukunft zu machen, sicher in dem Wissen, dass es eine gute Zukunft war. An den Sonntagen und wenn ich mich mit Gordon oder Tim traf, hatte ich das Gefühl, genau am richtigen Platz zu sein, in dieser Gemeinde, die mich zu einem tieferen, befriedigenderen Glauben an Gott einlud. Die Basketballabende am Dienstag waren gut für mein Adrenalin; es war ein schönes Gefühl, wieder mit Freunden zusammen zu sein, endlich wieder dazuzugehören.

Aber jedes Mal, wenn ich an meine Verwandten zu Hause dachte, bohrte wieder dieser Schmerz in mir. Es tat weh, so weit weg von ihnen zu sein, und egal wie viel Abwechslung es in England gab – wenn ich an mein Leben in Pakistan zurückdachte, war ich immer den Tränen nahe.

Für Tante Gulshan, die nie selbst Kinder gehabt hatte, muss es eine enorme Herausforderung gewesen sein, für mich verantwortlich zu sein. Und für Emily, die treue Freundin und Betreuerin meiner kranken Tante, brachte meine Rückkehr neue Komplikationen. Wir hatten ganz unterschiedliche

Vorstellungen davon, wie mein Leben aussehen sollte. Tante Gulshan und Emily erwarteten von mir, dass ich mich so verhielt, wie dies von jedem pakistanischen Teenager erwartet wurde – dass ich ihnen mit Respekt und Achtung begegnete, für sie sorgte und tat, wozu sie mich aufforderten. Ich wollte etwas ganz anderes: die gleiche Freiheit, die meine Collegefreunde hatten, und dazu weiter die Privilegien, die meine Herkunft mir gegeben hatte. Wir stritten uns häufiger als nötig und fast jedes Mal wählte ich anschließend die Telefonnummer meiner Eltern in Pakistan, in der Hoffnung, dass Ami sich melden würde und ich mit ihr über alles reden könnte. Aber sie meldete sich nie; es klingelte und klingelte und niemand nahm ab.

Die Monate vergingen und der Herbst wurde zum Winter. Der Streit, ob ich ein hoher Gast oder einfach der Neffe aus Pakistan war, hatte natürlich eine tiefere Ursache, über die wir aber kaum je sprachen. Jeden Tag ging ich die Post sorgfältig durch, aber der Brief aus dem Home Office kam immer noch nicht. Ende Dezember waren es über neun Monate, seit ich meinen Asylantrag gestellt hatte, und jedes Mal, wenn ich meinen Anwalt oder das Home Office angerufen hatte, war die Auskunft die gleiche gewesen: dass das Home Office gerade sein System aktualisierte und dass man mir die Entscheidung über meinen Fall in den nächsten sechs Wochen mitteilen würde.

Dann kam endlich der Brief. An dem und dem Datum sollte ich mich bitte erneut im Home Office melden. Drei Wochen später saßen Emily, Natasha, Tante Gulshan und ich wieder in demselben großen Warteraum. Diesmal schien es dort ruhiger zu sein, obwohl mein Herz laut genug schlug, um sämtliche anderen Geräusche zu übertönen.

„Ali Husnain?"

Ich ging zu dem Tisch. Den Beamten, der dort saß, hatte ich noch nicht gesehen.

„Unsere Computer sind abgestürzt. Wir können Ihnen heute leider nicht sagen, wie Ihr Fall ausgegangen ist."

Ich war perplex. Ich bat Natasha, zu mir zu kommen, um ganz sicherzugehen, dass ich den Beamten richtig verstanden hatte.

„Aber die Entscheidung muss doch schon getroffen worden sein", sagte ich. „Irgendwo in diesem Gebäude muss doch jemand sein, der sie kennt, sonst hätten die mir doch nicht diesen Brief geschickt! Könnten Sie bitte den Betreffenden holen lassen, damit er mir sagen kann, wie das Home Office entschieden hat?"

„Das tut mir leid", sagte der Mann, in einem Tonfall, der klarstellte, dass es ihm nicht leidtat. „Das geht nicht. Bitte gehen Sie wieder nach Hause; ich verspreche Ihnen, dass Sie gleich nach dem Wochenende wieder von uns hören."

Natasha und ich traten den Rückzug an und versuchten, einen Plan B zu finden. Wir riefen meinen Rechtsanwalt an. Der sagte: „Da lässt sich leider nichts machen. Gehen Sie nach Hause und warten Sie halt die paar Tage."

Nach Hause zurückgekehrt, ließ ich meinem Frust freien Lauf. Ich knallte die Türen und schwieg verbissen.

„Was soll das?", schrie Tante Gulshan mich an. „Tue ich nicht genug für dich? Du hast dein Zimmer, deinen Computer, deine Kleidung, alles. Reicht dir das immer noch nicht? Und warum willst du dauernd nach Hause telefonieren? Reicht es dir nicht, dass ich dein Kindermädchen bin? Musst du dich auch noch bei deiner Mutter über mich beschweren?"

Ich konnte ihr nichts antworten. Ich wollte mich nicht über sie beschweren und ich wollte ihr nicht sagen, dass sie ja zum Teil recht hatte. Was sie für mich tat, reichte wirklich nicht.

Die Kleidung, das Zimmer und der Computer waren schön, aber ich wollte mehr. Ich wollte eine Arbeitsstelle und ein Bankkonto und das Wissen, dass ich hierhin gehörte – lauter Dinge, die sie mir nicht geben konnte.

Das Wochenende kam und ging und der versprochene Brief kam nicht. Die ganze nächste Woche verging und immer noch kein Brief vom Home Office. Jedes Mal, wenn ich hörte, dass der Briefträger kam, rannte ich nach unten, aber nie war etwas für mich dabei. Ich rief wieder meinen Anwalt an und beschwerte mich. Er rief mich zurück und sagte mir, dass es jedes Mal, wenn er beim Home Office anrief, hieß, der Brief sei schon unterwegs. „Sie sind hier leider völlig machtlos; das Einzige, was Sie tun können, ist warten."

Erst im Februar kam der Brief. Er war zu dick, um durch den Briefkastenschlitz zu passen, und das Fachchinesisch war so kompliziert, dass ich nicht jedes Wort verstand. Aber das Wichtigste verstand ich: Mein Antrag war abgelehnt.

„Die glauben nicht, dass Sie die Wahrheit sagen", erklärte mein Anwalt, als ich ihn etwas später anrief. „Sie glauben, dass Sie das meiste frei erfunden haben."

Ich war fix und fertig, ein wandelnder Toter. Alle Freude, alles Glück, das ich je gespürt hatte, war wie weggeblasen.

„Und was jetzt?"

„Nun, Sie haben 72 Stunden, um gegen die Entscheidung Einspruch einzulegen."

„Und wenn ich das nicht mache?"

„Schicken die Sie zurück nach Hause."

Alles, was in meinem Leben gut war, alles Schöne, was mein neues Leben in Oxford mir gebracht hatte – diese sechs Worte löschten es aus. Aber schlimmer noch: Ich merkte, dass ich ja noch nicht einmal mehr wusste, was mein Zuhause war.

15. Wütend auf Gott

Als mich an jenem Nachmittag in Pakistan der Wahhabit um ein Haar erstochen hatte, konnte ich die Klinge nicht sehen, während er sie mir in die Brust stieß. An diesem Abend bei meiner Tante, als ich das Küchenmesser fest gegen meine Haut drückte, fragte ich mich, ob ich es fertigbringen würde zuzuschauen, wie die Klinge durch die empfindliche braune Haut über meiner linken Pulsader schnitt.

Es war spät, die Heizung im Haus lief schon seit Stunden nicht mehr. Aber ich kochte vor Wut. Über eine Stunde lang hatte ich mich mit Tante Gulshan gestritten.

Es hatte so angefangen wie immer. Ich hatte Heimweh nach Ami und meiner Familie und Angst, dass auch mein neuster Einspruch umsonst wäre. Ich wusste schon nicht mehr, wie oft ich mich in den Monaten, seit das Home Office meinen Asylantrag abgelehnt hatte, erst bei meinem ersten Anwalt gewesen war (bis er mich als hoffnungslosen Fall, der nur Zeit kostete, zu den Akten legte) und danach in einer anderen Kanzlei. Ich hatte inzwischen so viele Fragen über die Messerattacke und die anderen Vorfälle beantwortet, dass ich manchmal nicht mehr sicher war, wie es wirklich gewesen war. Es frustrierte mich, dass ich mich nicht an alle Details erinnern konnte, zum Beispiel die genauen Worte von Yazies Cousins, als sie mich festhielten, oder die meiner vier Entführer in dem SUV, als sie darüber diskutierten, ob sie mich in meine Heimatstadt fahren oder einem Komplizen in Multan übergeben sollten.

Und es frustrierte mich, dass Tante Gulshan unbedingt wollte, ich sollte mich hier in England glücklich fühlen, und immer wieder behauptete, dass ich es in Pakistan schlechter gehabt hätte.

„Das stimmt nicht!", schrie ich. „*Hier* ist es schlimmer! Hier bin ich mehr ein Gefangener als in dieser Hütte im Wald!"

Ein Wort gab das andere. Es war mir egal, ob man mich bis nach draußen hören konnte. Ich suchte nach immer härteren Vorwürfen, die ich Tante Gulshan an den Kopf werfen konnte. Ich war total wütend und frustriert, und als Emily herunterkam, sagte ich noch mehr Dinge, um diesen Streit für mich zu entscheiden – Dinge, die mir heute leidtun, aber mit denen ich damals meine Tante treffen wollte.

Als mir die Worte ausgingen, griff ich nach dem Küchenmesser. „Ich bring mich um", sagte ich, die Klinge gegen meine Haut gepresst. Wollte ich das wirklich? Nein, aber mich mit dem Messer zu verletzen, schien mir das Einzige zu sein, das genügend Kraft hatte, um zu den beiden durchzudringen. Es war dumm und gefährlich, aber ich konnte nicht mehr.

Und so stand ich da, mit dem Messer an meinem Handgelenk. Die kalte, scharfe Klinge ließ kleine Schmerzwellen meinen Arm hochschießen. Tante Gulshan starrte mich an. Ich drehte ihr und Emily den Rücken zu, ballte meine leere Hand zur Faust und packte das Messer noch fester. Dann drückte ich, fest. Die Klinge biss mir ins Fleisch. Wieder kam das weiße Feuer, wie bei dem Stich des Mullahs. Wir schrien uns wieder an, noch lauter, aber der Schock des Schmerzes überdeckte fast alles andere. Ich packte ein Handtuch und wickelte es um mein blutendes Handgelenk. Dann lief ich aus der Küche in den Flur, stieß meine Tante und Emily zur Seite und rannte durch die Haustür nach draußen. Ich wusste nicht, wie spät es war oder was ich machen würde, wenn ich das Haus verlassen hatte.

Die kalte Nachtluft war wie ein Faustschlag, als ich die Tür aufriss. Sollte sie ruhig. Ich marschierte aufs Geratewohl los. Meine verletzte Hand wurde schwer. Nach ein paar Minuten hielt ich lange genug an, um sie zu betrachten. Der Schnitt an meiner Pulsader starrte mich an wie ein offener Mund. Ich bekam Angst; was hatte ich da gemacht? Ich rief einen meiner Freunde aus der Kirchengemeinde an.

Es war ein Uhr morgens. Beim vierten Klingeln nahm er ab.

Knapp eine Stunde später wurde ich im Krankenhaus genäht. Als die Sonne aufging, war ich wieder zu Hause und hoffte, dass ich die Erklärung und Entschuldigung, die ich Tante Gulshan und Emily schuldete, bis zum nächsten Tag aufschieben konnte.

Es gab so viel Schönes in England, aber es machte mir Angst, wie stark meine Stimmung davon abhängig war, wie es mit meinem Einspruch lief. Wenn ich mich mit einem Anwalt traf oder etwas hörte, das positiv klang, fühlte ich mich prima. Aber wenn jemand, von dem ich mir Hilfe erhoffte, sich nicht schnell genug bei mir meldete oder ich die nächsten Zweifel an den Erfolgsaussichten meines Einspruchs bekam, stürzte ich wieder zurück in mein Loch.

Ich musste oft an Ami denken. Damals wusste ich das noch nicht, aber später fand ich heraus: Als Ami vor Jahren ihren eigenen Kampf vor den Gerichten führte, um sich von meinem Vater scheiden zu lassen, war neben ihren Eltern Tante Gulshan diejenige gewesen, die ihr am meisten half, mit Rat und Tat und Geld, während der Rest der Familie uns nicht mehr zu kennen schien.

Manchmal wünschte ich mir, die Uhr zurückdrehen und Tante Gulshan wieder mit nichts als Dankbarkeit und Achtung begegnen zu können, aber mein neues Leben in England war eine Welt entfernt von meiner Kindheit in Pakistan. Im College wurden mir die Augen für einen ganz anderen Lebensstil geöffnet. Ich mochte es zwar nicht, wenn Leute in meinem Alter ihre Eltern unflätig beschimpften, aber irgendwie zogen ihr Selbstbewusstsein und ihre Freiheit mich an. In ihrer Gesellschaft fühlte ich mich endlich nicht mehr machtlos. Mein achtzehnter Geburtstag fachte diese Flamme noch mehr an. Aber je mehr ich auf meine Freiheit pochte, umso mehr erinnerte Tante Gulshan mich daran, was man von einem Jungen meines Alters, der aus Pakistan kam, erwartete.

Und genau da lag ein Teil meines Problems. Ich war dabei, meine Identität als Teenager aus Pakistan zu verlieren, aber hatte noch keine neue Identität als englischer Teenager, ja ich wollte sie gar nicht. Ich wusste buchstäblich nicht, wo ich hingehörte. Aber das war noch lange nicht alles. Ich fragte mich nicht nur, zu welcher Kultur ich denn nun gehörte, ich kämpfte auch mit einem noch viel fundamentaleren Problem: Konnte ich es wirklich akzeptieren, dass ich ein Sünder war?

In einem der Lieder in der Kirche, die ich besonders mochte, hieß es: „Er gab sein Leben für mich hin, weil ich ein großer Sünder bin." Jedes Mal, wenn ich dieses Lied sang, musste ich weinen und kam mir vor, als ob ich innerlich zerbrach und sich tiefe Risse in meiner Seele öffneten. Ich hatte bisher nie den Eindruck gehabt, dass ich in meinem Leben viel Böses getan hatte, aber wenn dieses Lied gesungen wurde, wollte mein schlechtes Gewissen mich auffressen, und ich wusste: Jawohl, auch ich war ein großer Sünder.

Aber was konnte ich da machen?

In meiner Erziehung als Muslim hatte ich gelernt, dass es zwei Arten von Sünden gab: die, die vergeben werden konnten, und die unvergebbaren. Ich hatte nie eine unvergebbare Sünde begangen – nun ja, bevor ich Christ wurde, jedenfalls –, und was die anderen Sünden betraf, hatte ich gelernt, dass man sie durch ein Tieropfer regeln konnte, was wir einmal im Jahr, beim *Eid-al-Fitr-Fest*, brachten. Manchmal, wenn es besondere Probleme gab – zum Beispiel wenn in Baba-jans Firma etwas nicht richtig lief oder jemand in der Familie krank war –, schlug Ami vor, den Armen Geld zu spenden. Diese kleinen Opfer waren keine Sündenbekenntnisse, sondern Versuche, Allah für uns günstig zu stimmen.

Ich hatte noch keinen Begriff von der Sünde, wie Christen ihn haben. Natürlich wusste ich, dass ich manchmal Dinge tat, die nicht in Ordnung waren; ich belog zum Beispiel einen Lehrer, um mich vor den Hausarbeiten zu drücken, oder machte Ami weis, dass ich beim Einkaufen in einer langen Schlange hatte warten müssen, während ich in Wirklichkeit in Onkel Faisals Laden gewesen war. Aber was sollte Schlimmes daran sein, solange ich mich wohl dabei fühlte?

Das war im Christentum ganz anders. Es fiel mir nicht leicht, vor mir selbst zuzugeben, dass ich in meinem Leben Mist baute, und das sogar ziemlich oft. Ich mochte es nicht, mich so zu sehen; ich kam mir dabei schwach, nackt und schutzlos vor und es war peinlich, der Wahrheit so ins Auge zu sehen.

Aber das war nur die eine Hälfte der Geschichte. Jedes Mal, wenn sich diese Risse in meiner Seele öffneten und ich weinte und Gott sagte, dass es mir leidtat, was ich Böses gemacht hatte, spürte ich anschließend einen tiefen inneren Frieden, und irgendwie wusste ich: Gott hatte mir vergeben! So etwas hatte ich noch nie erlebt.

Im zweiten Jahr seit meiner Flucht aus Pakistan gab es Phasen, wo meine Tante und ich zusammen beteten und in der Bibel lasen – oft bis spät in den Abend hinein, ja manchmal die ganze Nacht hindurch. Am folgenden Tag fühlte ich mich dann immer erschöpft, aber dankbar für diese Gelegenheit, die Beziehung zu meiner Tante und meinem Glauben zu pflegen. Ich fühlte mich meinen Freunden in der Gemeinde wieder näher, sprach viel mit Gordon und Tim und nahm sogar Eddies Einladung an, ihn zu begleiten, wenn er in die Cafés an der Cowley Road ging, um dort mit Muslimen über Jesus zu reden. Ich sagte dabei selten etwas – meine Angst war noch zu stark –, aber einen Menschen zu erleben, der so freimütig von seinem Glauben sprach, war fast berauschend. Anschließend fühlte ich mich immer tagelang wie auf Wolke sieben.

Aber so sehr ich auch versuchte, mich an diesen Erlebnissen festzuhalten, die unbeantwortete Frage meines Asylantrags blieb. Sie war wie der Mond am Himmel: Immer war sie da, mal voll und unübersehbar, mal versteckt; aber immer war sie da.

Zwei Monate, nachdem ich meinen Einspruch eingelegt hatte, war er abgelehnt worden, und wieder hatte es geheißen, dass ich 72 Stunden hatte, um entweder das Land zu verlassen oder in die nächste Instanz zu gehen. Mein Anwalt wollte eigentlich das Handtuch werfen, doch Natasha kriegte ihn schließlich herum, mit dem Argument, dass er für die erneute Berufung ja nur eine Stunde seiner wertvollen Zeit bräuchte, und so hieß es für mich wieder auf die Post warten.

Es dauerte Monate, bis ich vom Obersten Gericht den Brief mit der Zurückweisung meines zweiten Einspruchs erhielt. Inzwischen war es Natasha gelungen, ein Rechtsanwalts-ehepaar ausfindig zu machen, das bereit war, meinen Fall zu übernehmen; beide waren Christen. Auch diesmal konnte ich die mir als mittellosem Klienten zustehende staatliche Beratungs- und Prozesskostenhilfe in Anspruch nehmen, sodass für die Bezahlung der neuen Anwälte gesorgt war. Ich wusste aber auch, dass ich wie beim ersten Anwalt nur ein oder zwei Chancen hätte, meinen Antrag durchzubekommen.

Die neuen Rechtsanwälte waren besser. Und Gordon brachte mich mit einer amerikanischen Hilfsorganisation in Kontakt, die sich für verfolgte Christen einsetzte, und diese erklärte sich bereit, sich meines Falles anzunehmen und als sachverständiger Zeuge zu fungieren, in der Hoffnung, dass ihr Gutachten meinem Einspruch mehr Gewicht geben würde.

Ich hoffte, dass diese Leute recht hatten; aber manchmal fragte ich mich, ob die ganze Sache nicht sinnlos war. War es am Ende nicht das Beste, meine Sachen zu packen, zurück nach Pakistan zu fliegen und dort mein Schicksal abzuwarten? Als ich dies eines Tages Gordon sagte, lächelte er nur. Ich fuhr fort, um ihn zu einer Reaktion zu bewegen: „Ich bin wütend auf Gott."

Er schwieg lange, dann sagte er: „Das weiß ich doch, Ali. Aber du bist Gott wichtig, du gehörst zu ihm. Du kannst genauso gut etwas von ihm offenbart bekommen wie ich."

Die Worte waren wie das sprichwörtliche Licht am Ende des Tunnels. Sie waren frische Luft zum Atem. Wir beteten, und als ich ging, wusste ich wieder, wie es sich anfühlte, Hoffnung zu haben.

Als ich nach Hause kam, wartete Tante Gulshan auf mich. Sie sah besorgt aus.

„Ich habe mit deiner Mutter gesprochen", sagte sie. Ich wusste erst nicht, was sie meinte. Es war jetzt fast zwei Jahre her, dass ich Ami gesehen oder mit ihr gesprochen hatte. Wohl hundert Mal hatte ich vergeblich ihre Nummer gewählt. Ich hatte fast vergessen, dass jemand anderes sie möglicherweise erreichen konnte.

„Sie hat gesagt, dass sie vor Kurzem in ihr Haus zurückgezogen sind, aber kaum waren sie da, bekamen sie Drohanrufe. Und auch Briefe."

Die Nachricht, dass meine Familie wieder zu Hause war, war wie ein Wechselbad. Ich fühlte mich gleichzeitig froh und traurig. „Und was stand in den Briefen?"

„Dass die Absender dich umbringen, wenn du zurückkehren solltest, und deine Familie gleich mit. Und dass es eine *Fatwa* gegen dich gibt."

Dass diese Leute mich für einen Abtrünnigen hielten, der den Tod verdient hatte, war nichts Neues, aber dass es jetzt auch eine entsprechende *Fatwa* gab, also ein Rechtsgutachten eines Religionsgelehrten, löschte auch den letzten Hoffnungsfunken aus, den ich seit meiner Abreise aus Pakistan noch gehabt hatte. Die Nachricht war für mich wie ein Faustschlag in die Magengrube. Jetzt wusste ich endgültig: Ich würde nie heimlich, still und leise nach Pakistan zurückkehren und darauf spekulieren können, dass man meinen Fall vergessen hatte.

Aber Tante Gulshan war noch nicht fertig. „Deine Mutter hat auch gesagt, dass sie vor Gericht eine eidesstattliche Erklärung abgeben müssen, dass du für sie nicht mehr ihr Sohn bist. Wenn sie das nicht tun, ist ihr Leben in Gefahr."

Noch heute glaube ich, dass diese Worte mir mehr wehtaten als jedes Messer. Der Schmerz war so ungeheuer, dass ich nur noch hinauf in mein Zimmer rennen und losweinen konnte. Als ich wieder Luft bekam, betete ich: „Jesus, muss das sein? Ist das die einzige Möglichkeit, meine Familie zu schützen? Bitte beschütze sie so, wie du mich beschützt hast! Bitte offenbare dich ihnen, so wie du dich auch Tante Gulshan und mir geoffenbart hast!"

Meine Mutter schickte mir später per E-Mail Kopien der *Fatwa,* der Drohbriefe sowie der eidesstattlichen Erklärungen, mit denen sie und Baba-jan sich offiziell von mir losgesagt hatten. Ich brachte es nicht fertig, sie zu lesen, aber ich wusste, dass sie mir bei meinem Einspruch von Nutzen sein würden. Diese Dokumente waren neue, wichtige Beweisstücke. Dazu noch meine neuen Rechtsanwälte und die Hilfsorganisation in den USA – wenn ich jetzt nicht das Gericht dazu bringen würde, mich in England bleiben zu lassen, wann dann? Als dann der Gerichtstermin da war und die Anwältin des Home Office mit rotem Kopf und sichtlich durcheinander in den Saal trat, machte mein Herz einen kleinen Freudensprung.

„Euer Ehren", sagte sie, als die Richterin da war und wir uns alle gesetzt hatten, „ich brauche noch etwas mehr Zeit, um den Fall durchzugehen."

Die Richterin war nicht erfreut, was sie auch sagte. „Gut, ich gebe Ihnen dreißig Minuten."

Wir verließen den Gerichtssaal wieder. Ich ging zusammen mit Tante Gulshan, Emily, meinen beiden Anwälten und James (dem Vertreter der amerikanischen Hilfsorganisation) nach draußen, um einen Kaffee zu trinken. Es war ein schönes Gefühl, dort in der Vorfrühlingssonne zu stehen, dem Verkehr zuzuschauen, der sich durch die belebte Innenstadtstraße quälte, und den anderen zuzuhören, wie sie sich angeregt darüber unterhielten, was für einen unprofessionellen Eindruck diese Anwältin machte, die offenbar unvorbereitet zu dem Gerichtstermin erschienen war. „Das sieht gut aus, oder?", sagte ich, als wir zurück in den Gerichtssaal gingen. Alle lächelten.

Die Verhandlung begann. Ich musste die Fragen beantworten, die ich schon Dutzende Male beantwortet hatte: Was hatte ich Yazie und seinen Freunden genau gesagt? Wie verlief der Messerangriff? Wie viele Personen stachen auf mich ein? Wie viele Tage wohnte ich bei Hassan? Wann verließ ich Gujranwala und wohin ging ich anschließend? Ich hörte aufmerksam zu, wie der Dolmetscher die Fragen wiederholte, und achtete darauf, so präzise zu antworten wie möglich.

Die Rechtsanwältin, die mich befragte, glaubte genau zu wissen, wo ich log. Sie verglich meine Angaben mit denen, die meine Tante gemacht hatte, und zeigte penibel auf, wo unsere beiden Versionen sich nicht deckten. Ich merkte, wie ich nervös wurde, aber als die Verhandlung unterbrochen wurde und Tante Gulshan zu ihrer Dialyse fuhr, sagten mir in der Pause alle, dass ich mich nicht verrückt machen sollte. In der *Fatwa* stand doch alles Wichtige drin; die Anwältin des Home Office war auf der Verliererstraße.

Die Schlussphase der Verhandlung war wie ein verbaler Boxkampf zwischen meinem Anwalt und der Home-Office-Anwältin. Sie redeten so schnell, dass ich Mühe hatte mitzukommen. Aber das Wesentliche bekam ich mit. Ich merkte es, wie sie anfingen, über die *Fatwa* und die eidesstattliche Erklärung und die Drohbriefe an meine Eltern zu reden. Und dass die Anwältin des Home Office mir kein Wort glaubte. Aber vielleicht hatte sie lediglich die Unterlagen über meinen Fall nicht richtig gelesen? Als die Verhandlung zu Ende war, verabschiedete ich mich genauso höflich von ihr – mit Händedruck und einem freundlichen Lächeln – wie von der Richterin.

Als wir den Saal verließen, sagte mein Anwalt leise zu mir: „Ich glaube, das haben wir gewonnen."

Es dauerte wieder Wochen, bis ich vom Home Office hörte, wenn auch nicht so lange wie beim letzten Mal. Als Tante Gulshan mich im College anrief, um mir mitzuteilen, dass ein dicker Brief vom Home Office gekommen war, war ich nicht weiter erstaunt, als sie mir vorlas, was auf der letzten Seite stand: „Der Einspruch ist abgelehnt."

Enttäuschung. Angst. Aber andererseits fast schon eine vertraute Situation. Ich müsste halt wieder Einspruch einlegen. Das war nicht ideal und ich wollte endlich eine Arbeitsstelle und ein eigenes Bankkonto haben, aber das Wort „Abschiebung" fing an, einen Teil seines Schreckens zu verlieren.

Ich rief meine Rechtsanwältin an. „Ich hab den Brief bekommen. Wann legen Sie den nächsten Einspruch ein?"

„Da ist genau das Problem, Ali", sagte sie leise. „Wir können nur dann in die Berufung gehen, wenn wir neue Beweise haben. Ohne das läuft nichts."

„Aber die *Fatwa* und die Briefe und dass meine Eltern sich von mir losgesagt haben, weil sie Angst haben, dass sie sonst umgebracht werden – das sind doch neue Beweise!"

„Nein. Die haben für den letzten Einspruch gegolten, da waren sie neu. Jetzt, wo das Gericht den Einspruch zurückgewiesen hat, können wir nichts mehr machen, das tut mir leid."

Auf dem Rückweg vom College nach Hause rief ich James an. In den USA war es jetzt Vormittag und er nahm sofort ab.

„Lass mich mal machen", sagte er. „Ich schau mal, ob wir das nicht vor den Europäischen Gerichtshof für Menschenrechte bringen können."

All diese Gerichte und Anwälte, all diese Einsprüche, die man einlegen konnte, nur damit sie abgelehnt wurden! Ich wusste nicht mehr, wo mir der Kopf stand. Wie würde das enden? Konnte ich im Ernst erwarten, irgendeinen Richter auf dieser Welt davon zu überzeugen, dass ich nicht log? Je mehr Mühe ich mir gab und je mehr Beweise ich vorlegte, umso misstrauischer schienen die Richter zu werden.

An einer Bushaltestelle setzte ich mich auf die Bank. Ich dachte nach. Sollte ich Gott um Hilfe bitten? Warum fiel mir das Beten so leicht, wenn ich voller Optimismus war? Selbst wenn die Angst mich zu ersticken drohte, hatte ich doch gelernt, zu Gott um Hilfe zu rufen. Aber jetzt, da ich mich fühlte, als ob irgendjemand alle Hoffnung aus meinem Leben geraubt hatte, spürte ich nur diese innere Leere. Warum war ich so stumm? Warum war ich wie gelähmt?

16. Aufgespürt!

Das Einzige, was meinem Leben in diesen dunklen Tagen so etwas wie Normalität verlieh, war das College. Das Studium war spannend, ich lernte gerne und mein Englisch wurde immer besser. Ich kam nie ganz dahinter, warum junge Engländer meines Alters in Kleidern auf die Straße gingen, die wie ein Schlafanzug aussahen. Ich setzte es schließlich auf die „Liste der englischen Angewohnheiten, die ich nie verstehen werde". Diese Engländer brachten ihr krankes Kaninchen zum Tierarzt und benutzten nackte Frauen, um für Schokolade, Motorräder und alles Mögliche andere zu werben. Aber im Großen und Ganzen waren sie so, wie Tante Gulshan sie mir bei meinem ersten Besuch beschrieben hatte: nette Menschen, die einen anständig behandelten.

Auch wenn Tante Gulshan sich dann manchmal Sorgen um mich machte, nahm ich mir immer Zeit für den Heimweg vom College. So konnte ich etwas nachdenken. Im College war ich ein junger Mann aus England, bei Tante Gulshan war ich der Neffe aus Pakistan. Manchmal fiel es mir leicht, mich zwischen den beiden Welten zu bewegen. Aber manchmal brauchte ich mehr Zeit dazu, als der Heimweg, den ich zu Fuß und mit dem Bus zurücklegte, mir erlaubte. Dann ging ich nach dem Abendessen noch einmal hinaus, setzte mich im Park auf eine Bank und schaute den Spaziergängern und Joggern zu. Ich spielte nach wie vor manchmal Basketball mit den Freunden in der Gemeinde. Als der dreizehnte Monat des Wartens auf die Entscheidung des Europäischen Gerichtshofs für Menschenrechte kam, machte es mir keinen Spaß mehr, alleine den Ball in den Korb zu jagen; es war irgendwie zu anstrengend.

In dem Jahr, seitdem James meinen Fall vor den Gerichtshof für Menschenrechte gebracht hatte, hatte ich die übliche Gefühlsachterbahn durchgemacht – ich war verzweifelt und wie betäubt gewesen, ungeduldig und aufgeregt, traurig und sehr traurig. Aber das Jahr hatte auch Gutes gebracht: Ich war zwanzig geworden und hatte in meinem Studium gute Fortschritte gemacht. Und das Allerbeste war: Ich konnte wieder mit Ami telefonieren. Auch wenn Baba-jan das nicht gut fand und auf jedes Gespräch mindestens ein Monat Schweigen folgte, halfen mir unsere Telefonate sehr. Wenn Ami mir erzählte, wie groß Misim geworden war und wie gut Zainab in der Schule war, wusste ich wieder, dass ich eine Familie hatte, auch wenn diese mich offiziell verstoßen hatte.

Am Ende eines dieser Gespräche sagte meine Mutter: „Als Misim gestern von der Schule heimkam, hat er mir erzählt, dass sein Lehrer ihn gefragt hat, wer sein Held sei. Alle anderen in der Klasse nannten berühmte Kricketspieler oder Filmstars, aber Misim sagte, dass du sein Held bist."

Ich war Misims Held – tagelang zehrte ich von dieser Nachricht. Es war wie eine Bluttransfusion bei einem Schwerkranken. Als die Wirkung nachließ, wartete ich auf den nächsten Anruf. Oder auf die nächste Nacht, in der ich davon träumte, wieder zu Hause zu sein, einfach in unserem großen Wohnzimmer zu sitzen und zu den Ventilatoren an der Decke hochzuschauen. In diesen Träumen war alles wieder normal und gut, und wenn ich aufwachte, spürte ich weiter die Gegenwart meiner Lieben, als ob ihre Schatten noch in der Luft schwebten.

Ich dachte an einen dieser Träume, als ich wieder einmal abends in dem Park saß und zuschaute, wie Hundebesitzer mit ihren Lieblingen spielten. Den ganzen Tag hatten die Menschen geklagt, wie heiß es war. Die Hitze war nichts gewesen verglichen mit der Sonnenglut, die in Pakistan die Erde zum Backofen machte. Aber es war schön, jetzt die Augen zu schließen und den Rest der Sonnenwärme auf dem Gesicht zu spüren. Wenn die Sonne endgültig unterging und die Luft kühler wurde, war es Zeit, nach Hause zu gehen.

Als ich zurückkam, schaute Tante Gulshan zum Fenster hinaus, die Hände über den Mund gelegt. „Ich habe einen Anruf gekriegt", sagte sie, kaum dass ich die Haustür hinter mir geschlossen hatte. Ihr Atem ging rasch, und obwohl ihre Stimme leiser als üblich war, als sie diese fünf Worte wiederholte, war es offensichtlich, dass irgendetwas ihr einen furchtbaren Schrecken eingejagt hatte.

Es gelang mir, sie so weit zu beruhigen, dass sie mir alles erzählen konnte. „Es waren mehrere und sie waren wütend. Erst fragten sie: ‚Wo ist Ali?' Ich wollte es ihnen schon sagen, als im Hintergrund irgendjemand schrie: ‚*Allahu akbar!*' Da hab ich gemerkt, dass etwas nicht stimmte. Dann sagten sie, dass du ein Abtrünniger bist, der den Tod verdient hat. Morgen Nachmittag um zwei wollen sie wieder anrufen, und wenn ich ihnen dann auch nicht sage, wo du bist, wollen sie kommen und uns alle beide umbringen."

Ihre Worte ließen unvermittelt das alte, eisige Gespenst der Angst wieder in mir hochsteigen. Ich rief Tim und Gordon an. Sie kamen sofort. Erst als ich hörte, wie sie an die Haustür klopften, merkte ich richtig, dass Tante Gulshan nicht die Einzige im Haus war, die panische Angst hatte. Ich dachte nichts anderes, als dass die Tür gleich krachend auffliegen und Männer mit Messern hereinstürzen würden, um mich zu töten. Ich merkte, wie die nur zu vertraute unsichtbare Schraubzwinge sich wieder um meine Brust legte, um mir die Luft abzudrücken.

Tante Gulshan wiederholte ihren Bericht über den Anruf.

Gordon fackelte nicht lange und rief die Polizei an. Bald danach kamen zwei Polizisten, und zum dritten Mal hörte ich zu, wie meine Tante den Anruf schilderte und das Ultimatum bis 14 Uhr am folgenden Tag. Mit jeder Wiederholung fühlte ich mich schlechter. Ich merkte, wie die Stelle, wo mir vor drei Jahren der Mullah das Messer in die Brust gestoßen hatte, wieder wehtat.

Die Polizisten blieben ganz ruhig. „Wir lassen über Nacht einen von unseren Wagen hier vor dem Haus, und morgen kommen wir wieder und schneiden den Anruf mit." Sie verhielten sich gerade so, als ob solche Drohanrufe das Normalste von der Welt wären. Für mich war die Sache schlimmer als meine schlimmsten Albträume.

Tim und Gordon blieben bis spät in die Nacht. Noch lange nachdem Tante Gulshan ins Bett gegangen war, redeten und beteten sie mit mir. Als sie gegangen waren, prüfte ich alle Außentüren, ob sie auch verschlossen waren, ging in mein Zimmer und schob den Stuhl so vor die Tür, dass er die Klinke blockierte.

Dann setzte ich mich unter dem Fenster auf den Fußboden und lauschte in die Nacht hinaus. Draußen war alles still, bis auf ein paar in der Ferne vorbeifahrende Autos. Einen Augenblick lang war ich wieder in der Hütte in dem Wald und versuchte hektisch, aus den normalen Nachtgeräuschen die herauszuhören, die auf einen bevorstehenden Überfall schließen ließen.

Ich schloss die Augen, um wenigstens ein bisschen Schlaf zu bekommen. Es ging nicht. Die Angst hielt mich wach, obwohl ich total übermüdet war. Ich war es leid zu warten, immer wieder auf der Flucht zu sein. Ich hatte genug davon, auf den Schutz durch andere Menschen angewiesen zu sein. Und ich war diesen Schmerz satt, der jedes Mal kam, wenn ich an

Ami, Zainab und Misim dachte. Das Abschiednehmen am Flughafen von Lahore war die Hölle gewesen, aber jetzt war der Schmerz noch größer. Wenn ich in diesem Augenblick nach Pakistan hätte zurückfliegen können, damit die Wahhabiten mich umbringen und dem ganzen Elend ein Ende setzen würden – ich glaube, ich hätte es allen Ernstes gemacht.

Am nächsten Morgen kamen Gordon und Tim wieder. Etwas später kamen zwei neue Polizisten, die die nötigen Geräte dabeihatten, um den Anruf aufzunehmen. Sie stellten uns die gleichen Fragen wie ihre Kollegen am Vorabend und Tante Gulshan bekam die strikte Anweisung, das Gespräch mit den Anrufern möglichst in die Länge zu ziehen, damit die Polizei den Anrufer ermitteln konnte.

Die Minuten schlichen dahin. Dann war es endlich 14 Uhr. Das Telefon klingelte nicht. Reglos wie Statuen saßen wir im Wohnzimmer, während Tante Gulshan neben dem Telefon im Flur wartete, bereit, sofort abzunehmen. Ich hörte das Rauschen meines eigenen Blutes in den Ohren; bestimmt konnten die anderen es auch hören.

Das Klingeln des Telefons ließ mich zusammenfahren. Tante Gulshan nahm ab. „Ja, hallo?"

Eine laute Stimme, die auf Urdu schrie: „*Allahu akbar! Allahu akbar!* Der Junge ist ein Ungläubiger, der Schande über Mohammed gebracht hat! Wir werden ihn töten! *Allahu akbar!*"

Einer der Polizisten bedeutete Tante Gulshan mit einer Geste, dass sie versuchen sollte, den Anrufer zu beruhigen. Es nützte nichts. Sie schrie zurück in den Hörer: „Wie könnt ihr es wagen, ihn einen Ungläubigen zu nennen? Ihr spinnt wohl! *Ihr* habt die falsche Religion, *ihr* seid eine Schande!"

Stille. Das Gespräch war weg. „Was ist passiert?", fragte ich.

„Na, die haben aufgelegt!" Der Polizist sah verärgert aus. Er wollte weitersprechen, als das Telefon wieder klingelte. Die nächste Tirade auf Urdu begann, aber diesmal weniger laut, und Tante Gulshan, jetzt mit einem Polizisten an ihrer Seite, blieb ruhig.

„Wenn Sie wissen, wo er ist, müssen Sie es uns sagen. Wenn Sie's nicht tun, kommen wir und zünden Ihr Haus an und töten *Sie*. Die Polizei ist uns egal. Wir haben unsere Leute in der Cowley Road, die schicken wir zu Ihnen!"

Ich sah zu dem Polizisten hin, der neben mir stand, aber ganz offensichtlich konnte er kein Urdu. Dafür Tim. Er sah blass aus.

Als das Gespräch zu Ende war, versuchte ich, das, was die Anrufer gesagt hatten, zu übersetzen. Die Polizisten zogen bald wieder ab – wohl um sich mit den Kollegen, die den Anrufer zu ermitteln versuchten, zu besprechen und um meine und Tims Version des Gespräches mit der „amtlichen" Übersetzung im Polizeirevier zu vergleichen. Als sie zurückkamen, sahen sie ernst aus.

„Der Anruf kam aus Pakistan, aber was Sie uns mit der Cowley Road gesagt haben, stimmt. Wir wissen auch, welche Moschee die gemeint haben."

„Dann schicken Sie doch gleich jemand da hin und verhören die Leute", sagte Gordon.

„Genau das werden wir nicht machen."

„Warum nicht?", fragte Gordon.

„Weil wir die Situation nicht unnötig anheizen wollen. Wir können keine Krawalle in der Cowley Road gebrauchen. Am besten ist es, wenn Sie dieses Haus verlassen, Ali."

Das hatte ich nicht erwartet. „Warum können Sie mich nicht hier beschützen?"

„Dafür haben wir nicht genug Personal. Wir können Sie unmöglich rund um die Uhr beschützen. Aber wir können

Sie woanders hinbringen – an einen Ort, wo diese Leute Sie nicht finden."

Der Vorschlag gefiel mir überhaupt nicht. „Ich habe es so satt zu fliehen", sagte ich.

Die Beamten antworteten nicht.

Gerade hatte ich angefangen, mich endlich wieder zu Hause zu fühlen, und jetzt sollte ich wieder weg.

Die ersten paar Tage nach den Anrufen sagte ich jedem, der es hören wollte, dass ich nicht daran dachte, umzuziehen, aber ich wusste: *Früher oder später musst du hier weg.* Als Gordon mich nach einer Woche wieder besuchte und mir sagte, dass es für meine eigene Sicherheit wie die meiner Tante besser war, dass ich ging, gab ich endlich nach.

Meine eine Bedingung, als ich im Polizeirevier saß und mit den Beamten sprach, war, dass ich unbedingt zu Christen wollte, die verbindlich zu einer Gemeinde gehörten. Wenn ich wirklich untertauchen musste, dann nur bei Menschen, die mir im Glauben helfen konnten.

„Okay", sagte die Polizistin, die sich mir als Detective Moore vorgestellt hatte. „Geben Sie mir eine Liste aller Städte und Ortschaften in Großbritannien, wo Sie schon gewesen sind. Ich möchte wissen, wo Sie alles Bekannte haben bzw. bekannt sind."

Drei Tage später marschierte ich wieder in die Stadt. Die Polizei hatte mir klare Anweisungen gegeben: „Sagen Sie niemand, was Sie vorhaben, nehmen Sie keinen Koffer oder eine zu große Tasche mit und sprechen Sie unterwegs mit niemandem." Nach ein, zwei Meilen erreichte ich den Kneipenparkplatz, den wir als Treffpunkt ausgemacht hatten. Ich stellte mich in eine Ecke und wartete. Ein grauer Pkw sollte es sein. Da kam er endlich. Auf dem Beifahrersitz saß Detective Moore. Am Steuer saß ein Mann. Keiner der beiden war in Uniform.

„Es wird eine längere Fahrt", sagte Detective Moore.

„Wo fahren wir hin?"

„Das kann ich Ihnen nicht sagen. Das weiß selbst mein Kollege hier nicht, Detective O'Shea."

Wir fuhren schweigend. Bald war ich eingeschlafen. Ich döste mit Unterbrechungen vor mich hin; dann und wann bekam ich mit, wie Detective Moore dem Fahrer Anweisungen gab oder wie die Beamten sich über die neusten Nachrichten unterhielten. Irgendwann war ich wach genug, um ein Schild zu lesen, auf dem „Colchester" stand. Ich wusste, dass die Stadt irgendwo nordöstlich von London lag. Wir fuhren hindurch und wieder hinaus. Es folgten schnelle Landstraßen, die durch eine flache, offene Landschaft mit Wiesen und Feldern führten.

Schließlich hielt ich es nicht mehr aus. „Wo sind wir jetzt?"

„Frinton-on-Sea."

„Wo ist das?" Ich hatte den Namen noch nie gehört. „Sind wir noch in England?"

Detective O'Shea lächelte. Wir wurden langsamer und fuhren in ein Dorf hinein. Ich schaute zu den Häusern hin, an denen wir vorbeifuhren. Das Dorf war ruhig, nett und gepflegt, mit viel Platz zwischen den Häusern. Am Himmel, der viel klarer war als in Oxford, kreischten Möwen. Es gab keine höheren Gebäude und auch keine großen Bäume, nur den endlosen Himmel mit seinen vielen Wolkenschiffen.

Detective Moore wies den Fahrer, Detective O'Shea, an, in eine Nebenstraße einzubiegen und vor einem breit aussehenden Haus zu parken. „Warten Sie hier; ich geh eben rein und sehe, ob sie bereit für Sie sind."

Wir warteten.

„Nicht vergessen", sagte Detective O'Shea. „Die Leute wissen nichts über Sie oder wo Sie herkommen. Sie dürfen Sie auch nicht fragen und Sie dürfen unter keinen Umständen aus Ihrer Vergangenheit erzählen. Haben Sie mich verstanden?"

Ich nickte. Draußen sah ich, hinter einem Grasstreifen, das Meer liegen, breit und flach und still. Ich öffnete mein Fenster ein Stückchen und sog die Luft ein. Ich hatte noch nie das Meer gerochen.

In dem Haus begrüßten mich Ann und Terry. Ich mochte sie auf Anhieb. Ann hatte ein Lächeln in den Augen, das mir sagte, dass sie ein guter Mensch war. Terry war groß gewachsen und sanft und ich wusste sofort, dass ich ihm vertrauen konnte. Aber ich war so müde, dass ich kaum die Augen offen halten konnte.

Bevor sie zurückfuhr, sagte mir Detective Moore noch, dass ich keinerlei Kontakte mit irgendjemandem in Oxford haben durfte. Das war echt hart. Ich hatte in Oxford kaum Zeit gehabt, um mich von meinen Freunden zu verabschieden. Bei Natasha und Tim hatte ein kurzer Anruf genügen müssen, mit Gordon hatte ich noch einmal kurz persönlich reden können. Tante Gulshan und Emily hatten an der Haustür auf mich gewartet, als ich ging, und wir waren alle zu durcheinander gewesen, um viel zu sagen.

Als ich am ersten Morgen in meinem neuen Zuhause aufwachte, kam ich mir mutterseelenallein vor. Das Haus, seine Gerüche und Geräusche – alles war fremd. Ich lag in meinem Bett und fragte mich, ob ich da nicht einen furchtbaren Fehler gemacht hatte.

Etwas in mir hoffte, dass dieses Gefühl mit der Zeit von allein weggehen würde. Was mir in Oxford gelungen war – mein Leben neu anzufangen –, warum sollte mir das nicht auch hier gelingen? Aber obwohl Ann und Terry genauso nett und freundlich waren, wie sie mir bei meiner Ankunft vorgekommen waren, rutschte ich immer tiefer in das Loch der Depression. Immer wieder musste ich daran denken, was ich den Polizisten gesagt hatte, als sie mir rieten, wegzuziehen: Ich war es so satt, auf der Flucht zu sein. Ich konnte nicht mehr.

Am schlimmsten war es morgens, beim Aufwachen. Egal ob meine Träume mir Angst und Schrecken oder einen Augenblick Frieden und Freude gebracht hatten, in den ersten Sekunden nach dem Aufwachen durchlief ich immer den gleichen schmerzlichen Prozess, wenn ich mich daran erinnerte, wie mein Leben jetzt war. Es war gerade so, als ob mein Gehirn in der Nacht die letzten drei Jahre verdrängt hatte, sodass ich mich ein paar Sekunden lang wie ein normaler pakistanischer junger Mann fühlte, der zu einer großen, liebevollen Familie gehörte. Und dann musste ich jedes Mal diesen Teil von mir regelrecht abtöten und dieses Abtöten tat mit jedem Tag mehr weh.

Ann und Terry hießen mich in ihrer Familie willkommen. Sie zahlten sogar die Studiengebühren, damit ich am College weiterstudieren konnte. Ich war platt angesichts dieser Großzügigkeit. Ich erlebte viele schöne Augenblicke in meinen ersten Tagen in ihrem Haus, aber es waren nicht genug, um die schlimmen Stunden aufzuwiegen, von denen es so viele gab. So oft fühlte ich mich unendlich traurig. Oder müde. Mehr als einmal erwischte ich mich bei dem Gedanken: *Wenn es möglich wäre, deinen neuen Glauben gegen dein altes Leben zurückzutauschen, du würdest es sofort machen …* Aber ich wusste natürlich, dass das nicht ging.

Ich versuchte, Ami anzurufen, aber sie und der Rest der Familie waren für den Sommer verreist, und es würde noch einen ganzen Monat dauern, bis sie wieder zurück wären und Ami sich über das Internet mit mir unterhalten konnte. Darauf fing ich an, obwohl Detective O'Shea mir jeden Kontakt mit Oxford strikt untersagt hatte, Tante Gulshan anzurufen. Der Klang ihrer Stimme genügte schon, damit es mir besser ging.

Aber selbst diese kleine Freude wurde mir genommen, als eines Morgens Detective O'Shea mich anrief. „Warum haben Sie Ihre Tante angerufen, Ali? Wir haben Ihnen doch gesagt, dass das gefährlich ist!"

Ich war so geschockt, dass mir die Tränen kamen. Ich bekam die Worte kaum heraus. „Was soll ich denn dann machen? Wen kann ich überhaupt noch anrufen?"

Darauf hatte Detective O'Shea keine Antwort.

Dann kam die nächste Hiobsbotschaft: ein Anruf von James, über die Klage, die er beim Europäischen Gerichtshof für Menschenrechte für mich eingereicht hatte. „Es tut mir leid", sagte er, „aber sie haben die Klage abgewiesen."

Er fuhr fort, dass wir in die Berufung gehen konnten und dass er sich gleich darum kümmern würde, aber ich hörte nur halb zu. Irgendwann und irgendwo würden meine Verfolger mich kriegen, da war ich sicher. Die Wahhabiten würden mich aufspüren und das tun, was sie jetzt schon seit drei Jahren vorhatten. Und ich merkte, wie mir das allmählich egal wurde; Hauptsache, es war irgendwann vorbei. Vertraute ich immer noch Jesus? Doch. Glaubte ich weiter, dass er die Wahrheit gesagt hatte, als er mir versprochen hatte, mich zu beschützen? Ja. Aber in meinem Herzen stolperte und strauchelte ich unter dem Bleigewicht all der Angst und Müdigkeit anstatt das Gottvertrauen zu wählen. Ich fühlte mich wie ein völlig erschöpfter Soldat, der ohne Ruhepause in seine letzte Schlacht geschickt wird.

Was hatte ich nicht alles schon verloren! Ich hatte die Privilegien eines *Sayed* eingetauscht gegen das Diener-Dasein des

Christentums. Ich hatte mich von meiner Familie verabschieden müssen und war ständig auf der Flucht. Ich hatte darauf verzichtet, die Menschen, die mich hatten töten wollen, zu hassen, und ihnen stattdessen vergeben. Und ich wusste nicht mehr, wo ich hingehörte, und war ein Heimatloser. So viele Verluste! Es war ein Zentnergewicht, unter dem ich manchmal fast zusammenbrach.

Aber nicht lange nach James' Anruf hatte ich wieder einen Traum. Ich stand in dem kleinen Saal, in dem die Gemeinde von Terry und Ann ihre Gottesdienste hielt. Die Decke war niedriger als sonst und die Stühle waren noch nicht aufgestellt. Aber ich stand da und um mich herum, in einem engen Kreis, lauter Menschen, die ich kannte: Tim und Gordon, Ann und Terry, Natasha, Eddie, meine Basketballfreunde aus Oxford. Und noch andere, an deren Namen ich mich nicht erinnerte, aber die mir lieb waren und denen ich vertraute. Als ich so in ihrer Mitte stand, gaben meine Beine plötzlich nach und ich fiel rückwärts hin. Ich fragte mich, wie weh es gleich tun würde, wenn ich auf dem Steinfußboden aufschlug, aber statt Stein spürte ich lauter starke Hände, die mich wieder aufrichteten. Dann gaben meine Beine wieder nach und ich fiel wieder, jetzt in eine andere Richtung. Aber auch diesmal fingen meine Freunde mich auf. Wieder und wieder fiel ich – und jedes Mal war jemand da, der mich auffing.

Ich wachte auf. Es war Morgen, aber ich behielt die Augen noch eine kleine Weile geschlossen, um dieses Gefühl der Geborgenheit zu genießen. Der Traum war noch so real, dass ich ihn förmlich spürte, stark genug in meinem Gedächtnis, um ihn vor meinem inneren Auge noch einmal ablaufen zu lassen. Dann, ganz allmählich, verblasste er und ich wusste wieder, wer und wo ich war, aber diesmal tat es nicht so weh.

17. Mehr, als ich zu hoffen wagte

Gleich am ersten Wochenende nach meiner Ankunft nahmen Terry und Ann mich in ihre Gemeinde mit. Ich wusste nicht, ob das viel bringen würde, aber ich war gelangweilt und deprimiert und hatte nichts Besseres zu tun, und so ging ich mit. Es war ein kurzer Fußweg. Die Kirche war ganz anders als die, die ich bisher erlebt hatte. Meine Gemeinde in Oxford war voll von Menschen aller Altersstufen gewesen, darunter viele Studenten in meinem Alter, und vor Beginn des Gottesdienstes herrschte in dem Saal ein Geräuschpegel, der mich an die erwartungsvolle Atmosphäre zu Beginn eines *Majlis* erinnerte. Dieses Gefühl war noch stärker gewesen in dem großen Gottesdienst in Birmingham, in den Tante Gulshan mich mitgenommen hatte, und selbst ihre eigene Kirche, die kleiner war, hatte diese Atmosphäre gehabt, in der es auch während des Gottesdienstes nie ganz ruhig wurde. Terry und Anns Kirche war anders. Die Gemeinde traf sich in einem kleinen Gebäude, das fast nur aus dem Gottesdienstraum bestand, und die Sonntage begannen damit, dass wir erst einmal die zwanzig oder dreißig Stühle für die Gottesdienstteilnehmer aufstellten.

Terry und Anns Kinder waren erwachsen und aus dem Haus und die beiden schienen mich gerne bei sich zu haben. Jeden Abend um sechs ging ich nach unten und wusch mir die Hände, um anschließend Ann beim Kochen des Dinners zu helfen. Sie brachte mir bei, wie man Gemüse zerkleinerte und einen Salat machte, und während ich mich mit Backen und anderen komplizierteren Dingen schwertat, konnte ich bald ganz gut Nudeln kochen und Soßen zubereiten.

Ganz allmählich bekam ich wieder das Gefühl, ein Zuhause

zu haben. Gleichzeitig ging in meinen Grundeinstellungen zum Leben eine große Veränderung vor sich, auch wenn ich das nicht sofort merkte. Mein ganzes bisheriges Leben war ich in der Religion vor allem ein Konsument gewesen – mehr ein *Mureed (Schüler)* als ein *Zakir (Lehrer)*. Ich befolgte die Regeln, die andere mir vorgaben. Als Muslim hatte ich zu den vorgeschriebenen Zeiten die vorgeschriebenen Gebete gesprochen. Der Islam hatte geregelt, wie ich mich zu waschen und zu kleiden und zu essen hatte und tausend andere Details. Der Islam zeigte mir, wie ich mein Leben zu führen hatte – aber nicht, wie ich innerlich lebendig werden konnte.

Heute weiß ich, dass ich einen Teil dieser alten Einstellung in die Kirchen in Oxford mitnahm. Ich war ein Fahrgast, der darauf wartete, dass die Busfahrt des Gottesdienstes begann. Ich war ein Zuschauer, der unterhalten werden wollte.

Aber jetzt, in dieser kleinen Gemeinde, in die weniger Menschen kamen als in meine Seminare im College, ging das nicht mehr. Hier musste ich mich einbringen, aktiv mitmachen. Ich musste selbst denken und den Mund aufmachen. Ich war zwangsläufig Mitakteur, nicht mehr bloß Konsument.

Diese Umstellung dauerte lange und ich glaube, ich hätte nicht durchgehalten, wäre ich nicht so verzweifelt gewesen. Ich war sogar sehr verzweifelt. Hin und wieder versuchte ich, Anrufe bei Freunden in Oxford zu machen, aber die kurzen Gespräche reichten mir nie. Ich rief auch weiter Ami an, aber auf die Freude über den Klang ihrer Stimme, wenn sie abnahm, folgte unweigerlich der Schmerz beim Auflegen. Als die Trauer, die Angst und die Erschöpfung, die ich gespürt hatte, als ich bei Ann und Terry ankam, endlich anfingen, weniger zu werden, merkte ich, dass ich ja nicht wirklich in der Sackgasse steckte. Es war nicht so, dass ich gar nichts tun konnte, sondern ich hatte eine – allerdings nur *eine* – Wahl:

Entweder ich vertraute Gott oder ich vertraute ihm nicht. So einfach war das.

Gott vertrauen ... Das brauchte ich in ganz verschiedenen Bereichen meines Lebens. Im Vertrauen auf ihn Yazie und den anderen, die mich hatten umbringen wollen, vergeben. Im Vertrauen auf ihn die lähmende Zukunftsangst loslassen. Und hundert andere Dinge. Das Schwierigste war, dieses Vertrauen in meinem Alltag konkret zu leben; da gab es genauso viele Niederlagen wie Siege. Da waren die Strandspaziergänge, auf denen ich wieder glauben konnte, dass mitten in all dem Chaos Gott bei mir war. Aber da gab es auch die Augenblicke in meinem Zimmer, wo ich den Eindruck hatte, dass alles umsonst und ich ein hoffnungsloser Fall war. Doch ganz allmählich, Tag um Tag, Gebet um Gebet und Schritt für Schritt, wurde die Hoffnung durch die Tausende kleiner Gebetserhörungen und Hunderte Gespräche mit lieben Freunden, bei denen ich Gottes Liebe und Lächeln gespürt hatte, stärker als die Verzweiflung. Ich hatte selten Zweifel daran gehabt, dass Gott mich retten konnte, wohl aber daran, dass ich die Kraft haben würde, ihm zu vertrauen und zu folgen. Es dauerte geraume Zeit, bis diese Kraft groß genug geworden war.

Sechs Monate, nachdem die Polizei mich nach Frinton-on-Sea gefahren hatte, nahmen Ann und Terry mich auf eine noch längere Fahrt mit; unterwegs holten wir Tim ab. Nach fünf Stunden hatten wir England von Küste zu Küste durchquert und waren in Wales angekommen, zu meinem wohl letzten Versuch, vor Gericht als Asylant anerkannt zu werden.

„Wer von Ihnen ist Ali?" Ich schaute auf. Ein großer, schlanker junger Mann kam uns mit festen Schritten im Flur vor dem Gerichtssaal entgegen.

„Ich."

Er schüttelte mir die Hand. „Ich bin Andrew, Ihr Anwalt für heute. Tut mir leid, dass ich ein bisschen verspätet bin."

Mir wurde mulmig. In den letzten Wochen war ich mehrere Male heimlich in Oxford gewesen, um mich mit Tim und meinem Rechtsanwalt zu besprechen. Stundenlang waren wir den Fall durchgegangen, um ja gut vorbereitet zu sein. Ich hatte angefangen zu hoffen, dass es diesmal klappen würde, nachdem ich so viele Beweise hatte beibringen können und so viel gebetet hatte. Und jetzt so ein junger Bursche als Rechtsanwalt, der auch noch auf den letzten Drücker auftauchte – ich merkte, wie meine Zuversicht verflog.

Andrew fuhr fort: „Eigentlich hätte ich schon gestern Abend von meinem Skiurlaub zurück sein müssen, aber dann fiel mein Flug aus, und ich musste die ganze Nacht im Flughafen rumhängen. Es war echt abartig, aber jetzt bin ich hier."

Na, prima ... Ein Rechtsanwalt, der sich nicht vorbereitet hatte und dessen Luxusleben Lichtjahre entfernt war von meinem mickrigen Dasein. Das Honorar, das er für diesen einen Gerichtstermin bekommen würde, hatte er ganz offensichtlich nicht nötig. Dem Mann konnte es herzlich egal sein, ob ich in England bleiben durfte oder nicht. Konnte es noch schlimmer kommen?

Ich brauchte nicht lange auf die Antwort zu warten. Man bat uns in den Gerichtssaal und wies uns unsere Plätze an. Wie schon die bisherigen Gerichtsverhandlungen, die ich in England erlebt hatte, fand auch diese in einem Saal statt, der nicht viel größer war als ein normaler Seminarraum im College. Diverse Tische und Stühle standen herum, alle in jenem schweren Holz, das mich an zu Hause erinnerte. Als Letzter kam der Richter herein. Er sah mich an, als sei ich ein seltener Käfer, und sagte: „Na, wollen Sie's noch mal versuchen?"

Ich wusste nicht genau, wie er das meinte, aber dem Ton

nach zu urteilen, in dem er es sagte, schien er nicht sehr beeindruckt von mir zu sein. Ich schielte zu Tim hin, der seine Augen geschlossen hatte und zu beten schien. Als er sie öffnete und mich ansah, lächelte er auf jene Art, die so viel bedeutete wie: *Ali, da hilft nur noch beten …*

Anders als bei den früheren Gerichtsterminen wollte ich diesmal nicht die Dienste des Dolmetschers in Anspruch nehmen, der auf meiner Seite des Saales saß. Mit Tante Gulshan hatte ich immer Urdu gesprochen, aber nach sechs Monaten bei Terry und Ann, in denen ich nur Englisch gesprochen hatte, war ich sicher, dass ich in der Lage sein würde, alles zu sagen, was ich sagen wollte, und alle Fragen, die mir gestellt würden (die ich im Übrigen schon x-mal gehört hatte), korrekt zu verstehen.

Nach der üblichen Befragung, was wann passiert war und wer was gesagt hatte, verließ ich den Saal, während der Richter Tim vernahm. Ich hatte kein gutes Gefühl.

Dann wurde ich zurück in den Saal gerufen, um die Fragen des Anwalts vom Home Office zu beantworten. Er war ein älterer Mann und er machte viel mehr Eindruck auf mich als mein eigener Anwalt. „Warum haben Sie nicht versucht, einfach innerhalb Pakistans umzuziehen? Warum haben Sie sich nicht in Ihrer Heimat eine neue Bleibe gesucht?"

Ich antwortete, dass ich ja genau das getan hatte, und erzählte, wie es Hassan und Nazia ergangen war. Es überraschte mich, wie weh mir diese Erinnerungen taten.

„Warum haben Sie nicht versucht, ein neues Leben unter einem anderen Namen zu beginnen?"

Bevor ich antworten konnte, griff der Richter ein: „Dies ist eine unsachliche Frage. Er ist ein *Sayed,* der aus einer großen Familie mit Beziehungen im ganzen Land kommt. Er hätte das, was Sie da vorschlagen, gar nicht tun können."

Der Anwalt des Home Office änderte seine Taktik und konzentrierte sich auf die Unstimmigkeiten zwischen den verschiedenen Aussagen, die ich im Laufe der Jahre gemacht hatte. Ganz besonders interessierte ihn die *Fatwa*. Ich versuchte angestrengt, mich zu erinnern, an welchem Datum sie mich erreicht hatte und ob sie zur gleichen Zeit gekommen war wie die anderen Dokumente, die Baba-jan mir geschickt hatte. Ich fühlte mich so nervös wie noch nie, denn ich wusste genau, was jetzt kommen würde; gleich hätte er mich.

Mein Anwalt meldete sich. „Euer Ehren, natürlich gibt es hier Unstimmigkeiten. Wenn mein Mandant diese Dinge frei erfunden hätte, dann wäre seine Erinnerung an sie perfekt. Aber sie ist nicht perfekt – weil diese Dinge wirklich passiert sind. Meinem Klienten ist es immer mehr um den Inhalt der *Fatwa* und der eidesstattlichen Erklärungen seiner Familie gegangen als darum, zu welcher Zeit genau und in welcher Form sie ihn erreicht haben. Selbstverständlich ist er manchmal durcheinandergekommen und hat Formulierungen gewählt, derer er sich nicht hundert Prozent sicher war. Dies ist halt kein Theaterstück, sondern Realität."

Die Verhandlung dauerte drei Stunden, und obwohl mein Anwalt sich viel besser geschlagen hatte, als ich zunächst erwartet hatte, war ich nicht optimistisch. So oft hatte ich schon verloren; warum sollte es mir ausgerechnet diesmal gelingen?

Ich wollte gerade gehen, als der Richter mich zu sich rief. „Ali, ich versichere Ihnen, dass ich mir Ihren Fall genau anschauen und mein Bestes tun werde, um zu einer gerechten Entscheidung zu kommen."

Ich wusste nicht, was ich sagen sollte. So hatte noch kein Richter zu mir gesprochen. Manche waren richtig unhöflich gewesen, andere hatten so getan, als ob ich Luft sei. Aber dieser Mann war höflich und freundlich. „Danke", murmelte ich.

Ich war wieder in Frinton-on-Sea und allein im Haus, als das Telefon klingelte. Eine Woche war vergangen seit dem Gerichtstermin und ich erwartete nichts anderes, als dass es wieder Monate dauern würde, bis ich das Urteil erfuhr. Was mich nicht daran hinderte, bei jedem Klingeln des Telefons aufzuspringen und noch lange, nachdem Terry oder Ann wieder aufgelegt hatte, Herzklopfen zu haben. Als an diesem Morgen das Telefon klingelte, sagte ich mir, wenn dieser Anruf wirklich von meinem Rechtsanwalt war, dann konnte es unmöglich etwas Weltbewegendes sein. Wahrscheinlich würde er mir gleich sagen, dass es ein unerwartetes Problem gegeben hatte oder dass er nur wissen wollte, wie es mir ging. Aber gut, ich versuchte, aufgeräumt zu klingen, als ich mich meldete. „Ja, hallo?"

„Ali!" Mein Anwalt japste fast. „Ich habe echt gute Nachrichten für Sie. Sie dürfen in Großbritannien bleiben!"

Ich war platt. „Danke", sagte ich leise. *Danke, Herr,* betete ich.

„Wir müssen noch siebzig Stunden abwarten, ob das Home Office in die Berufung geht, aber meistens verzichten sie darauf."

Bald darauf legten wir auf und ich ließ das Telefon aufs Bett fallen. Das Haus war still, draußen kreischten die Möwen und im Fenster saß wie immer die Katze und schaute ihnen aufmerksam zu. Vier Jahre lang hatte ich auf diese Nachricht gehofft und gewartet, und jetzt, als sie da war, wusste ich nicht, was ich machen sollte.

Ich hob die Katze hoch. „Ich kann bleiben!", sagte ich und begann einen Indianertanz, komplett mit Katze. Die Katze entwand sich meinen Händen und sprang auf den Boden. „Ich kann bleiben!"

Ich rief Ann an, um ihr die gute Nachricht mitzuteilen,

dann Terry, Gordon, Tim und Tante Gulshan. Bei jedem Anruf spürte ich sie erneut, diese plötzliche Begeisterung – und gleich darauf die innere Taubheit. Das hier war die größte Nachricht meines Lebens, aber irgendwie so unwirklich.

Irgendwann fing ich an zu beten. Ich dankte Gott und bat ihn, nicht zuzulassen, dass das Home Office in die Berufung ging. Und als dann die drei Tage herum waren und mein Anwalt wieder anrief, um mir mitzuteilen, dass das Urteil jetzt endgültig war, spürte ich es endlich ein bisschen: Ja, ich war glücklich.

Ich war ungern aus Oxford weggezogen, aber inzwischen wohnte ich gerne in Frinton-on-Sea. Wenn ich weiter in die kleine Gemeinde dort ging, mein Studium abschloss und eine Arbeitsstelle fand, dann würde ich bald das Leben haben, das ich mir wünschte. Es wäre ein eher kleines, ruhiges Leben, aber es wäre *mein* Leben. Ich wäre nach wie vor bei Ann und Terry willkommen, ich hätte ein Zuhause. Und vor allem wäre ich in Sicherheit.

Aber Tante Gulshan ging es nicht gut. Zu ihrem Nierenleiden waren jetzt noch andere Probleme gekommen. Ich erfuhr dies von Emily, als ich eines Tages anrief, und als Emily hinzufügte, dass sie demnächst für ein paar Monate zurück nach Indien gehen würde, wusste ich, dass ich (auch wenn Emily mich nicht ausdrücklich darum bat) nach Oxford zurückkehren musste, um nach meiner Tante zu sehen.

Ich sagte nur Terry und Ann, was ich vorhatte, sonst niemandem. Logischerweise war ich nervös, aber wenn ich in Frinton-on-Sea etwas gelernt hatte, dann dies, dass Gottvertrauen sich lohnte. Jesus hatte mir versprochen, mich zu beschützen, und er hatte mich beschützt. Er hatte mir viel mehr gegeben, als ich verdiente, und dafür war ich dankbar.

Trotzdem: Als ich wieder in Oxford war, kam auch die alte

Angst wieder. Würden die Wahhabiten mich auch diesmal aufspüren? Wussten sie, dass ich wieder in der Stadt war? Ich machte einen großen Bogen um die Cowley Road und versuchte zu allem, was pakistanisch war, Abstand zu halten. Aber nach einem Monat fühlte ich mich so sicher, dass ich aufhörte, mich in Tante Gulshans Haus zu verstecken, und den Kontakt zu meinen alten Freunden wiederaufnahm.

Mein Studium war noch nicht ganz abgeschlossen und ich schrieb mich wieder im College ein. Diesmal fühlte ich mich nicht mehr wie der große Außenseiter, der nirgends hingehörte. Dass ich keine Angst mehr vor der Abschiebung zu haben brauchte, gab meinem Selbstbewusstsein einen gewaltigen Schub, und wo ich mich früher zurückgezogen hatte, ging ich jetzt auf die Menschen zu. Und ich hatte jetzt ein eigenes Bankkonto und einen Teilzeitjob in einem Computerladen! Zum ersten Mal seit Jahren konnte ich wieder mit Freunden ausgehen, ohne irgendjemandem Rechenschaft schuldig zu sein, wie viel Geld ich ausgegeben hatte.

Und noch etwas anderes veränderte sich in meinem Leben. Ich fühlte mich allmählich nicht mehr so hin- und hergerissen zwischen meinem pakistanischen Erbe und der englischen Kultur. Vielleicht weil ich wusste, dass man mich nicht mehr zurück nach Hause schicken konnte, beschloss ich, einen Schlussstrich unter mein altes Leben zu ziehen. Stattdessen passte ich mich den Engländern an, die ich jeden Tag um mich hatte. Ich fing an, mich mehr so zu kleiden wie sie, die gleiche Musik zu hören und die gleichen Freiheiten in Anspruch zu nehmen. Endlich gehörte mein Leben mir und ich war entschlossen, das Beste daraus zu machen.

Ich wollte dazugehören und ich wollte frei sein. Und war dabei gründlich auf dem Holzweg.

Ich machte so viele Fehler, dass ich sie bald nicht mehr zählen konnte. In den Jahren, als ich auf meine Anerkennung als Asylbewerber gewartet hatte, hatte ich in einer Art Kapsel gelebt, abgeschottet vom Alltag um mich herum. Ohne Job und ohne Bankkonto war das Leben überschaubar gewesen. Das bisschen Basketball und die Termine mit meinen Rechtsanwälten nahmen nur einen Bruchteil meiner Zeit in Anspruch; der Großteil meines Lebens spielte sich zu Hause bei Tante Gulshan, im College und in der Gemeinde ab – mehr gab es nicht.

Als es also endlich hieß, dass ich in England bleiben, eine Arbeitsstelle antreten, ein Konto eröffnen und eine Kreditkarte beantragen konnte, stürzte ich mich förmlich in meine neue Freiheit, wie ein Junge, der an einem heißen Sommertag einen Kopfsprung ins Schwimmbecken macht. *Genieß das Leben und mach dein Ding,* hieß meine neue Parole.

So gab es zu viele Abende, an denen ich mich betrank, zu viele Tage, an denen ich erschrak, wenn ich den neusten Kontoauszug las, zu viele Sonntage, an denen ich nicht zum Gottesdienst ging. So wie Baba-jan glaubte, dass er als *Sayed* nicht jede Woche in die Moschee gehen musste, redete ich mir jetzt ein, dass man auch Christ sein konnte, ohne jeden Sonntag zur Kirche zu gehen. Und vermissten meine Freunde in der Gemeinde mich überhaupt? Wo blieben ihre besorgten Anrufe? Hatten sie mich wirklich als einen der Ihren angenommen, oder war ich nur so lange interessant für sie gewesen, wie ich der arme Asylbewerber gewesen war, der von einer Krise in die nächste stolperte?

Meine neuen Freunde im College waren anders als die in der Kirche. Im College gab es Studenten aus aller Herren Länder, darunter sogar jemanden, der ebenfalls Asylbewerber war. Viele von ihnen hatten das Englische erst als zweite oder dritte Sprache gelernt und viele wussten, wie man sich als

Außenseiter fühlte. Das war in der Gemeinde ganz anders; da waren die meisten weiße Engländer, die vorher noch nie jemanden wie mich kennengelernt hatten, und die Gespräche, die ich mit ihnen im Jugendkreis hatte, drehten sich immer nur um Fußball und Fernsehen. Viel zu oft saß ich still dabei und wusste nicht, was ich sagen sollte.

So oft hatte ich mich einsam gefühlt in England – einsamer noch als in der Hütte im Wald. Und ich hasste es, mich einsam zu fühlen; es war fast so, als hätte die Sonne sich auf einmal ein paar Millionen Kilometer weiter von der Erde entfernt. In diesen Stunden fühlte sich die ganze Welt verkehrt an und das Glück und die Zufriedenheit meiner Jugendzeit waren eine schwache Erinnerung aus einem anderen Leben.

Eines Tages beschloss ich, die Grenzen meiner neuen Freiheit noch ein bisschen weiter auszutesten, und verbrachte einen Spanienurlaub mit einem Mädchen, das ich aus dem College kannte. Das Ganze war ein Riesenfehler, aber es schmeichelte mir, dass sie mit mir verreisen wollte. Ich nahm mir nicht die Zeit, zu überlegen, ob diese Sache klug war – und ob ich noch dem gehorchte, der mich erlöst und gerettet hatte.

Auf Wolke sieben fuhr ich los, im Loch des Elends kam ich zurück. Spät, fast zu spät erkannte ich, dass meine Fehler mich auf Wege gebracht hatten, die ich eigentlich gar nicht gehen wollte. Selbst Ami waren meine Alkoholeskapaden zu Ohren gekommen und ihre Reaktion half mir, endlich zur Besinnung zu kommen. „In unserer Familie hat es noch nie Alkoholiker gegeben", sagte sie mir in einem unserer Telefongespräche. „Warum machst du das?"

Ein paar Tage danach lag ich auf den Knien und betete, voller Scham über meine Sünden und darüber, was ich aus meinem Leben gemacht hatte. „Jesus, ich weiß, dass du da bist, dass du mich hörst und dass ich dir nicht egal bin", schluchzte ich. „Ich will, dass mein Leben wieder anders wird, ich will raus aus diesem Schlamassel! Aber ich schaff das nicht. Kannst du mir bitte helfen?"

Ein paar Tage später bekam ich die Antwort, in einem meiner Gespräche mit Gordon, mit dem ich mich nach wie vor traf. „Weißt du, Ali", sagte er, „was du auch anstellst, ich werde dich nie fallen lassen. Und das ist bei Gott dasselbe. Er ist nicht sauer auf dich."

Ich horchte auf. Gott war nicht sauer auf mich? Es war ein merkwürdiger Satz, einer, den ich nicht einfach beiseiteschieben konnte. Was meinte Gordon da? Aber ich wusste: Ich durfte, ich konnte nicht so weitermachen wie bisher.

Ich erinnerte mich gut an die Angst, die ich jedes Mal gespürt hatte, wenn ich in eine Moschee ging. Und an die Prozessionen, an denen ich und die anderen Schiiten jedes Jahr im *Muharram* teilgenommen hatten und bei denen manche Männer sich geißelten, bis das Blut ihnen über den Rücken strömte. Ich dachte an Baba-jans verbissenes Schweigen während der nächtelangen Autofahrten, in denen die Angst mir die Luft abschnüren wollte. Und an die anderen Nächte, in Oxford, als ich stockbetrunken auf der Straße herumgegrölt hatte, bis meine Freunde mich beruhigt und nach Hause gebracht hatten. Gott war nicht sauer auf mich? Wenn ich mir mein Leben ansah, hatte er allen Grund, sauer zu sein. Schließlich war ich nie auch nur ein guter Muslim gewesen, und jetzt, nachdem Jesus mir alles gegeben hatte, war ich kein guter Christ. Der Rucksack meiner Sünden wurde immer schwerer, immer wieder strauchelte ich. Es war der reinste Teufelskreis.

Und doch spürte ich, dass etwas dran war an Gordons Worten. Ich hörte wieder Tante Gulshans Gebet für mich, als ich mit dem Feuer des Schmerzes in meinem Bein zu Hause auf dem *Charpai* gelegen hatte. Ich sah wieder die Tränen in Amis Augen, als sie mir Ade gesagt hatte. Ich dachte zurück an meine Träume und Visionen von Jesus, die so voller Licht und Liebe gewesen waren. Und wie ich mit Terry und Ann vor dem Gottesdienst die Stühle aufgestellt hatte. Und an das freundliche Gesicht des Richters am Ende des Gerichtstermins in Wales. Und an tausend andere Gesten und Taten der Freundlichkeit von Gordon, Tim und so vielen anderen.

Nein, Gott war nicht sauer auf mich.

Es war ein Satz, den ich noch nie zuvor gehört hatte, ein Satz, der sich fremd anfühlte auf meinen Lippen. Aber als ich ihn einmal gesagt hatte, wusste ich: *Das sind Worte, die du immer wieder sagen möchtest.*

Gordons Stimme holte mich zurück aus meinem Tagtraum. „Die eigentliche Frage, die du dir stellen musst", sagte er, „ist natürlich diese: Wenn das Gefühl, das Gott für dich hat, nicht Wut ist, was ist es dann?"

18. Überwinde das Böse mit Gutem

Als ich dort auf dem Fußboden in Gordons Büro kniete, schwer atmend und mit Tränen auf den Wangen, ging mir auf, dass ich in diesem ganzen Wirbel meines neuen Lebens, mit seinem Geldverdienen und -ausgeben, seinen Kneipenbesuchen und Partys und einer kleinen Krise nach der anderen, irgendwie Gott zur Seite geschoben hatte. Als ich in meiner „Kapsel" gelebt hatte, hatte ich jede Menge Zeit gehabt, zu beten, nachzudenken und über Gott zu reden. Dieses neue

Leben, in das ich mich gestürzt hatte, sah nur äußerlich wie die große Freiheit aus; in Wirklichkeit hatte ich mich in meinen eigenen Fehlern verheddert, bis es kein Vor und Zurück mehr gab.

Irgendwann erkannte ich dann, dass es für einen Menschen kaum etwas Anstrengenderes gibt als den Versuch, ein Doppelleben zu führen. Es war Tim, der mir half, dies zu erkennen. Ich erinnere mich noch gut an den Tag, als es mir wie Schuppen von den Augen fiel. Es war einer jener trocken-kalten Wintertage, an denen die Sonne hell scheint und jeder Grashalm, jeder Baum und jeder Laternenpfahl so aussieht, als könne man ihn entzweibrechen, wenn man ihn nur richtig anfasst. Tim und ich gingen den Fluss entlang und sahen den Enten und Schwänen zu, die sich um die Brotstücke zankten, die ein alter Mann auf einer Bank ihnen hinwarf. Wir unterhielten uns über Tims Forschungsprojekt über Muslime, die zum christlichen Glauben konvertiert waren, und er versuchte mir etwas zu erklären, was er „die große Identitätssuche" nannte.

„Für viele Menschen beginnt diese Suche nach der Identität in dem Augenblick, wo sie beschließen, Christen zu werden. Dann kommen plötzlich alle möglichen Fragen hoch: Wo gehöre ich jetzt hin? Wen werde ich heiraten? Wie soll mein Leben künftig aussehen? Wer sind meine Vorbilder? Lauter wichtige Fragen, für die man Zeit braucht, um sie alle zu beantworten."

Tim fuhr fort: „Und es gibt noch eine zweite Identitätssuche, eine, die typisch für Immigranten ist. Wenn du als Teenager aus Pakistan gekommen bist und dann jahrelang das Leben eines Asylbewerbers geführt hast, eines „Mr Niemand", der nirgends richtig hingehört, und dann heißt es plötzlich, dass du bleiben kannst – dann musst du dir überlegen, was du mit all dieser neu geschenkten Freiheit machst. Bis du jetzt auf einmal ein Engländer oder siehst du dich immer noch als Pakistani? Wo gehörst du wirklich hin? Verrätst du dein kulturelles Erbe, wenn du dich als Engländer siehst?

Diese beiden Identitätssuchen sind harte Arbeit, die Jahre dauern kann. Und jemand wie du, Ali, muss sich mit beiden gleichzeitig herumschlagen. Du versucht gerade, nicht eine, sondern gleich zwei neue Identitäten zu finden. Du führst sozusagen einen Zwei-Fronten-Krieg, und das ist nicht einfach.«

Ich nahm seine Worte tief in mich auf. Er hatte recht. Seit Jahren kämpfte ich. Erst war es darum gegangen, ob ich Jesus nachfolgen sollte oder nicht. Aber als ich dann Christ geworden war, waren die nächsten Fragen und Probleme gekommen: Konnte ich meinen Feinden vergeben? Konnte ich es akzeptieren, dass ich selbst Vergebung brauchte? Würde ich Gott vertrauen oder versuchen, das Ruder meines Lebens selbst in die Hand zu nehmen? Die Antworten kamen nicht über Nacht, doch im Laufe der Zeit, durch viele kleine Niederlagen und Siege, lernte ich, dass es möglich war, den Schmerz der Vergangenheit loszulassen. Das war nicht leicht, aber ich wusste, dass ich mir nur selbst schaden würde, wenn ich mich an meiner Bitterkeit und Angst festklammerte. Gott hielt meine Vergangenheit, Gegenwart und Zukunft in seinen Händen und es galt, sie loszulassen und ihm zu vertrauen.

Ich hörte auf mit dem Trinken und den Partys und den unklugen Urlaubstrips mit Freundinnen. Aber immer noch war es ein Kampf, meinen richtigen Platz zu finden. In meiner Kirchengemeinde hatte ich eine Zeit lang im Rampenlicht des Interesses gestanden; jeden Sonntag hatten die Leute sich um mich gedrängt, um das Neuste über meinen heroischen Kampf mit dem Home Office zu hören. Kaum hatte ich den

Kampf gewonnen, drehten sich die Scheinwerfer von mir weg und das tat weh. Das Einzige, was mich noch mehr traf, war die Erkenntnis, wie süchtig ich offenbar nach diesem Interesse gewesen war.

Dann das Problem der Gefühle im Glauben. In den ersten ein, zwei Jahren meines Lebens in Oxford war ich richtig begeistert von meinem neuen Glauben gewesen. Doch das hielt nicht an und ich ging durch lange innere Dürrezeiten, in denen Gott mir fern und unerreichbar erschien. Manchmal machte mich das richtig wütend; ich mochte es nicht, dass die Vitalität meines Glaubens so von meinen Gefühlen abzuhängen schien.

Mit der Zeit lernte ich, dass meine Gefühle nicht so wichtig sind. Heute komme ich besser zurecht mit den Phasen, in denen Gott weiter weg zu sein scheint. Aber ich lernte auch: Wenn ich mich einsam und mutlos fühle, ist das Beste, was ich tun kann, dass ich mich an all das Gute erinnere, das Gott für mich getan hat, und dann zu ihm bete.

An all das musste ich denken, als ich mit Tim den Fluss entlangging. Tim sagte: „Weißt du, du bist nicht allein mit diesen Problemen. Es gibt 'ne Menge Leute, denen es genauso geht."

Lange Zeit hatte ich ihn fast vergessen gehabt, den Traum, den ich in der Nacht nach meiner Taufe gehabt hatte. In all den Monaten, die ich im Schatten des nächsten Rechtsanwalts- oder Gerichtstermins gelebt hatte, im Tal der Angst, der Zukunftssorgen und der Trauer um all das, was ich verloren hatte, war dieser Traum weit weg gewesen. Gefangen in meinen Ängsten und Fehlern, hatte ich es nicht für möglich gehalten, dass ich eines Tages stark genug in meinem Glauben sein würde, um nach Pakistan zurückzukehren und dort die gute Nachricht von Jesus zu predigen.

Dieses Gespräch mit Tim war ein Wendepunkt für mich, und ungefähr ein Jahr, nachdem ich nach Oxford zurückgekehrt war, um mir ein neues Leben aufzubauen, meldete dieser Traum sich wieder. Manchmal träumte ich ihn nachts, manchmal kam er mir am helllichten Tag in den Sinn. Dann ging ich ihn in Gedanken durch, drehte und wendete ihn, wie man vor dem Winter den Lieblingsmantel aus dem Schrank holt und anprobiert, ob er noch passt. Ich genoss das Gefühl des Staubs zwischen meinen Zehen, als ich im Geiste vor der Menge stand und ihr von Jesus erzählte. Ich bekam neue Lebenslust, als ich diese Gesichter wieder sah, die mich anschauten – nicht wütend oder beleidigt, sondern begierig, mehr zu hören. Und je mehr ich über diesen Traum nachdachte, umso stärker wurde er, bis ich mich fragte, ob ich nicht tatsächlich eines Tages anfangen würde, Menschen den wahren Gott zu predigen, die wie einst ich selbst Muslime waren.

Ich war so lange auf der Flucht gewesen, beherrscht von meiner Angst und von dem Kampf um die Anerkennung als Asylant. Jetzt begann ich mich zu fragen, ob mein Leben nicht einen anderen Sinn hatte, und dieser Sinn schien sich um diesen Traum zu drehen.

Bevor ich nach Frinton-on-Sea gekommen war, hatte ich manchmal meinen Freund Eddie zu seinen Besuchen in den Cafés an der Cowley Road begleitet. Er war so oft dort, dass er in der ganzen Straße Freunde hatte; stundenlang konnte er bei ihnen sitzen (die meisten waren Muslime) und sich mit ihnen über Gott unterhalten und darüber, was es hieß, Jesus nachzufolgen.

Wenn ich dabei war, war ich meistens still. Damals wusste ich noch nicht so viel darüber, was ein Leben mit Jesus bedeutete, dass ich zu anderen darüber reden konnte, und das Chaos meines Lebens erinnerte mich jeden Tag daran, was mir passiert war, als ich zum ersten Mal öffentlich über Jesus gesprochen hatte. Aber jetzt, als ich mich das zweite Mal in Oxford einlebte, war irgendetwas anders. Nicht dass ich keine Angst mehr gehabt hätte; aber ich merkte, dass die Angst nicht mehr stark genug war, um mir den Mund zu verschließen. Sie war sozusagen nicht mehr das letzte Kapitel der Geschichte, sondern ihr erstes.

Und ich fing an zu beten. Und schaute mir die Nachrichtensendungen im Fernsehen an, wo immer häufiger von gewalttätigen Konflikten zwischen Muslimen und Christen die Rede war. Wenn es je Zeit gewesen war, dass ein ehemaliger Muslim den Menschen von Jesus erzählte, dann doch wohl jetzt.

Ich machte nach wie vor einen Bogen um die Cowley Road, aber auf meinen Gebetsspaziergängen durch andere Viertel der Stadt kam ich mit Menschen ins Gespräch. Ich lernte zum Beispiel Samir kennen, einen kurdischen Asylbewerber, der seine Familie die letzten sieben Jahre nicht mehr gesehen hatte, und Abu Bakr, einen Mann aus Pakistan, der mir bei unserem zweiten Treffen sagte, dass er gerne zusammen mit mir die Bibel auf Urdu lesen würde.

Wenn man die Tätigkeit entdeckt, für die Gott einen erschaffen hat – so heißt es oft –, wird sie einem gerade so natürlich wie das Luftholen. Mit jeder Woche, die verging, und mit jedem Gespräch, das ich hatte, merkte ich, wie in mir etwas anders wurde. Ich merkte: Es fiel mir nicht nur leicht, mit Menschen, die an Allah glaubten, über Jesus zu sprechen, sondern es gab mir das immer stärkere Gefühl, dass dies genau die Aufgabe war, zu der mich Gott berufen hatte. Und je weiter ich in diese Richtung marschierte, den Blick fest auf Gott geheftet, umso mehr lockerte sich der Griff der Angst.

Gerne würde ich berichten, dass ich die Suche nach meiner

Identität abgeschlossen habe, aber ich habe noch einen langen Weg vor mir. Aber auch wenn mein Leben in gewissem Sinne noch eine Baustelle ist, kann Gott mich gebrauchen. Mit jedem neuen Schritt, den ich gehe, und mit jedem neuen Ziegelstein, den ich lege, entdecke ich neu, dass ich von den Menschen, die Gott an meine Seite gestellt hat, lernen muss, wenn ich weiter in die richtige Richtung gehen will.

„Ich glaube, irgendwann ist es so weit und ich kann Oxford verlassen", sagte ich zu Tim, als wir wieder einmal unseren Spaziergang an der Themse machten. Ich hatte gerade meine Stelle in dem Computerladen gekündigt und schaute mich nach einem neuen Job um.

„Und was hast du dann vor?", fragte Tim.

Ich blieb stehen – nicht, um nach den richtigen Worten zu suchen; ich wusste die Antwort auswendig, seit einiger Zeit schon. Aber sie zum ersten Mal laut auszusprechen, war sozusagen ein historischer Augenblick – und wenn ich sie einmal ausgesprochen hatte, könnte ich sie nicht mehr zurücknehmen. „Ich glaube, Gott will, dass ich ein Evangelist werde. Ich möchte eines Tages nach Hause zurückkehren und unter den Menschen, die mir nach dem Leben getrachtet haben, das Evangelium predigen."

„Du meinst, wie in deinem Traum, wo du in derselben Straße, in der sie dich fast erstochen haben, gepredigt hast?"

„Ja. Ich glaube, dieser Traum war ein Geschenk."

Tim schaute mich an. Was mochte er gerade denken? Dass ich mutig war? Oder verrückt?

Egal, ich fuhr fort: „Ich weiß, dass das riskant ist, aber wenn ich diesen Menschen etwas bieten kann, das ihnen nicht nur innerlich, sondern auch äußerlich hilft, werden die Sunniten und Schiiten genügend hinter mir stehen, dass die Wahhabiten es sich zweimal überlegen, ob sie mich umbringen."

„Mach weiter", sagte Tim. Wir waren stehen geblieben und schauten auf den Fluss, wo die Enten und die Ruderboote vorbeiglitten.

„Ich möchte meine Geschichte erzählen und den Menschen berichten, wie Gott mich gerettet hat. Und wie Tante Gulshan möchte ich hier in England in die Gemeinden gehen, den Menschen dort meine Geschichte erzählen und Spenden sammeln. Wenn ich genug beisammen habe, werde ich nach Pakistan zurückkehren und dort eine Klinik bauen, in der die Armen kostenlos behandelt werden. Wenn die Menschen dort mich dann fragen, warum ich das mache, werde ich ihnen antworten, dass ich ihnen zeigen möchte, dass sie keine Angst vor Christen zu haben brauchen. Ich werde ihnen sagen, dass ich zu ihnen gekommen bin, weil Jesus uns geboten hat, unsere Feinde zu lieben. Ich werde ihnen erklären, dass ich meiner Stadt Gottes Liebe bringen möchte. Und wenn sie mich verletzt haben, will ich ihnen umso mehr Liebe zeigen. Geht es in der Bibel nicht genau darum? Dass man denen Liebe schenkt, die noch nicht einmal wissen, dass sie sie brauchen? Das hat Jesus mir gezeigt."

Ich musste wieder daran denken, was Jesus mir gesagt hatte, als ich als Sechzehnjähriger im Krankenhaus lag, mit der Stichwunde, die mich eigentlich hätte töten müssen: „Du bist verletzt worden, weil du mich verteidigt hast. Ich lasse nicht zu, dass du stirbst", hatte Jesus gesagt. „Ich beschütze dich."

Jener Tag, jener Traum – sie schienen ein Menschenleben entfernt zu sein, aber als ich hier spazieren ging und mich mit Tim unterhielt, hatte ich den Eindruck, dass meine Reise mit Jesus jetzt erst richtig anfing. Er hatte mich beschützt, er hatte mir Leben, neues Leben gegeben. Er hatte mich befreit von der Angst vor Allah und mir stattdessen den Frieden Gottes geschenkt. Und jetzt würde ich den Rest meines Lebens der

Aufgabe widmen, Muslimen zu sagen, dass sie das auch haben konnten.

Tim schwieg. Lange. Aber es war gar nicht nötig, dass er etwas sagte. Mein Atem war wie Licht in meiner Lunge, mein Herz schien schneller zu schlagen und mit meinem Kopf vereint zu sein. Ich wusste ohne jeden Zweifel, dass das, was ich da gerade gesagt hatte, eines Tages Wirklichkeit werden würde. Es war Gottes Wille, dessen war ich sicher.

Danke!

Ich danke Gordon und Rachel, Tim, Terry und Ann, Peter und den anderen, die mir in all den Jahren geholfen haben. Ihr seid meine Brüder und Schwestern und mir fehlen die Worte, meine Dankbarkeit richtig auszudrücken.

Der Dienst von Open Doors

Mehr als 380 Millionen Christen sind heute einem hohen bis extremen Maß an Verfolgung und Diskriminierung ausgesetzt, weil sie sich zu Jesus Christus bekennen. Einigen wird verboten, Gottesdienste zu besuchen oder sich zum Gebet zu versammeln. Andere werden wegen ihres Glaubens inhaftiert, gefoltert oder sogar ermordet. Open Doors setzt sich als überkonfessionelles christliches Hilfswerk seit 1955 für verfolgte Christen ein.

Wie es begann

Kurz nach seiner ersten Reise hinter den Eisernen Vorhang im Jahr 1955 begann Anne van der Bijl („Bruder Andrew"), auf die Bitte verfolgter Christen hin, Bibeln hinter den Eisernen Vorhang zu schmuggeln. Über seine abenteuerlichen Reisen von Polen bis China berichtet der als „Der Schmuggler Gottes" bekannt gewordene Holländer in seiner gleichnamigen Autobiografie. Heute steht Open Doors verfolgten Christen in mehr als 70 Ländern zur Seite.

Schwerpunktbereiche unseres Dienstes

- Verteilung von Bibeln und christlichem Schulungsmaterial
- Biblisch fundierte Schulungen wie theologische Ausbildungskurse, Seminare zum Umgang mit Verfolgung und Schulungen für Traumabegleitung
- Hilfe zur Selbsthilfe und Nothilfe für mittellose Christen in der Verfolgung
- Öffentlichkeitsarbeit in Ländern mit Religionsfreiheit mit dem Ziel, Menschen zu mobilisieren, verfolgte Christen im Gebet und anderweitig zu unterstützen

So können Sie helfen

Bitte beten Sie für Ihre verfolgten Glaubensgeschwister – das ist das Erste, worum verfolgte Christen bitten. Gerne schicken wir Ihnen hierfür unser kostenloses Monatsmagazin mit persönlichen Berichten, Hintergrundinformationen und Gebetskalender zu: www.opendoors.de/magazin. Auf unserer Website finden Sie unter www.opendoors.de/mediathek zu-dem monatlich neue Video- und Audiobeiträge über verfolgte Christen. Gern können Sie auch einen unserer Referenten zu einem Vortrag in Ihre Gemeinde oder Gebetsgruppe einladen: www.opendoors.de/referenten. Wie Sie verfolgte Christen mit einer Spende unterstützen können, erfahren Sie unter:

www.opendoors.de/spenden

Open Doors Deutschland

Postfach 11 42
65761 Kelkheim
T +49 (0)6195 6767-0
I www.opendoors.de
info@opendoors.de
Volksbank Mittelhessen
IBAN DE28 5139 0000 0000 7171 77
BIC VBMHDE5F
Facebook: Open Doors Deutschland
Instagram: @opendoorsde

Open Doors Schweiz

Lyssachstrasse 136
CH-3400 Burgdorf
T +41 (0) 34 552 07 77
I www.opendoors.ch
schweiz@opendoors.ch
IBAN CH59 0900 0000 3400 4791 0
BIC POFICHBE
Facebook: Open Doors Schweiz
Instagram: @opendoorsschweiz

Tom Doyle/Greg Webster

Träume und Visionen

Wie Muslime heute Jesus erfahren –
23 wahre Geschichten

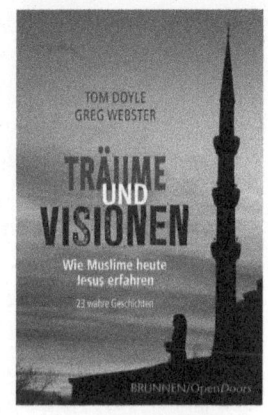

240 Seiten, Taschenbuch
ISBN 978-3-7655-4210-7

Unbemerkt von der Weltöffentlichkeit vollzieht sich in der muslimischen Welt eine unvergleichliche Bewegung: Muslime erzählen,
dass Jesus ihnen in Träumen oder Visionen erschienen ist und sie in
seine Nachfolge gerufen hat. Das sind keine verstreuten Einzel-
erfahrungen. Nach Einschätzung der Autoren berichten etwa 25 %
der Konvertiten davon, dass sie Jesus so kennengelernt haben. Viele
Konvertiten gehen mit ihrem Glaubenswechsel ein hohes Risiko
ein. Tom Doyle kennt alle Personen, von denen er erzählt, persönlich. Ein atemberaubender Bericht.

Leserstimmen zu „Träume und Visionen":
*Ich kann mit dem Lesen nicht aufhören. Man erfährt, wie Gott in
diesen Ländern handelt. Genauso, wie es in Jesaja heißt: „Ich will mich
finden lassen von denen, die nicht nach mir suchten."*

*Das sind auf jeden Fall die aufregendsten Lebensberichte, die ich jemals
gelesen habe!*

BRUNNEN VERLAG GIESSEN
www.brunnen-verlag.de

Nik Ripken/Gregg Lewis

Gottes unfassbare Wege

Wie mein Glaube
durch verfolgte Christen
radikal erneuert wurde

336 Seiten, Taschenbuch
ISBN 978-3-7655-4204-6

Als Jugendlicher erfährt Nik Ripken Gott auf ungewöhnliche Weise. Er nimmt seinen Ruf an und geht 1992 nach Somalia. Fassungslos erlebt er die Not und Dunkelheit in dem Bürgerkriegsland. Dort gewinnt er das Vertrauen vieler Menschen und erfährt tiefe Menschlichkeit und Hilfsbereitschaft. Doch die Verhältnisse in Somalia erschüttern sein Vertrauen auf Gott: Wirkt Jesus als Auferstandener heute überhaupt noch? Oder ist das mit Gott alles bloß noch Geschichte? Erst als Ripken Christen kennenlernt, die Verfolgung im Glauben durchgestanden haben, findet er neue Hoffnung: In der ehemaligen Sowjetunion, in China und islamisch geprägten Staaten verschwinden seine tiefen Zweifel an einem lebendigen Gott. In mehreren muslimischen Ländern erlebt er staunend, dass Jesus wie in der Apostelgeschichte in Träumen und Visionen wirkt. Durch die Begegnungen mit verfolgten Christen wird Ripkens Glaube radikal verwandelt und erneuert. Dies ist sein spannender und aufwühlender Bericht.

BRUNNEN VERLAG GIESSEN
www.brunnen-verlag.de

JoAnn & Tom Doyle / Greg Webster

Aufbruch in die Freiheit
Frauen in der islamischen Welt
begegnen Jesus

208 Seiten, Hardcover
ISBN 978-3-7655-3746-2

Farah liebt ihren Beruf und die schicken Klamotten, die sie sich leisten kann. Als die Familie dringend Geld braucht, um eine lebensrettende OP für ihre Mutter bezahlen zu können, wird Farah zwangsverheiratet. Ihr Leben als Ehefrau und Mutter entwickelt sich zur Hölle. Regelmäßig wird sie von ihrem Mann verprügelt. Mit ihrem alten Leben schließt sie ab und bringt ihre schicken Kleider zur Sammelstelle bei einer christlichen Kirche. Dort trifft Farah auf syrische Flüchtlingsfrauen, die zum Glauben an Jesus Christus gefunden haben. Sie ist fasziniert von ihren strahlenden Gesichtern. Nach anfänglichem Zögern beschließt auch Farah, an Jesus zu glauben. Eine Entscheidung, die ihr Leben radikal verändert.

Diese packende Geschichte und viele weitere Berichte von Frauen, die in der islamischen Welt – auch in extremen Situationen – Jesus begegneten und deren Leben sich veränderte, sind in diesem Band gesammelt. Prädikat: Aufwühlend!

BRUNNEN VERLAG GIESSEN
www.brunnen-verlag.de